PSYCHOSOMATIQUE DE L'ENFANT ASTHMATIQUE

 *PSYCHOLOGIE ET SCIENCES HUMAINES*

Michel de Boucaud

psychosomatique de l'enfant asthmatique

PIERRE MARDAGA, EDITEUR
2, GALERIE DES PRINCES, 1000 BRUXELLES

© Pierre Mardaga, éditeur
37, rue de la Province, 4020 Liège
2, Galerie des Princes, 1000 Bruxelles
D. 1985-0024-7

Notre essence est ce que nous sommes par notre propre nature.
L'être se dit en une pluralité de sens.

                ARISTOTE

         Ce qui s'accomplit dans les sciences — en vertu de leur idée — c'est un mouvement d'approche vers l'essentiel de toutes choses.

                Martin HEIDEGGER

En regardant le monde s'étaler devant nos yeux, nous saisissons sur le vif l'existence de ce qui l'anime.

                E. MINKOWSKI

         C'est le propre de l'expérience angoissante d'être vécue par l'homme et de déterminer en même temps chez lui des réactions qui ont une signification cohérente de défense contre son irruption dans l'existence.

                M. BERGOUIGNAN

    Nous voulons tout particulièrement remercier les Professeurs J. Wittwer, R. Tessier, P. Sivadon, P. Freour, C. Chiland, M. Blanc et tous nos amis et collaborateurs du Centre Hospitalier Universitaire et de l'Université de Bordeaux II. Par leurs réflexions, leurs argumentations, et leurs interrogations, ils nous ont aidé à l'élaboration de cet ouvrage, dans un esprit de recherche, de synthèse et de prospective.

Préface

Un jour peut-être viendra où l'homme — nous pensons surtout ici à l'homme malade — ne sera plus artificiellement coupé en deux, et par cet artifice presque mortellement blessé! Car c'est bien ce que les médecins constatent aujourd'hui et c'est bien cette coupure que les malades vivent: nous voulons dire que l'homme malade est, pour les tenants de la médecine qui se tient pour «scientifique» un corps malade, une machinerie détraquée qu'il s'agit de démonter et de rétablir si possible dans son fonctionnement. Or cette médecine, qui a ses titres de noblesse, ses racines dans les Sciences Fondamentales qui lui assurent à la fois la rectitude épistémologique et la garantie des modèles de pensée et des doctrines hors desquelles point de salut, cette médecine a su s'approprier, à partir de la technologie générée par les Sciences Fondamentales, les techniques représentant pour elle des outils prestigieux et efficaces assurant et garantissant, dans la pratique, des succès spectaculaires. Cette médecine, prestigieuse par la Science, efficace par ses techniques, rationnelle dans sa pensée, ne voit dans l'homme que la lésion d'un organe, ou le dysfonctionnement d'un mécanisme immunologique ou enzymatique... Cette médecine si justement triomphante est donc en même temps animée d'une pensée réductrice dont il faut reconnaître que se satisfait et même se glorifie la médecine occidentale.

Or l'homme malade n'est point réductible à une lésion ni à un processus physiopathologique troublé. Il est aussi, en même temps, nécessairement, une personne et une personne qui souffre et qu'il s'agit d'aider.

Or, nous devons bien constater que tout ce qui concerne précisément cette face de «l'esprit» est prise en compte — car c'est en effet son domaine — par la psychiatrie. Il n'est pas jusqu'à la psychologie médicale qui ne lui appartienne.

Ainsi, sans forcer beaucoup les faits, peut-on voir la médecine comme enfermée dans deux forteresses sans passerelle dressées l'une devant l'autre, et qui s'ignorent presque, sinon même parfois se combattent en revendiquant des territoires. Le résultat est clair: l'homme est réellement coupé en deux puisque, selon qu'il est pris en main par tel ou tel des techniciens de l'une des forteresses, n'existera pour le praticien et bientôt peut-être pour le patient, que l'un de ses deux visages.

Or, l'homme, la personne humaine n'est pas réductible à un visage ni même aux deux visages que notre image évoquait: c'est d'une globalité qu'il s'agit et qu'il faut tenter de saisir comme telle. Dans la pratique d'aujourd'hui hélas, la dichotomie du malade est trop flagrante et cette fracture, cette amputation est en quelque sorte légalisée, institutionnalisée, entrée dans les faits...

On ne peut assez louer le docteur Michel de Boucaud de s'être attaché à éclairer cette situation, à développer en une analyse dont nous reconnaissons la clarté et la profondeur, ces tentatives de synthèse qui sont certainement pour nous les voies salvatrices pour lutter contre une pensée réductionniste.

Ce domaine psychosomatique si attachant dans ses conceptions et dans ses modes d'action est encore trop peu exploré, assez mal compris, mal accepté bien souvent et il n'a pas la place concrète qu'il mérite. L'ouvrage du docteur de Boucaud contribuera à lever cette situation.

Nous sommes personnellement très reconnaissants au docteur de Boucaud d'avoir privilégié, pour expliquer ce champ de la médecine, le cas de la maladie asthmatique. C'est qu'en effet l'asthme est sans doute, des maladies chroniques, celle où l'homme est le plus profondément impliqué dans toutes ses parties, organiques, psychologiques, relationnelles... S'il est vrai que l'asthme est bien une maladie de la bronche, si les chercheurs et les médecins peuvent consacrer leur vie toute entière à essayer de comprendre comment la bronche réagit aux agents qui provoquent le bronchospasme, il n'en reste pas moins vrai que cette bronche appartient à un homme vivant et qu'il n'y a pas d'asthme précisément sans cette individualité qui vit la maladie asthmatique. Il y a donc déjà là une perspective nécessairement globalisante.

Il y a aussi le fait que, si les mécanismes de la bronchoconstriction qui régissent la crise d'asthme, quand ils sont explorés par des physiologistes, sont désormais bien analysés dans leurs composantes neurologiques, métaboliques, etc..., il reste aussi que l'expérience des médecins montre que des facteurs psychiques, des situations relationnelles de stress, etc..., interviennent dans les modifications du fonctionnement de la bronche par des cheminements qui sont encore très mal connus.

Depuis vingt ans, le docteur de Boucaud a tenté d'y voir clair dans ces domaines si complexes, de dresser une passerelle entre les deux forteresses médicales que nous citions tout à l'heure et de rapprocher leurs occupants.

Entreprise difficile que celle-ci, une si grande distance presque infranchissable... il y a là une difficulté qui tient d'abord à une question de langage, qui tient ensuite à des méthodes d'approche spécifiques de chacune des disciplines. Mais en fait, l'essentiel tient à des divergences dans les concepts généraux et dans les fondements épistémologiques qui, implicitement, règlent le fonctionnement de la pensée médicale des médecins somaticiens et de la pensée des psychologues. Au-delà, c'est presque une opposition de caractère philosophique qui souvent ne dit pas son nom mais qui n'en est pas moins présente : une conception différente sinon divergente de l'homme.

Les succès mêmes de la médecine somatique — succès incontestables au moins à court terme — rendent plus difficiles le rapprochement avec la médecine psychosomatique dont les résultats sont moins spectaculaires, dont les échelles temporelles, le travail s'étalant sur des années, n'a plus rien de comparable avec celui des physiologistes ou simplement des médecins.

Or — et c'est aussi un mérite du docteur de Boucaud — des méthodes thérapeutiques et essentiellement des méthodes de relaxation ont été mises au point par lui et développées avec d'incontestables succès. Certes, encore une fois, il ne s'agit pas de ces résultats à court terme, mais bien de la restructuration d'une personnalité, du rétablissement d'une relation dynamique et constructive entre l'enfant asthmatique et sa mère par exemple. Or le but de la médecine, et principalement dans l'asthme, et spécialement chez l'enfant, est de travailler non pas pour le court terme comme on le voit trop souvent, mais bien dans le long et dans le très long terme. Assumer, grâce à cet effort, la maladie, la voir parfois s'améliorer, s'estomper ou disparaître et surtout reconnaître l'épanouissement de l'être jeune, constater que son angoisse existentielle est dominée, tout cela est le couronnement de l'effort d'une pensée telle que celle du docteur de Boucaud, orientée vers la réflexion en psychosomatique et soutenue par une conception globale de la personne humaine.

Nous pensons que l'ouvrage que nous avons plaisir à préfacer sera de ceux qui ne peuvent qu'enrichir la réflexion des lecteurs et favoriser la mise en place d'actions thérapeutiques encore trop méconnues en asthmologie et en médecine psychosomatique en général.

Professeur P. FREOUR

I. Introduction

Dans la réalité contemporaine, les modalités d'intégration constituent les racines des conduites humaines. Au milieu de sa puissance et de ses tourments, le monde moderne vient confronter les personnes — enfants et adultes — à l'univers permanent du changement, de l'angoisse et de l'agressivité. Mais au niveau individuel, les processus d'intégration et d'adaptation constituent les facteurs fondamentaux d'évolution et trouvent leur fondement dans la structuration de la personnalité.

Dans l'actuel état de la civilisation, les perturbations de tous ordres viennent interroger d'une façon particulière la genèse et le développement psychosomatiques de l'individu. Chez toute personne en effet, l'organisation psychosomatique est fondamentalement un mode d'être et d'existence; elle est constituée de la convergence et de la synthèse des processus de structuration. C'est pourquoi elle intéresse les divers niveaux du développement et de l'évolution personnels.

Depuis longtemps déjà, au milieu de ses triomphes et de ses échecs, l'homme de notre temps cherche douloureusement ses références et son image. Le monde contemporain cherche ses rythmes et ses clartés; il escalade souvent sa propre angoisse et ses illusions; ses richesses stimulent et brûlent son âme. Et dans ce contexte contemporain, l'homme à la recherche de son être authentique multiplie les manières de se dominer ou de se défendre. Et si l'on a pu dire que la dépression est actuellement le phénomène le plus envahissant, l'angoisse est certainement la réalité la plus profonde, venant dès le plus jeune âge infiltrer les comportements de l'adulte et le développement de l'enfant. Parents, éducateurs, psychologues, enseignants, sociologues et médecins sont confrontés tous les jours à cette réalité. C'est dans cette perspective qu'il convient de comprendre l'augmentation considérable des troubles psychosomatiques dans nos sociétés. Parce qu'elles sont capables d'exprimer la totalité de l'être, de l'existence et de ses souffrances, les maladies psychosomatiques représentent un moyen polymorphe d'exprimer les difficultés de tous ordres. Parce que les agressions sont multiples et l'unité de l'homme fragilisée, elles sont l'expression d'une scission pathologique et douloureuse entre le corps et la vie psychique, dans une angoisse dissociante et travestie.

Au milieu des nombreuses perturbations de l'unité psychosomatique, les maladies du souffle et de la respiration viennent au plus haut point concerner la personne et son destin. Il s'agit là maintenant d'un fait bien acquis; l'asthme en particulier est une maladie psychosomatique qui vient très tôt concerner l'existence du nourrisson, de l'enfant et de l'adulte, car elle interroge très tôt les trois dimensions fondamentales de la personnalité : le langage, la relation et la structure.

Les diverses formes de langage sont en effet, au centre de la personnalité, vectrices des relations indispensables, et émanation de l'organisation structurale : structure, langage, relation sont en interdépendance permanente et posent de difficiles interrogations. Nous nous efforcerons d'approfondir ces notions tout au long de notre réflexion, en considérant la structure — de signification très diversifiée — comme organisation des éléments de la personnalité et de leurs rapports réciproques : structure évoque alors, forme, totalité, ensemble, organisation des instances (pulsion, image, perception, etc...). Notre expérience de vingt années de pratique clinique et thérapeutique comme de recherche, nous a constamment introduit dans ce domaine, au cœur des interrelations entre le développement et la structure. Et c'est la raison pour laquelle nous avons cherché tout au long de ces années à préciser un certain nombre de phénomènes et de notions difficiles à comprendre. Le présent travail représente un aspect de ce cheminement toujours difficile au milieu de la problématique psychosomatique de l'individu. Il voudrait synthétiser un certain nombre de données et apporter une réflexion critique sur des aspects d'interprétation délicate ou contradictoire.

La structuration psychosomatique de l'enfant intéresse les différents niveaux du développement : les bases morphofonctionnelles (sphère de l'ontogenèse), l'organisation morphophysiologique de la maturation, l'harmonisation synergique des diverses fonctions psychophysiologiques, et psychologiques. Les troubles psychosomatiques survenant chez l'enfant concernent, nous le constatons chaque jour, les diverses dimensions du développement de la personnalité; et l'asthme de l'enfant nous paraît être, au plan de la clinique et de l'interprétation des phénomènes, un carrefour intéressant les dimensions fondamentales de la structuration de la personnalité, de l'intégration psychosomatique et de l'expression psychopathologique.

Les travaux que nous présentons voudraient en effet préciser ces trois aspects nettement prédominants dans la clinique et l'évolution des enfants que nous avons examinés ou traités depuis vingt ans. Il nous a paru intéressant de mieux comprendre le processus de structuration de la personnalité des enfants malades souvent dès le plus jeune âge. Car le développement et l'équilibre de l'enfant se situent fondamentalement dans un triple processus de structuration, d'intégration et d'expression. C'est une notion que l'on retrouve à travers tous les courants de psychologie génétique; et il nous paraît capital de commencer notre réflexion à partir de cette donnée fondamentale que l'œuvre de Piaget a particulièrement mis en exergue: «*Le développement mental de l'enfant apparaît comme une succession de trois grandes constructions dont chacune prolonge la précédente, en la reconstruisant d'abord sur un nouveau plan pour la dépasser ensuite de plus en plus largement. Cela est vrai de la première, car la construction des schémas sensorimoteurs prolonge et dépasse celle des structures organiques au cours de l'embryogenèse... L'équilibration par autorégulation constitue le processus formateur des structures que nous avons décrites et dont la psychologie de l'enfant permet de suivre pas à pas la constitution, non pas dans l'abstrait, mais dans la dialectique vivante et vécue des sujets qui se trouvent aux prises, à chaque génération, avec des problèmes sans cesse renouvelés pour aboutir parfois, en fin de compte, à des solutions qui peuvent être quelque peu meilleures que celles des générations précédentes*» (164).

En effet, l'approche d'enfants malades nous introduit constamment dans cette triple dynamique de structuration, d'intégration psychosomatique et d'expression psychopathologique; et il se pose un certain nombre de faits dynamiques fondamentaux que notre recherche se propose d'aborder. La compréhension de la maladie — et de l'enfant malade —, les modalités de l'éducation et les particularités de traitements suscitent en permanence un ensemble de réflexions théoriques et pratiques que nous voudrions évoquer dans ce travail à plusieurs niveaux, en traitant successivement les points suivants:

- l'évolution des conceptions psychosomatiques dans une perspective diachronique;
- les grands courants psychosomatiques contemporains selon les différentes anthropologies de notre époque;
- la clinique psychosomatique de l'asthme et ses multiples niveaux;
- la structure de la personnalité de l'enfant malade et ses diverses perturbations;
- l'évolution structurale des troubles de l'enfant en fonction de son développement et de ses thérapeutiques;
- la réflexion sur la dynamique de la maladie psychosomatique en vue de propositions synthétiques.

INTRODUCTION A LA METHODOLOGIE

A partir de l'étude clinique d'enfants malades, nous chercherons progressivement et par étapes successives à pénétrer les profondeurs du vécu, des mécanismes et de la structure psychologique de l'enfant. Les constatations cliniques nous amènent en effet à considérer les phénomènes biologiques et psychophysiologiques, les données sociologiques et relationnelles (interpersonnelles et intrafamiliales); mais l'approche profonde et nucléaire de la structure psychologique nous permet d'appréhender l'organisation psychosomatique et ses perturbations au plus près de leurs origines. L'analyse des éléments structuraux nous aide en effet à saisir, à travers les aspects affectivo-cognitifs primaires et l'angoisse primordiale, les modalités de structuration de cette pathologie infantile; les données relationnelles et les caractéristiques affectives peuvent ainsi mieux se comprendre.

Mais le travail que nous présentons a la particularité d'apporter une série de recherches effectuées au fil des années, par groupes distincts de populations d'enfants. L'ensemble de cette population est présenté dans notre chapitre intéressant les aspects psychosociologiques; elle est constituée de deux cent cinquante enfants de 2 à 16 ans présentant bien entendu tous une maladie asthmatique, rencontrés et suivis sur une durée totale de vingt ans. Les études structurales et cliniques ont été effectuées à partir d'une suite d'échantillons distincts de cette population globale, sur une durée précise et limitée. Elles représentent chacune à leur manière un secteur spécifique de notre recherche, un aspect de notre cheminement, une phase temporelle particulière des travaux d'ensemble. Et c'est en considérant la succession de ces études progressives et distinctes que nous chercherons à réaliser une synthèse cohérente de toutes les données structurales et psychopathologiques recueillies pendant ces années.

Tout au long de ces approches cliniques et théoriques, nous sommes constamment confrontés au problème de l'unité de la personnalité et de son développement. Nous rencontrons en permanence la problématique difficile du dualisme et du monisme, qu'il nous apparaît toujours nécessaire d'élucider au milieu des interprétations de l'expérience et des concepts. Le dualisme représente du point de vue général une tentative de compréhension des phénomènes à l'aide de deux principes d'explication; et nous constatons, au sein même de la maladie psychosomatique, des perturbations de l'intégration et de la cohésion qui renvoient nettement à une compréhension uniciste de la santé physique et mentale — comme de l'équilibre psychosomatique de la personnalité. Dans cette perspective, quelques études comparatives de population d'enfants de pathologies différentes seront susceptibles de nous éclairer, par contraste et comparaison, sur la nature et le développement de la personnalité de l'enfant malade dans son corps et son affectivité. Les données historiques, cliniques, conceptuelles et structurales nous aideront à susciter des interrogations et des orientations synthétiques.

PROPOSITIONS

Tout au long de ces études cliniques et théoriques, il s'agit de considérer l'hypothèse selon laquelle la structure de l'enfant malade d'asthme est profondément déterminée par des phénomènes primordiaux. L'angoisse, les perturbations de l'imaginaire et du vécu corporel sont fondamentalement intriquées à l'organisation structurale de la personnalité de l'enfant. Elles dépendent d'abord de troubles perceptifs et affectivo-cognitifs primaires dans lesquels interviennent autant les perturbations de la résonance émotionnelle et affective que le processus somatique. L'origine de la maladie nous paraît résider dans les perturbations d'un vécu psychosomatique unitaire. Les phénomènes structuraux et relationnels interviennent les uns sur les autres de façon réciproque; et il nous semble important de considérer autant les données primordiales que les retentissements des troubles sur le développement de l'enfant. La maladie devient alors la résultante de perturbations conjointes, plus ou moins graves selon les circonstances, mais de nature fondamentalement psychosomatique. Nous serons amenés à développer une conception faisant de l'angoisse l'origine de la maladie et de ses symptômes dans la mesure où ils surgissent essentiellement de l'écartèlement du vécu psychosomatique de l'enfant, d'une faille de l'unité psychosomatique où vont s'insérer l'anxiété, l'imaginaire et les expressions somatiques. Les faits cliniques nous aideront à constater qu'il ne s'agit pas uniquement de sociogénèse, de psychogénèse ou d'organogénèse; ils nous feront comprendre qu'il s'agit plutôt d'une **désorganisation psychique et somatique simultanée** associée à des processus défensifs variables selon les structures de personnalité. Ainsi chez le tout-petit, les troubles psychosomatiques interrogent ensemble et le corps et le psychisme en évolution; la maladie concerne à la fois l'équilibre biologique et psycho-affectif dans le désarroi d'un destin menacé. La maladie apparaît la conséquence d'une modification fonctionnelle de **nature psychosomatogénétique** d'expression variable selon les structures (biologiques et psychologiques) et selon les modalités relationnelles.

II. L'évolution des conceptions psychosomatiques
Anthropologie et psychogénétique

Le développement normal de l'enfant et les perturbations psychosomatiques constituent les deux principales réalités qui posent d'une façon permanente et profonde le problème des relations entre le corps et l'esprit, entre le somatique et le psychique. Ils sont les aspects fondamentaux de la problématique psychosomatique. Car les questions que cette problématique présuppose et entraîne ont toujours été à l'origine des préoccupations essentielles de la pensée, en Occident comme en Orient.

Et c'est pourquoi, il est intéressant de savoir comment les sciences humaines, et en particulier la psychologie génétique sont venues enrichir les données de l'éternel débat. Les relations entre le corps et l'esprit ont toujours posé des interrogations sur l'essentiel de l'être, de son développement et de son destin.

L'approche de l'évolution structurale de l'enfant est susceptible de nous éclairer sur ce problème permanent. Car, *« en réalité comme le souligne Ajuriaguerra, il n'y a rien de plus 'psychosomatique' que l'enfant; en l'étudiant depuis la naissance jusqu'à l'âge de un an, on se rend compte combien chez lui, se posent, différemment de chez un sujet développé, les problèmes tels que ceux du passage du psychique au somatique ou du somatique au psychique, combien le corps, dans son organisation prend une place privilégiée et combien le fonctionnement de ses organes ne peut se réduire à une simple psychogénèse. En fait, on peut dire qu'il n'y a pas une psychosomatique de l'enfant, il existe des modes d'organisation et de désorganisation différents suivant l'étape de son évolution. Dans la psychosomatique de l'enfant, la fonction s'exprime dans le dynamisme de sa propre organisation. Elle est l'individu dans son expression même à travers la fonction»* (2).

Nous saisissons là la réalité de l'unité de l'être en développement, et comme Sontag l'exprime, les désordres surviennent durant la formation de la personnalité et font partie du développement.

Nous rejoignons alors à travers cette question les problèmes généraux posés par l'organisation fonctionnelle tel que les traite Ajuriaguerra : «*La dynamique ne peut être comprise que par rapport à l'être qui 'est' et à l'être qui 'se fait...'*» car «*l'organisation fonctionnelle se fait à partir de bases maturatrices qui se fondent sur une certaine fixité et qui progressent grâce à une mobilité, l'évolution se faisant du mécanique au volontaire avec une certaine mécanisation du volontaire, laquelle permet une économie de réalisation. La conservation d'une certaine constante est nécessaire pour la réalisation de la performance. Cette constante est possible grâce à l'organisation mécanique du système nerveux et aux réponses que cette mécanique permet, créant ainsi un renforcement des schémas fonctionnels; mais la réalisation fonctionnelle ne peut être comprise que si l'on dépasse l'instantanéité du présent pour l'insérer dans une organisation historique qui lui donne une cohérence avec le réel. L'enfant dans son évolution est à la fois mécanique et créateur, son soma est prêt à recevoir et cette masse ordonnée se prépare et est enfin prête à fonctionner d'une manière automatique et réactive. Elle est vivante mais ne devient créatrice qu'en créant son propre fonctionnement. Les mécanismes physiologiques se découvrent lors de l'organisation et l'organisation cérébrale se fait en se faisant. La prise de forme du système anatomophysiologique ne peut donc être comprise comme une entité abstraite, mais comme une entité dynamique fruit d'une relation enrichissante*» (2). Nous avons voulu citer l'ensemble de ce texte fondamental à nos yeux, car il pose le problème qui nous intéresse au niveau génétique et épistémologique.

En effet, dans le processus de maturation et de l'organisation de base, de «l'équipement de base», selon une expression classique, on oscille entre deux pôles, celui de l'objectif et du subjectif, des effets visibles et des expériences invisibles, des certitudes et des possibilités. Or, il est capital de le noter, ces notions ont été exprimées de façons différentes selon les périodes et les auteurs; mais elles correspondent à des réalités cliniques fondamentales, à des processus existentiels où interviennent toujours le somatique et le psychique et leurs relations intrinsèques.

Ces conceptions sont en germe dans le réalisme aristotélicien où *« l'âme est ce qui fait du corps une chose possédant l'unité en vue d'un certain but et des caractéristiques propres que nous associons avec le mot organisme »* (190) comme le commente le philosophe historien Bertrand Russel. La forme et la matière, l'essence et la substance font poser la distinction que nous évoquions plus haut, entre le potentiel et le réel; elles nous introduisent aux concepts de potentialité, incontestablement d'un très grand intérêt et d'une grande fécondité en sciences biologiques et humaines. La fameuse distinction des trois niveaux du «corps animé», niveau végétatif, niveau sensible, niveau intellectuel interroge toujours la réflexion sur la structure de l'homme et sa condition.

Au-delà des interprétations d'Avicenne et d'Averoes, et de leur empirisme psychologique, il est intéressant de constater que la question est aussi posée dans cette optique d'une philosophie de transition.

Mais les développements du Thomisme devaient apporter une consistante élaboration de la problématique psychosomatique, *«car esprit et matière se font exister, se constituent, se soutiennent, se déterminent l'un l'autre»* et *«contre tout dualisme, l'homme est constitué d'un seul être où la matière et l'esprit sont les principes consubstantiels d'une totalité déterminée, sans solution de continuité, par leur mutuelle inhérence... Le corps est la condition indispensable à l'homme pour prendre conscience de son être propre»* car *«c'est la même chose pour le corps d'avoir une âme que pour la matière de ce corps, d'être en acte»* (190).

Cette aspiration à l'unité reste très présente dans la position humaniste d'Erasme cherchant lui aussi à réaliser l'harmonie entre la sensibilité, l'affectivité et l'intelligence à travers l'érudition, l'humour et l'appel au bon sens. Et c'est bien à la quête d'une harmonie psychosomatique que nous invite l'œuvre de Montaigne dont l'influence infiltre encore bien de nos formes de pensée et d'action. A travers les contradictions de l'homme et dans la recherche de la lucidité, «nature est un doux guide»; au milieu de l'amertume et de l'ironie de ce monde, il est important de jouer tout le jeu de l'homme, corps et esprit.

Et dans cette vie à la mesure de l'homme et de ses désirs que propose le célèbre Girondin, n'est-ce pas une manière de l'époque de nous parler de l'intégration du corps et de l'esprit, où la sagesse lucide mais limitée «ordonne» et «règle» la vie corporelle et psychologique?

Mais au-delà des développements ultérieurs et des affrontements multiples, l'unité de l'homme reste au centre des débats. C'est là un aspect de l'histoire de la pensée occidentale qu'il est passionnant de constater.

Certes les conceptions cartésiennes devaient susciter de nombreuses interrogations, et pendant des siècles; elles nourrissent toujours les passions et les discussions. Leurs distinctions dualistes vont en fait culminer aux siècles suivants dans une médecine — issue de la physique — où règneront l'anatomo-physiologie et la physico-chimie. Il est cependant intéressant de retenir que leurs interrogations vont ouvrir la voie à la réflexion phénoménologique privilégiant l'intuition, la connaissance immédiate, la relation directe du sujet au monde et cherchant à dépasser la vieille contradiction du réalisme et de l'idéalisme. Mais la pensée cartésienne comporte en fait plusieurs faces; et dans ces affirmations, l'on ne peut trouver, en tout ce qui existe et donc en l'homme, que la matière et l'esprit qui toutefois — comme on l'a souvent écrit — se composent intimement en l'homme pour former comme une troisième substance, l'union de l'âme et du corps. Et c'est bien ce que nous rejoignons dans la réalité humaine vécue, c'est-à-dire dans l'ordre psychophysiologique — ce que Descartes appelle « les *sentiments* « où *« l'union substancielle de l'âme et du corps »* constituant le champ de l'existence humaine : c'est le champ du vécu, de la perception du monde; c'est le *« champ de la donation du monde extérieur, toujours inachevée, se livrant par profils successifs, et de l'activité intentionnelle de la conscience qui opère la synthèse de l'objet transcendant »* (189); c'est le champ de l'immanence et du corps propre, de l'expérience du corps vécu que la phénoménologie développe dans l'intersubjectivité, dans l'expérience ontologique du regard de soi et d'autrui.

Nous comprenons ainsi mieux comment à travers tout ce cheminement de la pensée et de l'expérience, la médecine psychosomatique et le fait psychosomatique en lui-même bénéficient des courants phénoménologiques. Dans la diversité de leur expression, de Husserl à Merleau-Ponty, de Binswanger à Medard Boss, et Minkowski, leur recherche est celle de l'expérience, de l'intériorité et de l'unité psychosomatique où se vit la fusion de l'âme et du corps. Et de la conjonction du mouvement inaguré par Husserl et du mouvement biologique inspiré des conceptions de Jackson (Goldstein, Monakow, etc...) devra se développer la conception même de l'organisme — de sa structure, de son développement, de sa physiologie et de sa pathologie — considérée comme un *« organisme hiérarchisé et intégré »* (H. Ey). Un regard plus approfondi nous ferait également constater dans cette perspective la présence en l'homme et sa structure de trois niveaux essentiels.

Niveau des fonctions instrumentales, des fonctions énergétiques, des fonctions idéo-affectives.

Ainsi, sans développer cette question difficile et toujours discutée, il est intéressant de remarquer que la pensée cartésienne a autant ouvert les voies d'un dualisme — que les sciences physiques et médicales devaient longtemps perpétuer — que les chemins critiques qui devaient asseoir les bases d'une vision unitaire de l'organisme humain, dans la mesure où l'on a pu dire que Husserl avait tenté une synthèse de la recherche cartésienne (centrée sur l'expérience concrète du cogito) et de la recherche kantienne (qui vise à déterminer les conditions de possibilité de l'expérience) (100).

Mais l'on sait aussi que l'expérience de soi mène à l'expérience du désir, du désir d'être, de «l'appétit d'être» selon une formule imagée, d'origine aristotélicienne, développée par notre maître M. Bergouignan (19). Et dans l'angoissante conscience de soi et de la condition humaine la réflexion pascalienne vient privilégier le cœur de l'homme, c'est-à-dire le centre de l'existence, l'essence de la nature, mais aussi les modalités de l'analyse expérimentale de sa nature d'homme, corps et esprit. Car il s'agit en effet d'abord de découvrir «l'homme caché», d'explorer les dessous de l'existence superficielle comme c'est là le rôle actuel de ce qu'on appelle aujourd'hui psychologie, psychologie sociale, psychanalyse, etc... etc...

Et dans la sociologie du bonheur que nous propose Montesquieu, dans l'émergence de l'homme sensible du XVIIIe siècle, la relation entre les lois naturelles et les lois sociales, entre la nature et les mœurs intéresse l'homme et son cœur, l'homme et son corps, l'homme et ses diversités psychologiques, l'homme et ses désirs.

Et lorsque émergeront les développements sur l'inconscient, c'est au XIXe siècle, dans un champ de connaissances où l'anatomo-physiologie règne en maître, en héritière d'un humanisme mécaniciste et dualiste.

Tandis que les grands cliniciens de cette époque donnent pour longtemps à la science médicale de solides assises, le mouvement de la médecine fonctionnelle s'élabore en France, notamment avec Babinski, Meije, Dejerine, préfigurant le rôle du désir et de «l'idée» dans la maladie. Mais ce mouvement initial d'une certaine médecine psychogénétique surgit au milieu d'une tendance très dualiste qui différencie bien l'organique du non-organique; et pour certains, comme H. Ey «*cette première forme de la médecine psychosomatique, foncièrement dualiste dans sa conception, se bornait à enregistrer la carence des concepts mécanicistes (ce n'est pas organique) tout en proclamant leur nécessité (donc, c'est une fausse maladie)»* (75). Cette idée introduite par l'école française devait alors susciter l'idée d'une causalité psychique des maladies somatiques d'ordre inconscient.

La réaction vis-à-vis de la médecine pastorienne, la revalorisation du rôle du terrain et le renouveau des conceptions humorales devaient en effet permettre une évolution de la conception du fait psychosomatique, en même temps que se développaient les concepts de maladie d'adaptation et les aspects psychophysiologiques intriqués de l'émotion et de sa pathologie. Une longue visée panoramique nous fera ici évoquer les noms de W. James, Cannon, Selyé, etc... Mais poursuit ailleurs H. Ey, «*la maladie du corps n'est pas l'objet des sciences physiques comme le prétendait la science médicale qui au XIXe siècle avait fini par conquérir droit de cité. Dès que l'on a formulé ce jugement, dès qu'on parle de biologie ou de physiopathologie (de stress ou de maladie de l'adaptation) autrement dit dès que l'on introduit dans la notion de maladie, la dialectique de la vie et de la mort et à plus forte raison lorsqu'on parle de la maladie comme d'un mal qui atteint le corps de quelqu'un, on pose le principe de la Médecine Psychosomatique, de celle qui, sans cesse depuis les origines sacrées de l'art médical, n'a cessé de se présenter à tous les médecins comme la médecine de l'homme dans la totalité de son humanité et de sa vitalité»* (75).

Mais, dans ce contexte historique la problématique psychosomatique des relations entre le corps et le psychisme rentre dans une texture d'ambiguïté de la façon dont elle est posée. Le conflit des causalités va poser le problème en terme d'alternative, de causalité physique ou de causalité inconsciente, alors que lentement la vision d'une structure unifiante et unifié viendra éclairer la question, en réactualisant les fondamentales données de l'expérience traduites dans des langages différents et en les enrichissant des conceptions monistes d'ordre philosophique et biologique (Husserl, Jackson).

Dans un tel contexte survient l'élaboration de la pensée freudienne. Très tôt, Freud en effet considère le problème des relations entre le corps et le psychisme. «*Le moi, écrit-il, est une organisation, il est fondé sur la libre circulation et la possibilité, pour toutes les parties qui le composent, d'une influence réciproque... et cette compulsion à la synthèse va en augmentant à mesure que le moi se développe et devient plus fort»* (89).

Mais l'ensemble des processus psychopathologiques et psychologiques décrit dans leur spécificité rencontre de grandes difficultés dans une interprétation holistique des phénomènes, bien qu'il s'agisse, chez

Freud, d'un réalisme empirique. Car ce réalisme empirique qui renonce à atteindre l'être des pulsions, comme le remarque Paul Ricœur « *est strictement corrélatif d'un idéalisme transcendantal, qui en un sens purement épistémologique pose le problème de la réalité de l'inconscient, et du même coup du rapport à la réalité* » (187). Et l'on comprend bien comment les diverses écoles psychanalytiques ont des difficultés — de leur propre aveu — à approfondir et percevoir le problème des relations entre le corps et l'esprit, même au niveau de la clinique psychosomatique qu'elles ont contribué à développer. Ainsi, la psychologie freudienne et la métapsychologie partent de l'organisme sans s'y enraciner pour vouloir privilégier le symbole. Car en toute psychologie, le problème fondamental est bien, comme le souligne dans son ouvrage de synthèse Ellenberger, celui de la notion de réalité psychique pour essayer d'en définir la structure (72).

C'est à ce niveau que l'on peut alors situer les différents courants psychanalytiques anglo-saxons et français. Les recherches d'une certaine spécificité de la dynamique des maladies psychosomatiques amènent à privilégier, dans le sillage de Alexander, une certaine conception vectorielle d'où le dualisme n'est pas éliminé. Les développements de cette position n'échappent pas à la contradiction d'une tendance qui ne veut pas opposer psychanalyse et médecine quant à leur référence au corps et à la parole, et qui ne peut cependant admettre de se maintenir dans la position médicale comme par exemple l'explicite très clairement un membre de l'Ecole Freudienne de Paris dans un récent article (Ritter, in « Encyclopédie Médico-Chirurgicale de Psychiatrie »). Et les interprétations des maladies du petit enfant selon les perspectives anglaises et françaises notamment ne peuvent rendre compte de façon satisfaisante de l'unité psychosomatique de l'être dans leur conception même du réel et du vécu corporel.

Car quelles que soient les théories et les multiples approches, c'est à ce niveau que continue de se poser le problème et les questions. L'œuvre de Pierre Janet avait également depuis longtemps embrassé la problématique psychosomatique et ses prolongements psychiatriques : la vie affective, les processus émotionnels, la dépersonnalisation ont besoin de modalités supérieurs d'intégration pour conditionner des relations psychosomatiques adaptées et l'équilibre général de l'individu.

Certes les recherches de Pavlov et ses disciplines ont pu préciser un grand nombre de mécanismes psychophysiologiques éloquents sur lesquels nous ne nous étendrons pas ici. Mais la conception cortico-viscérale du courant russe, privilégiant le cerveau en tant que centre de l'adaptation et lieu de connexions entre le milieu et l'organisme, distingue encore les deux composés du fait psychosomatique, et malgré ses efforts, ne peut totalement rendre compte de l'unité entre le soma et la psyché; et ce, malgré son désir d'apporter une intéressante contribution à l'approche de l'inconscient, dans une recherche de l'unité fonctionnelle de l'inconscient à travers la notion d'attitude psychologique (Bassine) (15).

Mais au milieu de toutes les recherches toujours désireuses d'approcher au plus près les relations entre le corps et le psychique, le regard approfondi de H. Ey sur l'ontogenèse du moi apporte de vibrantes lumières. C'est à partir de la prise de position réflexive de lui-même comme objet de sa propre subjectivité que le moi se développe, pour combler par son être le manque à être dont il est né. Et il intéressant de retenir comme fondamental l'émergence du sujet dans ses relations objectales et dans son corps. Car pour devenir conscient de soi, il s'agit d'être capable de «se voir» dans l'image de son corps, de vivre l'image de soi. L'intégration du système de la réalité devient alors un processus primordial; par la structure de la perception jouant un rôle fondamental tantôt comme perception externe, tantôt comme perception d'imaginaire, nous sommes ici à l'articulation du champ de conscience avec l'expérience, l'organisation de la temporalité, l'incorporation de l'inconscient dans l'être conscient.

Nous aurons l'occasion de rencontrer ces notions d'une façon plus précise à travers la clinique psychosomatique et nous voyons bien à leur lumière que le processus structural reste prédominant.

C'est l'intégration du moi qui est essentiel au cours du développement de l'enfant. Winnicott le précise très longuement: «*Dans le processus de maturation, la tendance principale peut s'exprimer par les différentes significations du mot intégration. A l'intégration dans le temps s'ajoute ce qu'on pourrait appeler l'intégration dans l'espace*». Le moi se fonde sur un moi corporel et le terme de personnalisation est alors utilisé pour décrire ce processus parce que «*fondamentalement, celui de dépersonnalisation me paraît signifier la perte d'une union solide entre le moi et le corps*» (229).

Et c'est ainsi que pour cet auteur le moi «*instaure la relation d'objet*» à replacer «*dans le cadre de l'expérience vécue et de la croissance d'un petit enfant*» (229).

Mais l'intégration ne se réalise pleinement et réellement qu'à partir de structures, Mucchielli a particulièrement développé cet aspect processuel. Car «*l'organisme est donateur de sens*»; la catégorisation active du perçu et l'organisation des modèles structuraux des rapports constituent des opérations absolument non conscientes à la base de toute connaissance perceptive, subjective, affective, rationnelle. Et il est alors intéressant de constater que cette perspective aussi décèle trois niveaux chez la personnalité, le niveau de la relation au monde, le niveau de la conscience de soi, le niveau de l'organisme et du corps. Dans une autre optique, les recherches de Victor Frankl ont individualisé dans la structure de la personnalité les aspects somatique, psychique et noétique, dans une vision holistique de l'être humain. D'un point de vue psychogénétique, les travaux de Piaget — distinguant quatre grandes périodes dans le développement des structures cognitives intimement liées au développement de l'affectivité et de la socialisation de l'enfant (période de l'intelligence sensori-motrice, période préopératoire, période des opérations concrètes, puis des opérations formelles), — comme ceux de Spitz s'intéressant aux «*organisateurs à la formation de l'objet libidinal, à l'apparition de l'angoisse et au rôle du moi*» se situent fondamentalement dans une perspective d'organisation et de structuration, au-delà des aspects relationnels structurants.

Ainsi les multiples appréhensions de la problématique psychosomatique que nous avons voulu aborder ici uniquement d'une façon panoramique et synthétique nous amènent incontestablement à resituer les interrogations par rapport à une organisation unitaire et à un processus d'intégration constitutifs du développement de l'enfant.

Et c'est pourquoi, nous nous proposons d'aborder le processus psychosomatique et ses perturbations chez l'enfant à plusieurs niveaux :

1. Il existe chez l'enfant des modes d'organisation et de désorganisation différents suivant l'étape de son évolution. La fragilité et la plasticité de sa constitution font qu'on est très facilement introduit dans le domaine d'une psychosomatogenèse dans les sphères psychologiques et psychopathologiques. Il apparaît alors essentiel de dégager dans ces modes d'organisation et de désorganisation la nature et le rôle des processus amenant dans certaines conditions à un trouble de l'intégration psychosomatique. Les facteurs congénitaux se situeraient à ce niveau, en particulier les capacités de résistance à l'agression et les modalités thymiques de réaction à l'excitation ou à l'inhibition.

2. Le rôle des stimulations répétitives dans les premières années de l'enfance a été particulièrement mis en évidence; on a insisté sur la nature des communications et des systèmes de signalisation chez le petit enfant, sur les mécanismes de conditionnement et aussi sur le rôle itératif des affects et des émotions susceptibles d'intervenir dans la genèse du trouble et de la personnalité sous-jacente. On a aussi

parlé de dysharmonie de la réaction somatique à l'émotion (Quarti), de troubles de la composante psychologique de l'émotion, etc... en un mot de la résonance affective du climat émotionnel (Mitscherlich) (157).

3. Le rôle des pulsions apparaît également un élément essentiel à considérer. Les expressions des pulsions viennent directement concerner la dynamique corporelle évoluant elle-même en fonction des capacités de défense. On a en effet toujours considéré en psychosomatique la capacité d'un mouvement pulsionnel à organiser à travers un organe un vécu émotionnel. Il serait alors intéressant d'étudier certaines modalités de ces réactions :
- conflit pulsionnel;
- modalités du narcisisme,;
- qualité des mécanismes de défense;
- orientation du dynamisme conflictuel nous amenant au problème de la mentalisation.

4. Les processus d'identification sont également à considérer et renvoient dans un premier temps au concept de l'autre comme objet distinct et réalité perçue. Nous rentrons ainsi dans le domaine des relations parentales et tout particulièrement des relations mère - enfant dont les aménagements apparaissent effectivement un facteur prépondérant à partir de la relation intraconjugale. Il importe notamment d'approfondir la qualité de l'unification par l'incorporation de l'objet selon une notion spécifique; et dans ce domaine, les qualités affectives des relations, les variations des conflits apparaissent prépondérantes pour comprendre le mouvement de l'angoisse vers une éventuelle somatisation.

5. La psychosomatique interroge donc, au premier chef, chez l'enfant, le niveau affectivo-moteur et affectivo-dynamique d'une part, et d'autre part l'univers magique et l'imaginaire du petit enfant, puis après six ans, chez l'enfant plus âgé, le niveau réflexif-objectif. Mais de l'univers sensori-moteur à la représentation du monde, la dynamique est complexe chez l'enfant. L'intelligence sensori-motrice est une adaptation de l'individu aux choses et au corps d'autrui (Piaget) et il s'agit à partir de cet univers d'incorporer «*la réalité à l'activité et aux perspectives du moi*» pour aboutir à «*un réalisme dynamique, reliquat de la causalité magico-phénoméniste et de l'univers sans objet propre au stade élémentaire*» (174). Et si dans cette perspective, l'énergétique apparaît de nature affective, cependant que la structure est de nature cognitive selon la pensée de Piaget, il est des plus intéressant de chercher à comprendre, au niveau de la construction du moi, les rapports entre la dynamique mentale et l'organisation de l'image, la

construction du réel, l'identification structurante, l'image de soi et en fin de compte l'intégration psychosomatique quand surviennent des perturbations profondes du vécu corporel et du langage du corps. Ne rejoint-on pas ici la double origine du moi qui selon Hartmann serait pulsionnel et instrumental? Nous pourrons ainsi rejoindre les relations entre structure et conflits de la conscience enfantine à la lumière de la vision de Merleau-Ponty.

6. Enfin, la maladie psychosomatique chez l'enfant se situe au carrefour de l'énergétique, de la structure et de l'imaginaire, dans un trouble du processus d'intégration. Avec les perturbations de la capacité de résistance aux agressions et des modalités thymiques de réaction, avec des perturbations de la structuration du moi, il s'agit bien d'une «confrontation» selon le terme de Ajuriaguerra entre le fonctionnement protopathique primordial et symbolique du corps et de ses fonctions existentielles. Cet aspect nous apparaît capital à développer car il nous permet de mieux comprendre le problème de l'angoisse de l'enfant et de ses troubles psychosomatiques divers; de même que nous paraît capital à considérer le phénomène de résonance entre l'affectivité et les sentiments d'une part et les fonctions biologiques d'autre part, tels que l'ont développé les courants phénoménologiques français et germano-suisses, en approchant au plus près le niveau du processus d'intégration d'ensembles divers.

III. Les grands courants psychosomatiques
Leur niveau d'interprétation

L'étude des entités psychosomatiques essentielles et de leurs tendances évolutives nous permet de mieux situer les grands courants de cette discipline. Les notions sous-tendant les termes de schéma corporel, d'image du corps et de structure de l'être correspondent à des réalités cliniques générales; et l'évolution des conceptions psychosomatiques nous a fait comprendre l'intérêt des éclairages diversifiés de la même réalité clinique. C'est ainsi que se sont succédé et associés les courants dualistes et unicistes tout au long des siècles derniers. C'est ainsi qu'en cette fin du XXe siècle, nous constatons toujours ces deux axes d'interprétation. Si effectivement, dans la pratique clinique et thérapeutique, les cliniciens s'efforcent de prendre en compte l'unicité de la personne, corps et esprit, dans toutes les formes pathologiques (digestive et respiratoire en particulier) les interprétations pathogéniques sont volontiers dualistes et mécanicistes, au niveau somatique, mais aussi au niveau psychique : le problème du saut énigmatique du psychisme au somatique est souvent considéré sous des lumières blafardes ou systématiques.

Nous nous proposons d'aborder la situation actuelle des courants psychosomatiques insérés dans leur histoire et dans leur pratique selon deux orientations distinctes et complémentaires. Il est important de les comprendre selon les niveaux d'organisation psychosomatique et selon les processus d'organisation psychosomatique. Cette distinction nous paraît essentielle dans la mesure où ces différents courants privilégient souvent un type fonctionnel susceptible d'expliquer à lui seul la maladie psychosomatique (la conversion, la régression, etc...). Ils insistent parfois davantage sur un aspect processuel (la relation d'objet, la dynamique de dépersonnalisation-intégration, etc...). Ce sont ces notions que nous nous proposons de développer pour mieux comprendre la structure de la personnalité des enfants psychosomatiques.

1. LES NIVEAUX D'ORGANISATION PSYCHOSOMATIQUE

Dans cette perspective, on peut distinguer trois voies d'abord très complémentaires des courants psychosomatiques :
- selon les courants culturels; cette distinction est sous-tendue par des conceptions philosophiques particulières et diversifiées. C'est la position définie par Gachkel et Brisset dès 1953;
- selon les systèmes interprétatifs; cette attitude est développée et critiquée par R. Mucchielli;
- selon les sens du symptôme; c'est la voie que privilégie Cain.

Considérons l'analyse de ces niveaux.

A. Les conceptions de la maladie psychosomatique selon les courants culturels

Avec Brisset et Gachkel (38), nous distinguerons trois courants différents correspondant aux racines de la médecine psychosomatique. S'ils ont mêlé leurs influences dans les pratiques, ils nous paraissent toujours opérationnels, dans la mesure où ils sont sous-tendus par des conceptions philosophiques et anthropologiques toujours actuelles et constamment actualisées.

• **L'école nord-américaine** avec Alexander, Dunbar et leurs nombreux disciples. Elle est la fille du succès primitif de la psychanalyse aux U.S.A. et du désir de l'efficacité thérapeutique. Alexander décrit des réponses végétatives spécifiques en liaison avec des situations de conflit; et la préoccupation essentielle du thérapeute est de réintégrer le conflit dans la conscience. Mais l'on comprend très vite qu'Alexander et ses disciples ont tendance à séparer la réponse psychosomatique (système végétatif) de la réponse psychiatrique (système de la vie de relation). Faisant appel au modèle médical traditionnel et au modèle psychanalytique, il lui est très difficile, nous le verrons à propos de la conversion, de développer une position uniciste susceptible de concilier ces deux perspectives. Mais l'école nord-américaine devait développer des conceptions cernant davantage le problème de l'unité psychomatique. Nous aurons l'occasion de les considérer à leur niveau spécifique.

• **L'école allemande.** Le courant s'insère dans l'existentialisme et son originalité est de nous amener à fouiller l'étape fonctionnelle de la maladie. Il s'agit de saisir le sens intime du trouble pour un organisme donné. Elle amène l'interniste à la phénoménologie des symptômes (Goldstein, von Weisacker, Mitscherlich, von Bergman, von Uexkull).

Il s'agit bien de déterminer des facteurs de base du comportement où la différenciation entre psychique et physiologique devient impossible. Cette orientation ne revient-elle pas en fait à rejoindre les processus primaires d'indifférenciation de l'enfant, dans une expression conceptuelle différente? Nous retrouvons en particulier la notion de logophanie en tant que «*création d'une idée engendrée non par une autre idée, mais par un état somatique*» (38).

• **L'école russe** a privilégié la conception cortico-viscérale d'obédience physiologiste. Elle s'intéresse comme on le sait, aux schémas de réflexes conditionnés nocifs entre le cortex et les organes internes. Elle insiste sur le rôle thérapeutique d'un bon conditionnement social.

A partir de ces distinctions généralement admises, les auteurs cherchent à démontrer que l'opposition entre ces conceptions (et tout particulièrement entre les psychanalystes et l'école russe) ne serait qu'apparente. Ils avancent dans ce but trois réflexions générales:

- La méthode anthropologique est commune à toutes les écoles. Elle fait appel à l'histoire du sujet; elle cherche à comprendre des faits vécus par le malade; il s'agit de saisir les troubles inscrits surtout dans le temps. Elle est en relation avec d'autres disciplines telles que l'économie, la sociologie, la physiologie, la pathologie générale.

- Ces conceptions supposent toutes dans la notion de maladie, un moment de la vie du malade, et non une entité. Et si les dynamismes sont différents (bases instinctuelles, processus psychosomatique, étude d'une fonction en mouvement), elles présupposent toutes les trois un dynamisme.

- Enfin, elles ressortissent toutes de méthode capable d'appréhender le mouvement selon une perspective dialectique. Ce type de pensée, qu'il ne s'agit pas de considérer comme un monopole marxiste, apparaît être pour ces auteurs le ressort intime de ces diverses doctrines psychosomatiques. Partant de la référence à Hegel, on peut ainsi évoquer la notion de changement dans un développement et la notion d'unité de ce développement. Plus que la pensée cartésienne, ce type de pensée permettrait de mieux saisir les problèmes vitaux de la biologie et de l'univers, dans la mesure où il trouve certains champs d'application au niveau de la fonction (perspective gestaltiste), au niveau de l'affectivité (perspective freudienne), au niveau du conditionnement (perspective pavlovienne). Dans la mesure aussi où il s'agit d'éléments dynamiques, s'affrontant pour se fondre et se dépasser dans un troisième terme, lui-même instable, *«la vision historique, dynamique et dialectique est seule capable de fournir une vue globale sur un organisme»*. Elle apparaît seule capable de poser scientifiquement le problème de l'adaptation d'un être à son milieu. *«L'une des preuves avancées pour étayer ces réflexions concerne l'intérêt porté au milieu, point commun de ces trois tendances»*. Ainsi, pour ces auteurs *«la psychanalyse, la réflexologie, la pensée dialectique, l'étude phénoménologique donnent à l'observateur le moyen d'ordonner son examen selon la quatrième dimension, qui est la durée au sens bergsonien du terme»*. Ces méthodes scientifiques ont surtout fait leurs preuves dans les névroses, dans le champ expérimental de la réflexologie, dans la phénoménologie (analyse philosophique), dans la pensée dialectique (analyse sociale). Ainsi *«Bergson est peut-être le point de départ d'une vision synthétique»*, en aidant à relativiser les méthodes indiquées plus haut, dont il y a lieu bien entendu, de distinguer la phénoménologie, en raison même du niveau réflexif qu'elle propose.

Les perspectives devaient alors se diversifier en Angleterre, en Suisse, en Hollande et en France où se développent les orientations psychanalytiques et cortico-viscérales, les positions de Montassut et de J. Delay. Nous analyserons longuement les diverses conceptions françaises.

Mais nous voyons bien, à la suite de l'évocation de ces courants que les efforts et les divergences s'inscrivent dans des mouvements mondiaux de pensée. Cette étude nous a paru intéressante à situer en raison de ces données historiques et conceptuelles. Elle pose des jalons de réflexion susceptible d'être développée, car elle est à la recherche d'interprétations partant d'une forme univoque de pensée qui sous-tendrait d'une façon similaire des conceptions psychosomatiques différentes. Nous reviendrons sur ces notions à partir des recherches ultérieures mais nous pensons que cette problématique se situe d'emblée dans le prolongement de ce type de réflexion.

B. Les conceptions de la maladie psychosomatique selon les mécanismes

Si les axes culturels sont primordiaux du fait de leurs racines anthropologiques et épistémologiques, il est tout aussi important de distinguer les niveaux d'organisation psychosomatique selon les mécanismes interprétatifs. Nous entendons par là des systèmes d'explication de la relation psyché-soma proposés par de nombreux auteurs pour comprendre la maladie psychosomatique. Beaucoup de théories ont privilégié cet aspect et R. Mucchielli devait les analyser selon une méthodologie critique particulièrement pertinente (160). Nous distinguerons avec lui et à la suite de nombreuses recherches la conversion, la régression, le système cortico-viscéral, les niveaux de la maladaptation. Sous un autre éclairage, nous rejoindrons d'une façon plus développée et plus clinique les différents concepts culturels.

Mucchielli situe tout d'abord la place de Descartes; il différencie chez lui à la suite de M. Gueroult deux médecines : la médecine comme branche de la physique et la médecine humaine proprement dite, ayant pour objet l'ensemble indissociable conscience-corps animé. Il s'agit de prendre en considération « *le corps-animé-dans-ses-relations-vécues-avec-son-Umvelt* » impliquant déjà une unité, un niveau de conscience, ce que Descartes appelait, dans une perspective unicitaire, le sentiment ou « *l'union substantielle de l'âme et du corps* » constituant le champ de l'existence humaine dont la métaphysique et la physique ne sont que des modes d'approches indirects.

1. La conversion

On aborde généralement la question de la conversion à partir de l'hystérie : cliniques de la Salpêtrière nourries des grandes expressions de Charcot et critiques de Babinski; abord de Freud mettant en cause un conflit d'ordre sexuel où les désirs réprimés sont remplacés par un symptôme organique représentant une expression symbolique du conflit originaire. Dès 1914, K. Westphall publie sur l'origine « nerveuse » de l'ulcère peptique et en 1916, Jeliffe et Evans étudient le psoriasis en temps que symptôme de conversion. Nous entendons par ce terme l'aptitude particulière de certaines personnalités à exprimer leurs tendances et leur désir dans des symptômes physiques susceptibles de s'organiser en maladie évidente et durable.

Ce mécanisme suppose d'abord une force émotionnelle, pulsion ou désir subissant un refoulement; il s'agit là d'un phénomène général capable d'entraîner une dissociation au niveau même du moi; et c'est au milieu des inhibitions multiples que « *les désirs peuvent être refoulés jusqu'à créer des troubles fonctionnels»* selon les termes de Weiss et English.

a) Le problème de la conversion rencontre ainsi la question de l'émotion, mais ne saurait s'y résoudre, même si on comprend la localisation somatique comme un exutoire de l'émotivité dans une représentation symbolique de la pulsion interdite et de son refoulement. Dans cette dialectique de l'exutoire, de la localisation du symptôme et du symbolisme de la localisation, la théorie d'Alexander représente certainement pour Mucchielli, la conception la mieux construite. Nous retiendrons avec lui deux systèmes d'explications complémentaires :

• **La théorie des vecteurs** : Alexander entend par vecteur une fonction de fonction organique capable de s'exprimer en trois schémas dynamiques : l'incorporation, l'élimination, la rétention auxquelles correspondent sur le plan psychologique trois principes essentiels, l'appropriation, l'expansion, la conservation. C'est à partir de cette théorie des vecteurs qu'Alexander pourra décrire des syllogismes représentant à ses yeux des schémas dynamiques spécifiques des maladies psychosomatiques. Outre ceux de l'hypersécrétion gastrique ou de l'asthme, il peut ainsi préciser la dynamique de l'hypertension de la façon suivante : tendances hostiles de rivalité - intimidations du fait que le malade a dû supporter l'agressivité des autres et ses propres échecs - renforcement des désirs de dépendance - sentiments d'infériorité - réactivation des rivalités hostiles - anxiété et inhibition des impulsions agressives et hostiles qui en résultent - hypertension artérielle.

• **La théorie de la névrose végétative** est précisée par Alexander pour tenter de résoudre les difficultés d'interprétation de certains faits cliniques. Analysant à partir des travaux de Cannon «*les réponses végétatives aux différents stimuli émotionnels*», Alexander cherche à élaborer «la signification» des excitations du système sympathique et parasympathique. Le système sympathique fonctionne dans le sens de la lutte et de la fuite (stimulant l'activité cardiaque et pulmonaire); le système parasympathique dans le sens de la conservation et de la reconstruction (les spasmes des bronches ont ainsi la signification de protection contre les substances irritantes).

A partir de ces constatations, comment concevoir les névroses végétatives selon Alexander? Les troubles du système sympathique paraissent être le résultat de l'inhibition et de la répression des impulsions d'hostilité et d'auto-affirmation. L'augmentation des activités physiologiques et des métabolismes (hypertension artérielle, diabète, arthrite rhumatismale) devient l'expression des émotions chroniques où le sentiment d'agression et de fuite est aussi prépondérant que refoulé. Les troubles du système para-sympathique constituent pour Alexander un type complet de retrait devant l'action. C'est l'impossibilité d'affirmation de soi et le repli dans une attitude de dépendance, la recherche de l'aide à l'image de l'enfant désemparé (diarrhée et «indigestion» nerveuse, cardiospasmes, colite, asthme). Mucchielli fait observer à ce propos les difficultés d'interprétation des phénomènes névrotiques de cette sphère parasympathique : Alexander est contraint d'invoquer la régression comme complication de la conversion. On voit ainsi apparaître la notion — discutable à notre avis — de conversion active et de conversion régressive.

La conception d'Alexander porte en elle-même un certain nombre de points difficiles à comprendre. Nous en retiendrons les plus évidents.

- La spécificité des schémas dynamiques est très relative; les schémas d'Alexander sont souvent très identiques, quelle que soit la maladie psychosomatique. La pulsion primaire est pratiquement la même partout, qu'il s'agisse des trois grandes tendances symboliques (théorie vectorielle) ou des deux attitudes fondamentales (névrose végétative) on aboutit à la même signification symbolique : c'est en fait partout et dans toutes les affections psychosomatiques que survient le blocage du désir d'être aimé, qu'il s'agisse d'asthme ou d'asthénie. Nous dirons avec Mucchielli que la spécificité n'est pas celle des organes dans leur langage symbolique, mais celle de la situation vécue de chaque malade.

- Les défenses et la structure du moi ne sont pas analysées; on perçoit trop l'assimilation d'un phénomène psychosomatique à l'organisation d'un état névrotique. Ces faits cliniques distincts en eux-mêmes sont traités de la même façon, et c'est là à notre avis l'une des critiques les plus fondamentales. C'est dans le désir de concilier le modèle médical et le modèle psychanalytique de la névrose que réside toute l'ambiguïté d'une conception ayant fait, d'une certaine façon, avancer le problème à partir de cette confusion évidente. Elle cherche trop à assimiler les processus psychosomatiques aux mécanismes névrotiques, de la même façon qu'en miroir la théorie française de la structure psychosomatique viendra évacuer la dimension névrotique des troubles psychosomatiques. L'étude clinique et projective de nos populations d'enfants asthmatiques nous aidera à cerner cette question complexe et difficile, dans la mesure où nous verrons des enfants passer selon leurs âges d'une dissociation primaire à une névrotisation des conduites et des symptômes.

- Enfin cette théorie porte en elle une dimension dualiste, en soulignant que l'émotion — avec ses manifestations — est la traduction psychologique de phénomènes physiologiques. Le concept de conversion porte alors en lui-même une certaine signification dualiste. Pour les uns, Weiss et English, Seguin, il est au centre de la compréhension des maladies psychosomatiques; pour d'autres, et en particulier pour Alexander, la conversion représente plutôt un phénomène général intervenant d'abord dans la vie physiologique, en dehors de toute perturbation pathologique, puisque l'émotion en est le type même.

Il n'en reste pas moins vrai que le concept de conversion attire de nombreuses conceptions psychosomatiques. Il reste la base des arguments en faveur d'une psychogénèse de la maladie psychosomatique qui, dans ses expressions les plus excessives, assimile la maladie psychosomatique à une pathologie relationnelle proche de la névrose ou d'autres formes psychopathologiques. Or nous pensons, avec beaucoup d'autres auteurs, que la maladie psychosomatique représente une expression spécifique de la structure de personnalité. Mais la notion de structure ne peut se distancer fondamentalement de la notion d'énergie.

Aux côtés de la conversion, il est capital de toujours considérer «l'énergie vitale» soulignée dans les travaux de Flanders Dunbar. A travers ses multiples transformations, cette énergie se conserve, sans se perdre ni se créer, et peut se dégrader. Cet auteur décrit des «frictions» susceptibles de se produire au cours des transformations, ainsi qu'une dérivation et une cristallisation «*en une destruction structurale permanente*» si les phénomènes sont importants et durables. Et c'est cette cristallisation qui peut se manifester par des symptômes physiques ou mentaux.

Nous voyons que dans de nombreuses conceptions psychosomatiques la notion d'énergie reste essentielle et représente une réalité existentielle fondamentale diversement interprétée selon les tendances, liée à l'angoisse, à l'inhibition, à la régression et à de nombreuses formes psychopathologiques.

Mais la conversion devait aussi intéresser d'autres auteurs et nous voudrions retenir les études de Valabrega et de P. Moron (en clinique infantile).

b) Valabrega tente une esquisse d'une théorie de la conversion à partir des difficultés de la théorie opératoire du groupe d'auteurs français: P. Marty, Fain et collaborateurs. Il souligne la confusion entre hystérie et conversion, et cherche à distinguer ces deux entités (215). Reprenant le problème où Freud s'arrête, il se fonde sur l'existence de symptômes de conversion non hystérique (dans les autres névroses, phobique, obsessionnelle, névrose d'angoisse). Il existe par ailleurs pour cet auteur des symbolisations manifestement viscérales — déjà décrites par Freud — justifiant cette distinction. La conversion n'est pas le mécanisme spécifique et unique de l'hystérie, comme le déplacement n'est pas le fait unique de la névrose obsessionnelle. Valabrega propose ainsi de séparer le champ conversionnel du champ hystérique. Il introduit le concept de conversion psychosomatique (1964-1965) pour désigner le mécanisme essentiel, mais non exclusif, propre à la médecine psychosomatique. Il cherche ainsi à sauvegarder la notion de conversion et à préciser sans les confondre les rapports entre hystérie et psychosomatique. Il attire l'attention sur la fréquence des associations de symptomes psychosomatiques chez l'hystérique, il insiste sur le balancement de l'une à l'autre forme : « *Dans cette conception la conversion hystérique devient un cas particulier de l'ensemble de la pathologie conversionnelle* ».

Valabrega devait par ailleurs traiter des théories psychosomatiques, en discutant constamment le problème du dualisme, non sans ambiguïté. Dans une attitude de réduction qu'infirme chaque jour la complexité de la clinique psychosomatique, nous voyons cet auteur considérer la médecine psychosomatique comme l'évolution de la psychanalyse. La critique du dualisme se situe constamment à un niveau ambigu, en affirmant qu'en psychanalyse le problème du dualisme est résolu parce qu'il ne se pose pas, même s'il est réintroduit dès qu'on aborde la notion de psychogénèse ! La théorie aurait supprimé la dualité comme principe d'explication, alors que la clinique analytique serait protégée de l'attitude dualiste. Nous avons à plusieurs reprises souligné les caractéristiques dualistes de la pensée freudienne et de ses disciples pour ne pas développer davantage cette argumentation.

Nous nous arrêterons aussi à deux conceptions complémentaires évoquées par Valabrega. La position de Nacht distingue en effet l'éclairage théorique et les aspects pratiques de la médecine psychosomatique. «*S'il y a tout lieu de penser*, dit-il, *que les problèmes que pose la médecine psychosomatique — problèmes instinctuels et psychodynamiques par excellence — ne peuvent être étudiés à fond que par l'application de cette technique (la psychanalyse)* », il admet la place d'un champ intermédiaire qui serait précisément le champ psychosomatique et qui paraît d'ailleurs mieux correspondre aux réalités cliniques pour de nombreux auteurs.

La conception de G. Parcheminey est aussi à considérer : elle est peut-être capable d'ouvrir les questions vers une position moniste. Cet auteur se voit contraint de revenir aux points de vue d'Alexander et aux problèmes de l'hystérie de conversion. Parcheminey considère d'une façon inséparable psychologie et physiologie mais ne conçoit plus comme nécessaire la notion de conversion et à plus forte raison celle de censure. Il développe sous une autre forme l'inconscient organique cher à Marie Bonaparte et insiste sur un symbolisme inconscient (Piaget), un symbolisme anatomique et physiologique. Reprenant la discussion sur la conversion, Valabrega cherche une vérification pragmatique de cette théorie de l'identité somatopsychique intéressante dans sa critique de la notion de conversion. Mais cette démarche nous paraît encore receler un certain nombre d'obscurités, dans le prolongement des positions d'Alexander. Cependant, Parcheminey apporte une certaine ouverture, en insistant sur un mécanisme distinct, la régression, et en suggérant que le psychosomatique conduit à une conception anthropologique susceptible d'aider la médecine à opérer sa jonction avec la théorie de la connaissance. Valabrega s'interroge par contre sur la légitimité de s'intéresser à certaines conceptions anthropologiques, comme celle de Von Weizsaker, en raison de la croyance métaphysique qu'elle implique. Il insiste sur l'imprécision et les dangers des théories de ce genre relevant à son avis de la pensée analogique. Nous ne voulions à ce niveau qu'évoquer ces réflexions méritant de plus amples développements.

c) Le rapport de P. Moron sur «le phénomène de conversion somatique chez l'enfant» (159) devait actualiser certaines notions. Reprenant les aspects théoriques du point de vue des mécanismes et de l'intentionalité, il cherche à en préciser les limites. Il s'efforce de situer la conversion dans le champ de l'hystérie, dans le champ plus général des névroses, et dans le champ psychosomatique au sens actuel. La symbolique du langage des organes, des refoulements et des défenses de l'inconscient pose le problème de la délimitation entre hystérie et pathologie psychosomatique. L'approche de la pathogénie lui permet de situer les conceptions anatomo-cliniques, physiopathologiques et psychanalytiques, en concluant avec Ajuriaguerra sur l'aspect mouvant et fluctuant des théories explicatives.

Dans les aspects cliniques, il met en évidence la difficulté des distinctions; il montre «*le polymorphisme des réactions de conversion, le pourcentage important de symptômes neurologiques et digestifs, l'existence quasi constante d'un élément pathogénique, la fréquence du phénomène d'imitation et de la responsabilité d'une meiopragie d'appel*». Le phénomène de conversion somatique s'intègre dans l'hystérie de l'enfant, mais il est possible de distinguer structure hystérique, immaturité affective, structure anxieuse et hystérie dite «physiologique». Les études psychologiques mettent en évidence certains aspects communs à deux groupes d'enfants présentant des céphalées et des troubles digestifs: fragilité psychologique, répression des affects, réduction projective, perturbations relationnelles et traits hystériques.

Les différences entre ces deux groupes d'enfants sont très nuancées et concernent le comportement (plus spectaculaire chez les céphalalgiques), le dynamisme (plus régressif chez les céphalalgiques que chez les digestifs où l'on n'écarte pas l'évolution possible vers la somatisation complète ou même la « psychotisation »). Les différences de structure de personnalité vont dans le sens de l'hypercontrôle et de la rigidité (avec aspects phobo-obsessionnels) chez les enfants présentant des céphalées, et dans le sens des perturbations de l'agressivité et des structures hystérophobiques dans les troubles digestifs. Mais ce sont là souvent des nuances que les tests projectifs ne permettent pas toujours de délimiter d'une façon précise. Le phénomène de conversion somatique chez l'enfant reste une entité difficile à préciser dans ses racines. Il représente une notion ouverte, susceptible de mieux nous faire comprendre les arcanes de la somatisation dans la maladie psychosomatique de l'enfant. Mais il a besoin d'une approche structurelle pour mieux appréhender à la fois les niveaux d'organisation et les processus en clinique psychosomatique.

2. La régression

La régression est un mécanisme souvent invoqué en pathologie psychosomatique. Nous la définissons en général comme un retour plus ou moins inconscient et défensif à une situation antérieurement vécue.

S'il est difficile de concevoir l'unité entre le soma et la psyché, la notion d'indifférenciation de la conscience et de l'organisme située à un stade antérieur à l'organisation du moi permet de mieux comprendre certains aspects. Mucchielli le fait remarquer à juste titre. Certains auteurs ont invoqué le mécanisme de régression pour retrouver chez l'adulte malade le stade d'indifférenciation en tant que notion psychosomatique.

Les travaux de Spitz (204) représentent à cet égard un apport capital pour comprendre les modalités primordiales de la relation de l'enfant à sa mère et au monde. Dans une méthodologie très scientifique, il montre le rôle de l'amour oblatif sur la stimulation des besoins instinctuels, sur les premières communications spécifiques et sur les fonctions générales de l'organisme en formation. Il met aussi en évidence le rôle irréversible de certaines carences affectives sur l'unité psychosomatique et le développement de l'enfant. Spitz peut ainsi suivre les modalités de la relation *«ténue, obscure et primordiale»* entre la mère et l'enfant. Il décèle le rôle des comportements précoces de rejet, d'hyperprotection, d'hostilité et d'anxiété sur l'organisation structurelle de l'enfant. Il individualise le syndrome d'hospitalisme et ses formes diverses, capable d'entraîner parfois un arrêt du développement organique et psychique. Ces travaux permettent d'approcher la réalité clinique d'une indifférenciation psychosomatique, *«base de la construction ultérieure de la personnalité dans ses relations avec son environnement naturel et social»*.

Sperling devait montrer le rôle des conflits émotionnels de la mère sur les processus de maturation de l'enfant. Cette influence est susceptible d'intervenir bien avant la mise en œuvre des processus d'identification. Ruesh insistait sur les rôles des processus de communication extérieure et intrasystématique (à l'intérieur même des organes) ainsi que sur la solidarité de ces deux types de mécanismes au stade premier de l'indifférenciation. Nous approchons ici le type de relation intérieure de l'enfant à son corps et à son vécu corporel qui trouvera certains prolongements des plus intéressants dans les conceptions phénoménologiques et analytiques des auteurs français (Minkowsky, puis Kreisler et coll.)

Cette notion d'indifférenciation, trouvant son plein développement avec Wallon et Piaget, nous aide à rejoindre certaines théories psychosomatiques. Mucchielli remarque le rôle de cette notion dans l'interprétation du *«symbolisme physiologique»* selon Parcheminey: au niveau indifférencié *«signifié et signifiant sont identiques»* comme le spasme intestinal est effet anxieux en lui-même. Parcheminey se dégage d'un certain dualisme ayant abouti à la formulation de trois concepts fondamentaux de la Médecine Psychosomatique: psychogénèse, conversion, spécificité. Cet auteur insiste sur l'effondrement du moi conscient, dont la mise en sommeil va faire apparaître un donné qui était déjà présent, en tant que *«structure primitive précisément liée à l'organisation comme soma-psyché, actualisé par l'effondrement du moi conscient»*. Ainsi, comme nous l'avons vu plus haut, c'est la régression qui représente chez Parcheminey le mécanisme susceptible de provoquer la perturbation du moi de l'adulte; c'est ce qui permet de mettre en évidence et à découvert *«le stade d'indifférenciation qui est celui de la première enfance, des premiers mois jusqu'à quatre ans»* (172). Dans cette conception deux phénomènes sont nécessaires: la régression du malade rejoignant le niveau d'indifférenciation psychosomatique; la réactivation des attitudes et des émotions de la première période infantile. Ainsi Parcheminey n'a plus besoin de faire appel aux concepts de psychogénèse, conversion ou spécificité. C'est *«la tension excessive du moi»* qui entraîne régression et désintégration du moi en en faisant réapparaître les fonctions globales; et tout ce que l'on prend pour «*signification psychologique de la maladie organique*» serait donc par essence la réactivation d'affects primaires exprimés d'une manière primitive par l'organisme.

Nous avons développé ici cette conception en raison des ouvertures qu'elle apporte par rapport à beaucoup d'autres. Mais si beaucoup d'auteurs se rapprochent de cette théorisation (Grinker et Robbins parlent de «dédifférenciation». Spieghel d'activités indifférenciées), la régression en psychosomatique pose de nombreux problèmes. Elle existe à la place du refoulement en tant que défense contre l'angoisse; mais elle est un comportement et non une maladie psychosomatique en tant que telle. La régression est une conduite humaine, constitutive de la maladie, elle n'en constitue pas le mécanisme déterminant, d'autant plus que nous voyons beaucoup de ces malades présenter des attitudes de défense et de surcompensation qui sont à l'opposé de la régression. Il existe à coup sûr dans la maladie psychosomatique une certaine dissociation mais le moi conserve souvent une résistance étonnante, élément incontestable des difficultés de prise de conscience chez ces malades. Et la notion de «régression partielle» alors invoquée ne peut expliquer un certain nombre de phénomènes.

Cependant, l'introduction de la notion de régression, et surtout celle d'indifférenciation et de réactivation permet de nous acheminer vers une compréhension de l'autonomie du niveau psychosomatique. Cette autonomie amène à distinguer la psychosomatique du champ des névroses, comme cette notion de régression est à distinguer de la régression des névroses graves et des psychoses.

3. La maladaptation

Il existe dans toute maladie des troubles de l'adaptation, mais ce terme apparaît dans l'explicitation de Mucchielli comme le phénomène premier susceptible de déclencher la régression. Ziwar avait bien insisté sur le fait que *«les syndromes psychosomatiques doivent être conçus comme des expressions ou des répercussions d'un échec fondamental de l'adaptation»*.

Toutes ces interprétations sont basées sur la notion de «*syndrome général de l'adaptation*» due à Selye. Il est la réponse indifférenciée de l'organisme à tout «*agent stressant*» et il évolue en trois phases, «*alarme, résistance et épuisement*». Le total des réactions (intensité, rapidité, durée) est constant pour chaque individu dont il représente la capacité d'adaptation.

Selye devait s'efforcer, comme l'on sait, de préciser les phénomènes physiologiques endocriniens de ce syndrome. Il devait préciser le rôle des hormones dans la défense de l'organisme: (A.C.T.H. et cortisone en particulier). Il devait ouvrir la voie de toutes les recherches biologiques et immunologiques actuelles dont la complexité s'accroît tous les jours. Mais outre qu'il insiste sur une nouvelle conception de la maladie, il permet de décrire deux grands systèmes de maladie: celui où l'adaptation s'effondre (diabète, tuberculose, etc...) et celui où la réaction adaptative s'exagère et dépasse son but (allergie, colite, rhumatisme articulaire aigu). Nous avons nous-mêmes à l'aide du test de Rosenzweig étudié ces différences au niveau du sens de l'énergie dans les réponses à la frustration.

C'est à partir de cette réalité de la maladaptation que l'on peut faire intervenir le rôle des structures anatomo-physiologiques du système nerveux. Car le rôle des émotions, des états de tension affective indéfiniment entretenus par des représentations inconscientes pathogènes est effectif, et souligné par Selye lui-même comme agents stressants.

Grinker insistait sur le rôle de l'hypothalamus *«devenu plus sensible aux symboles qui satisfont et relâchent la tension instinctuelle et aident à maintenir l'équilibre intérieur»* et on a invoqué l'axe cortical-hypothalamique-hypophysaire-surrénal, et d'autres structures plus fines plus récemment connues.

Cette orientation ne tendrait-elle pas alors à peu différencier la médecine psychosomatique de la pathologie générale? C'est là une interrogation très réelle.

Dans un autre sens, Nach insiste sur le rôle des traumatismes psychiques, et surtout de la peur *«élément crucial de la vie psychique et partant de la psychopathologie»*. La peur est susceptible de déclencher, si elle dure, toutes les variétés de troubles psychologiques et psychosomatiques. Se référant à Cannon, Selye, Reilly, Nach s'intéresse à trouver dans la physiologie *«une base expérimentale à ce que la psychanalyse avait induit de l'observation des processus inconscients»* (164). Il souligne *«les répercutions des affects sur toutes les fonctions de l'organisme et même leur pouvoir lésionnel»*. C'est là certainement une orientation toujours en vigueur, cherchant à définir à partir de la biologie *«un moi faible»* *«sensibilisé aux situations d'insatisfaction des besoins»*, et un moi constamment affaibli dans des difficultés d'adaptation.

Mais ce concept de maladaptation paraît à beaucoup trop large et trop vague, et nous partageons tout à fait ce sentiment. C'est un champ trop vaste de mécanismes; il nous aide néanmoins à mieux comprendre les articulations entre les troubles physiologiques et les perturbations psychopathologiques. C'est par exemple l'espace de l'immuno-chimie ou de la neurochomie dont les découvertes précises nous font mieux situer les interrelations entre les manifestations physiologiques, les perturbations psychophysiologiques et les difficultés d'adapter les conduites primaires instinctivo-affectives. C'est le domaine de l'émotion qui représente, pensons-nous, un phénomène psychophysiologique charnière susceptible de mieux nous faire comprendre la nature psychosomatique de nombreuses perturbations moins évidentes et plus difficiles à appréhender. Si l'émotion est déjà une manifestation psychosomatique, elle n'est assurément pas « cause déclenchante » et c'est là un aspect clinique central à souligner.

4. La théorie cortico-viscérale

Cette théorie représente toute une conception des mécanismes cérébraux et reflète aussi — autant et plus que d'autres peut-être — une anthropologie précise. Nous avons vu, à propos de courants culturels, que certains auteurs s'étaient efforcés d'atténuer les différences des conceptions psychosomatiques. Nous reprendrons les travaux de Mucchielli à propos de cette tendance, en raison même du développement circonstancié qu'il en donne.

La théorie de Setchenov-Pavlov-Smolenski et leurs successeurs se fonde, nous dit cet auteurs (160) en citant Bykov «*sur une description de la marche normale des différentes fonctions physiologiques et de l'aspect qu'elles revêtent dans l'organisme sain et dans l'organisme malade en tenant de liaisons constamment présentes et variant constamment qui s'établissent grâce à l'activité corticale, entre toutes les fonctions du corps et les multiples facteurs du milieu ambiant*». Wallon souligne que c'est, à travers ces liaisons, l'activité nerveuse qu'elle à voulu étudier; «*c'est le champ où s'opèrent les combinaisons nécessaires entre le monde extérieur où baigne l'individu et les réactions organiques de ce même individu*».

Pour élaborer ces conduites d'équilibration toujours nécessaires, le cortex dispose de deux groupes d'analyseurs: les analyseurs extéroceptifs (réceptifs sensibles et organes des sens) susceptibles de conduire les stimuli du milieu vers le cortex; les analyseurs intéroceptifs (la cénesthésie et ses récepteurs chimio-sensibles, baro et thermo-sensibles) capables de conduire vers le cortex les stimuli venant des organes internes. Les travaux pavloviens ont mis en évidence l'existence d'une organisation de l'équilibration et de l'adaptation dans une influence réciproque de ces deux systèmes d'analyseurs orchestrée par l'intermédiaire des cellules corticales.

Avec Mucchielli, nous considérerons deux aspects essentiels de cette théorie : l'organisation des processus normaux permettant au cortex d'élaborer des conduites adaptées; les perturbations de cette équilibration entraînant des troubles psychosomatiques.

a) L'organisation des processus adaptés est essentiellement faite de la liaison temporaire; elle est le « réflexe conditionnel » lui-même. On sait en effet que la conception pavlovienne est basée sur le rôle du réflexe conditionnel dans la neurophysiologie et la neuropathologie. *« Le réflexe conditionnel est une réponse acquise et fixée sous l'influence d'un excitant nouveau superposé à l'excitant primitif et habituel, puis substitué à lui par la suite »* nous dit A. Porot.

La liaison temporaire représente l'élément constitutif de l'organisation adaptative. Elle est capable de généralisation, de différenciation, d'extinction et d'inhibition.

L'inhibition a fait l'objet de travaux expérimentaux minutieux permettant de distinguer l'inhibition externe, l'inhibition supra-liminaire, et l'inhibition interne où elle apparaît comme le processus de régulation de la réaction élaborée d'adaptation (ou réaction conditionnelle).

Décrivant un certain nombre de lois, et notamment des lois dites d'irradiation, de concentration, d'induction positive et négative, d'induction réciproque (combinaisons et fluctuations de plusieurs comportements successifs ou télescopés), les travaux de l'Ecole de Pavlov donnent une très grande importance aux mécanismes d'inhibition (même d'inhibition active). Ils cherchent à préciser les différents mécanismes par lesquels le cortex assure sa fonction d'équilibration et d'adaptation. Aux travaux physiologiques, se sont adjointes des recherches biochimiques et électroencéphalographiques visant à mettre en lumière les phénomènes biophysiques et électroneurophysiologiques correspondant aux réactions conditionnelles.

b) Les perturbations des mécanismes ont été étudiées dans cette perspective cortico-viscérale, dans les névroses expérimentales. Celles-ci exigent en effet un certain nombre de conditions nécessaires et suffisantes. Ces études nous montrent la possibilité de troubles psychosomatiques à partir des perturbations des mécanismes de l'adaptation. Nous en relèverons un certain nombre :

• **La surtension de l'excitation** est capable de déborder les possibilités normales d'intégration (fracas intense, explosion, bascule, etc...), la terreur des chiens provoquée par l'inondation de Léningrad de 1924 était capable de réapparaître deux mois après au moindre bruissement de l'eau.

- **La surtension de l'inhibition** par différenciation trop fine. L'apparition successive d'un cercle et d'une ellipse empêche par exemple la différenciation de ces deux formes et entraîne des troubles nerveux et psychomoteurs.

- **Les formes de collision** constituent des concepts expérimentaux fort utilisés dans cette théorie. On entend par collision selon Pavlov, le bouleversement expérimental de la valeur positive ou négative du signal ou de la réaction inconditionnelle. Les auteurs en distinguent trois formes intéressantes pour notre propos :

- La transformation d'une réaction de défense en réaction positive (entraînant là encore nervosité, tremblement et agitation).

- La surtension de la labilité des processus d'excitation et d'inhibition par perturbation des stéréotypes dynamiques. Dans ce type d'expérience, on soumet le cortex à des changements tellement fréquents et profonds qu'il se produit une rupture des possibilités d'adaptation avec un déséquilibre durable. Elles interrogent le cortex sur ses aptitudes à changer ses liaisons temporaires et leur sens en fonction de nouveaux et lointains facteurs externes.

Ainsi, dans toutes ces circonstances, l'adaptation est devenue impossible, dans des états dits de «parabiose». Il s'y ajoute quelques autres conditions favorables à la névrose expérimentale, déjà considérée par Pavlov : le type nerveux (le type faible, agité ou inhibé - le type fort, équilibré stable, équilibré labile, fort déséquilibré) - l'état de phase du sujet - le passé du sujet (son entraînement et son dressage) - le déficit organique (état de carence, déficit hormonal, etc.).

Nous avons souhaité préciser les principaux points de la théorie cortico-viscérale sans en exposer, bien entendu, les aspects expérimentaux complexes et minutieux. Nous voudrions nous attacher davantage à la réflexion critique à partir des données techniques de cette théorie.

Evident est l'intérêt de ces «*schémas dynamiques de structure*» (150) correspondant aux besoins fondamentaux et aux tendances primitives de la psychologie et de ses concepts traditionnels. Selon ces schémas, «*c'est l'ensemble des fonctions organiques et l'ensemble du corps animé qui réagissent aux conditions du milieu*». Les travaux pavloviens semblent mettre en évidence l'existence d'un «noyau» irréductible, caractérisant l'organisme vivant avant toute différenciation spécifique et évoquant la notion de structure.

Les mécanismes d'acquisition des automatismes sont aussi abordés dans cette conception. Les réflexes conditionnels se construisent sur une infrastructure que représentent les réflexes inconditionnels; et c'est dans ce processus que réside l'adaptation pour les auteurs russes. Mais le processus de généralisation doit avoir une place privilégiée, dans la mesure ou l'automatisme nouveau intègre une structure générale de l'environnement. C'est moins, semble-t-il, chez l'animal une perception qu'un «schéma d'ensembles» se traduisant sous forme de généralisation. Ainsi, Mucchielli insiste sur une notion nous paraissant capitale dans la fonction d'organisation. «*On peut penser,* écrit-il, *que la fonction de généralisation est à l'œuvre dans toutes ces expériences, tant animales qu'humaines, à leur niveau respectif, comme la fonction même des analyseurs corticaux, le principe de formation des automatismes moteurs aussi bien que des automatismes affectivo-moteurs*».

Tandis que cette conception permet de souligner l'émergence d'un monde écologique avec les particularités spécifiques à chaque animal, la transposition à la psychophysiologie humaine exige de se dégager du plan strictement objectif défendu par les auteurs russes. La réflexion de Mucchielli amène à certaines propositions intéressantes à partir d'une analyse fine de cette théorie et de ses travaux. «*Toutes les lois de Pavlov se vérifient; par contre si l'on admet que les conditions du milieu ne sont pas des conditions objectives, mais les composantes d'un monde vécu éprouvé, non réfléchi... et... si l'on en reste sur le plan strictement objectif, plus rien n'est retrouvé, dans la clinique humaine, des affirmations de Pavlov et de ses successeurs*» (160). Il est possible d'interpréter les mécanismes des névroses expérimentales en terme de situations humaines traumatisantes; il est possible de retrouver dans des situations psychopathologiques quelques-uns des mécanismes de surtension ou de collision par exemple. Mais il faut absolument réintroduire la réalité essentielle de la clinique humaine que Pavlov (et son école) refuse de prendre en considération, à savoir l'affectivité. Il est possible d'expliquer des troubles psychologiques et psychosomatiques liés à une déception affective intense en terme de collision par transformation du signe de la réaction. La rupture affective intervient dans les conditions typiques d'une collision, au sens pavlovien où le moi perd le contrôle de soi et sa puissance de prise sur le monde lorsqu'une relation pathologique s'est installée entre deux personnes.

Mais il convient de revenir à l'affectivité en tant que réseau complexe d'automatisme et de réactions primaires d'abord, et en tant qu'éprouvé psychosomatique. Nous nous introduisons ici dans le domaine des processus de personnalisation et de ses perturbations primaires. C'est à ce niveau que l'indifférenciation primitive représente à la fois la phase essentielle de l'organisation psychosomatique et le signe de la fragilité de cette organisation capable de laisser passer dans la faille de son unité l'angoisse et son cortège de pathologie psychosomatique. Cet éclairage de la théorie cortico-viscérale est ainsi à considérer à condition de recentrer la discussion au niveau même des processus de personnalisation de l'enfant où l'affectivité en tant que perception affectivo-cognitive primaire reste primordiale. Nous aurons l'occasion d'insister sur le rôle essentiel de la personnalisation à propos de notre étude clinique et structurelle des troubles psychosomatiques de l'enfant.

C. Les conceptions de la maladie psychosomatique selon le sens du symptôme

Certains auteurs ont cherché à comprendre les niveaux d'organisation psychosomatique à partir d'une réflexion sur le sens du symptôme. L'asthme, l'ulcère gastro-duodénal, l'hypertension artérielle, en tant que symptôme ont-ils une signification pour le malade et pour le médecin ? Et s'ils en ont une, quelle est-elle ? Chez les enfants, vivant à la fois un asthme, des phobies scolaires et un sentiment d'abandon, le symptôme somatique a-t-il une signification ? C'est une question souvent posée en psychosomatique, quand le clinicien s'interroge sur la compréhension d'asthme difficile à élucider. Mais il est important de préciser le niveau de signification auquel on se situe. Chercher la signification d'une succession de crises sous la forme d'attaque d'asthme, amène à aller au-delà de l'infection ou de la perturbation allergique. Chercher la signification d'une maladie fait ouvrir la dimension somatique et renvoie à un ensemble doué d'une histoire et d'une structure. Cette voie, en prétendant dépasser complètement le dilemme organogénèse-psychogénèse ne pose pas la question en terme d'alternative : n'est-ce pas là même une problématique à dépasser pour découvrir des chemins plus profonds ? C'est un thème que nous aurons l'occasion de développer à partir des conceptions structurales.

Du point de vue de la signification du symptôme en psychosomatique, on peut considérer trois théories distinctes. Cain s'est intéressé à cette question dans une étude où il différencie le symptôme porteur d'une histoire, (d'un passé et d'un futur) du signe, souvent évocateur du seul présent (par exemple l'aréflexie rotulienne). Pour Freud, le symptôme a la signification d'un indice du processus morbide, *«il est le signe d'une pulsion instinctuelle et inassouvie, le substitut de sa satisfaction adéquate»*. Le symptôme apparaît donc ici directement lié au refoulement. Nous distinguerons toujours avec Cain trois possibilités (41):

a) **Le symptôme psychosomatique a un sens**, comme le symptôme névrotique. C'est la thèse de Garma et de Sperling. Le symptôme a une signification psycho-affective et une spécificité. Il entre dans une structure propre, chaque maladie ayant une détermination purement psychique. Il est une manifestation due à des mécanismes précis, surtout la régression et la fixation où le refoulement joue un rôle.

La crise d'asthme est selon l'expression classique une crise de pleur d'angoisse inhibé. La maladie asthmatique est tout entière faite de la peur de l'abandon. La tuberculose correspond à un suicide organique avec intériorisation d'une agressivité d'abord éprouvée contre autrui. L'hypertension artérielle serait constituée de l'opposition de deux tendances contradictoires entre lesquelles le sujet oscille constamment.

C'est là, en toute évidence, l'assimilation du symptôme psychosomatique au symptôme névrotique; c'est insister sur l'absence de spécificité du fait psychosomatique; c'est contredire en permanence la clinique de ses états. Le symptôme psychosomatique est dû à une régression ou à une fixation de la personnalité à un stade antérieur du développement psycho-affectif, la crise d'asthme correspondrait à une régression au stade infantile prœdipien et la maladie asthmatique à une fixation à un stade de la petite enfance (oral ou anal selon les auteurs). N'est-ce pas là l'affirmation d'une psychogénèse aspécifique?

b) **Le symptôme psychosomatique n'a pas de sens**: cette théorie de l'école psychanalytique de Paris en particulier (Held, Marty, etc...) qualifie souvent le symptôme de «débile» et de «bête». Il est lié, dans l'esprit de cette tendance, à l'impossibilité ou à l'insuffisance des activités de la représentation. C'est par manque de moyens de symbolisation ou plus crûment par manque d'imagination. Certains faits cliniques sont avancés à l'appui de cette conception: l'affaiblissement des fonctions imaginaires des adultes, l'attachement des malades à leur symptôme et les résistances aux prises de conscience des implications affectives et existentielles. Cette absence de signification trouve sa raison essentielle dans la carence mentale souvent invoquée en clinique psychosomatique. Cette position renvoie à une conception du processus psychosomatique que nous considérerons plus en détail. On a attribué cette carence mentale au faible niveau social des populations considérées, mais la critique de cette conception concerne en fait la notion générale de carence mentale.

c) **Le symptôme psychosomatique a la possibilité d'exprimer une certaine spécificité de signification.** Certains auteurs dont Valabrega tentent ainsi de dépasser cette alternative en réunissant tout sur le nom de la conversion. Dans la mesure où elle constituerait un mécanisme propre, commun à plusieurs domaines, elle est capable d'apporter pour Cain une issue au dilemme évoqué plus haut. La conversion hystérique est de structure émotionnelle, la conversion psychosomatique est moins spécifique.

Mais il convient aussi de distinguer conversion et dérivation. Le symptôme correspond ici à une symbolique profonde et enfouie; il répond au niveau de la somatisation recouvrant en fait deux mécanismes distincts: la conversion hystérique - la dérivation psychosomatique.

Dans le premier cas, c'est l'aptitude particulière de certains malades à exprimer leurs tendances inconscientes par des symptômes physiques (paralysie, anesthésie, etc.) intéressant la vie de relation. Dans le second cas il s'agit de la dérivation de l'excitation émotionnelle dans le système neuro-végétatif: c'est le phénomène propre aux névropathes et aux anxieux; c'est celui qui sous-tend les réponses neurovégétatives des psychosomatiques (anxiété de l'asthmatique ou de l'ulcéreux par exemple).

La distinction concerne surtout le niveau de l'angoisse. Dans la conversion, toute l'angoisse est convertie dans le symptôme: elle ne s'exprime pas directement; la transformation totale de l'angoisse entraîne la somatisation en annulant l'anxiété. Nous rejoignons là «la belle indifférence» de l'hystérique. C'est l'expression totale de l'angoisse allant se réaliser dans le système nerveux de la vie de relation.

Dans la dérivation l'angoisse persiste en partie à l'état libre. C'est la transformation partielle de l'angoisse qui détermine la somatisation. Une partie de l'angoisse va retentir sur les fonctions sensitivo-motrices et glandulaires du système vago-sympathique, dans un sens préférentiel indiqué selon divers facteurs secondaires (infection, fragilité préférentielle d'un organe, etc.) l'autre partie reste encore de l'angoisse susceptible de s'exprimer sous ses formes habituelles.

Mais en réalité, les faits sont souvent plus complexes; et nous retiendrons deux types de réactions, renvoyant cette théorie à une série de problèmes plus difficiles encore (41):

- La tendance à la surcharge psychopathologique s'associe souvent: recherches utilitaires de bénéfices, manifestations pithiatiques et psychonévrotiques, préoccupations hypocondriaques, état sinistrosique intriqué où les processus inconscients sous-tendent de multiples états psychopathologiques associés (hypocondrie, dépression existentielle, sinistrose, etc.).

- La tendance à l'organisation, il s'agit de la construction de ce qu'on appelle «la névrose d'organe», c'est-à-dire une organisation particulière anatomo-physiologique des tissus et des organes survenant à la suite de la conversion de la névrose, de la somatisation par dérivation, devrait-on dire plutôt dans cette perspective.

Il nous paraît intéressant de resituer ici les positions de Valabrega, déjà évoquées plus haut, à propos du sens du symptôme et des interrogations qu'il pose. Mais lorsqu'on aborde la signification du symptôme, il est aussi adéquat de considérer, selon les propositions de Cain, deux points très fréquents en clinique psychosomatique :

1. Le symptôme psychosomatique peut être envisagé d'abord en tant que barrière corporelle. Il n'est pas besoin de préciser qu'il est quelque chose concernant d'abord le corps; et nous constatons bien, au milieu des résistances et des réticences de certains malades (adultes ou enfants) à dépasser le signe, qu'il s'agit d'une barrière double : c'est une barrière entre le médecin et le malade; c'est une barrière à l'intérieur du malade, où le symptôme est souvent décrit comme un corps étranger. Dans ce vécu, le malade a la sensation d'être double, et nous rejoignons l'ambivalence et tant de processus connexes des malades psychosomatiques. Nous approchons à distance certes, la dissociation de certaines psychoses ou schizophrénies, voire même le narcissisme et sa problématique dans les névroses et la schizophrénie.

2. Le symptôme psychosomatique met le réel en cause; il fait entrer le corps réel du malade dans la relation. Le réel est constamment mis en cause dans l'organisation de la maladie et de la somatisation.

Nous rejoignons dans ces remarques le sentiment inconscient d'une rupture intra-personnelle précipitant souvent les malades dans leur maladie. Et combien cette réalité est intense dans l'asthme capable de protéger les personnes de la scission toujours possible de l'unité corporelle et psychique. Les malades asthmatiques se défendent aussi de leur propre interrogation dans une réalité corporelle pathologique. Et cette défense violente parfois est susceptible d'entraîner par son intensité même la mort, au prix de l'illusion d'avoir sauvegarder quelque chose de soi-même.

Ainsi, la question de la signification du symptôme se heurte aux interrogations sur la vie et la mort. Elle aborde la réalité même de la maladie capable de mener les personnalités à leur autodestruction selon des processus plus ou moins inconscients, au milieu même de leur défense et de leurs interrogations sur leur destin. Nous constatons ainsi l'intérêt réel de ces conceptions s'interrogeant sur le sens du symptôme en psychosomatique. Elles ont été élaborées surtout à partir de la clinique de l'adulte, et elles nous amènent à poser le problème de la signification générale du symptôme psychosomatique de l'enfant, thème essentiel de nos travaux et de nos réflexions. Mais elles parlent un langage d'adulte; elles posent les problèmes en termes de clinique où les processus sont constitués et où les mécanismes de défense sont organisés; elles privilégient l'élaboration des relations et elles ont besoin de se compléter par un ensemble de conceptions permettant de mieux approcher les racines et les processus structurels de la maladie psychosomatique.

2. LES PROCESSUS D'ORGANISATION PSYCHOSOMATIQUE

Certaines conceptions psychosomatiques se sont attachées à approfondir la compréhension des processus. Nous les avons distinguées nettement des précédentes dans la mesure où elles s'orientent davantage vers un abord structurel. Mais là encore, à l'analyse et à la réflexion des nombreux courants cherchant dans ce sens, il existe deux types de conception que nous proposons de distinguer:
- les conceptions sélectives;
- les conceptions unicistes.

A. Les conceptions sélectives

Ce terme nous apparaît bien représenter un ensemble de conceptions qui, comme leur nom l'indique, privilégie un certain type de processus.

Beaucoup de théories ont en effet établi comme principe d'explication des relations psychosomatiques, à la fois le choix d'un processus et surtout la concurrence entre les mécanismes. C'est un aspect que nous avons déjà pu relever dans les conceptions précédentes s'intéressant au niveau de l'organisation. Mais cette double caractéristique sélective et concurrentielle nous apparaît plus nette à partir du moment où l'on se rapproche de la structure du phénomène et de ses tentatives d'explication.

Nous situerons à ce niveau trois types de conceptions :
a) la conception fonctionnelle;
b) la conception dyadique;
c) la conception relationnelle.

a) La conception fonctionnelle

C'est ainsi qu'on nomme souvent la conception mettant l'accent sur la spécificité de la somatisation. P. Marty, M. Fain, C. David, M. de M'Uzan ont développé ce point de vue à travers leurs investigations psychosomatiques.

Pour ces auteurs, la somatisation est essentiellement définie par une « carence mentale », expression qui fit fortune en France : la carence intéresse l'ordre des relations objectales et la précarité du transfert; elle concerne aussi le sens du symptôme, qui reste bête et peu signifiant, nous l'avons vu. Ces auteurs insistent aussi sur la carence de la pensée, la pensée est « opératoire » chez ces malades, et se définit comme « *absence de valeur fonctionnelle de la vie mentale* » (C. David). L'expression de la carence concerne alors la vie fantasmatique, absente aux dires de ces auteurs comme s'il y avait chez ces malades un « écrasement » du fantasme. Enfin, les partisans de cette conception ont tendance à minimiser, voire même à nier, la valeur étiologique des expressions du malade psychosomatique. Les interprétations ne seraient pas capables de « *resituer au symptôme un sens qu'il n'a pas* » et la thérapeutique ne serait plus qu'accompagnement, sans viser « *à une récupération de la fonction de représentation* » en raison même de la carence mentale.

Dans cette conception fonctionnelle, les auteurs distinguent bien, comme Alexander et beaucoup d'autres, le champ de la conversion et de l'hystérie, du champ psychosomatique. A l'inverse de Valabrega, nous suivrons volontiers les auteurs dans leur distinction; mais cela ne signifie pas que cette conception fonctionnelle et opératoire recouvre la totalité du champ psychosomatique. C'est en ce sens qu'elle nous apparaît à la fois sélective et réductrice.

La pensée opératoire, écrivent P. Marty et M. de M'Uzan, « *est une pensée consciente qui, premièrement paraît sans lien organique avec une activité phantasmatique de niveau appréciable, deuxièmement double et illustre l'action, parfois la précède ou la suit, mais dans un champ temporel limité... Le malade ne prend pas à proprement parler de distance, grâce à une manipulation mentale ou verbale du matériel; il est présent mais vide, et il paraît difficile d'envisager un mécanisme obsessionnel»* (148). Il s'agit chez ces malades d'une carence du jeu identificatoire du patient. Le sujet est enlisé dans l'actualité «*et s'il lui arrive de se projeter dans l'avenir ou de revenir sur le passé, c'est en les transformant en des morceaux de présent, où tout est dominé exclusivement par la succession des faits*».

Il s'agit d'une pensée qui ne s'attache qu'à «des choses» et jamais à des produits de l'imagination ou à des expressions symboliques. Elle correspond à un processus d'investissement de niveau archaïque. Elle se distingue selon ces auteurs du processus secondaire, car elle ne «*ne reprend pas des symboles ou des mots*», elle ne reprend pas une élaboration phantasmatique antérieure, comme le processus secondaire dans l'élaboration secondaire du rêve. En raison de ses liens avec les notions de causalité, de continuité et de réalité, elle pourrait en imposer pour une modalité exclusive du processus secondaire. Et, précise Marty, «*tout ce que l'on peut dire, c'est que la pensée opératoire établit son contact avec l'inconscient au niveau le plus bas, le moins élaboré, comme en deçà des premières élaborations intégratives de la vie pulsionnelle. Elle semble enjamber ou court-circuiter toute l'activité phantasmatique élaboratrice, pour s'articuler avec les formes initiales des pulsions, lesquelles peuvent soit effectuer des retours inopinés, soit donner lieu à des somatisations, soit encore s'inscrire sous des apparences rudimentaires dans une prédominance de la tension activité-passivité, si commune chez les malades psychosomatiques*» (148). Ainsi «*cette pensée est impropre à assurer une répartition harmonieuse des charges libidinales susceptibles d'aider à la constitution de relations souples*» (149).

Ces sujets maintiennent un contact superficiel, ne rêvent pas, n'ont pas de valeur fonctionnelle nécessaire à l'intégration des pulsions; et le caractère surmoïque de la pensée opératoire, qui paraît évident, correspondrait davantage au niveau du conformisme où les identifications ne sont que superficielles: autrui est au fond considéré comme identique au sujet, et ne peut de ce fait jouer aucun rôle structurant.

Mais au milieu des nombreuses interrogations que suscite cette position, c'est dans le domaine de la relation d'objet qu'elles deviennent des plus problématiques. La constatation des perturbations de la relation à la mère chez l'allergique est très ancienne. Wolfrom et Alby en soulignent deux types: relation mère-fille; relation mère-fils, avec exclusion ou effacement des conjoints des enfants. Dans cette perspective, Marty approfondit la relation d'objet de l'allergique: «*on peut faire un diagnostic d'allergie sur l'existence seule de la relation d'objet caractéristique, même sans la connaissance d'accidents somatiques spé-*

cifiques» (147) avance cet auteur. L'allergique, écrit J. Alby, «*n'a qu'un désir unique et capital: se rapprocher le plus possible de l'objet jusqu'à se confondre avec lui, cela selon deux mouvements, mouvement de saisie de captation de l'objet, puis tentative d'aménagement de cet objet par des mécanismes de projection et d'identification sur un mode prégénital avec des fixations archaïques»* (5). Mais la fusion désirée ne peut généralement être complète et des phénomènes de régression vont survenir, «*si l'objet déjà investi révèle brusquement une quantité nouvelle propre qui se situe au-delà des possibilités plastiques d'identification du sujet et lorsque se déclarent des incompatibilités majeures entre deux objets également investis»* (5). C'est à ce niveau que se place la possibilité d'épisodes d'allure psychotique, notion toujours évoquée à propos de la clinique psychosomatique. Ainsi on a parlé chez ce malade de relation blanche dans «*la pauvreté qualitative plus ou moins marquée de son système de relation à l'égard de l'objet mental, qu'il s'agisse de la représentation de l'objet extérieur ou de l'objet intérieur»* (149). A propos du défaut de communication de son inconscient, Marty et ses collaborateurs parlent de «*réduplication projective»* où le personnage est «*quelqu'un qui se reconnaît intégralement dans l'autre image de lui-même tout entier coulé dans une forme identique, dépourvue de caractéristiques individuelles notables»* (149).

S'il est vrai que la communication et la relation restent difficiles chez beaucoup de malades allergiques et psychosomatiques en général, cette constatation clinique réelle est-elle bien spécifique? Enfin la notion d'individualité de la personne nous paraît à reprendre dans le fond même de ses significations, à partir des affirmations et des interprétations de cette conception. A quel niveau se situe l'identité dans cette conception? C'est dans l'éclairage d'une perspective s'efforçant d'atteindre la structure de l'être que nous pourrons mieux comprendre ces interrogations privilégiant la relation au sein même de l'univers structurel de la personnalité. Car les développements plus récents de cette conception, en conservant ses références, ne renouvellent pas fondamentalement la problématique psychosomatique.

b) La conception dyadique

Parmi les différents regards psychanalytiques, elle représente une tentative de compréhension du phénomène psychosomatique chez l'enfant. Développée en France par L. Kreisler, M. Fain, M. Soule, elle s'est beaucoup intéressée aux troubles à expression respiratoire. Nous aborderons ici-même les fondements de cette conception, à partir d'une expérience cherchant à préciser les limites de la clinique psychosomatique de l'enfant. Nous aurons l'occasion de revenir sur les cas particuliers de compréhension de l'asthme du nourrisson et du petit enfant à propos de notre étude synthétique.

Ces auteurs s'intéressent au développement des relations sociales dans la genèse de la relation mère-enfant. Ils se sont attachés à préciser un modèle analogique et des hypothèses de départ.

• **Du point de vue du modèle analogique**, ils ne conçoivent la compréhension des troubles fonctionnels du nourrisson qu'au sein d'une entité dyadique; le symptôme et le syndrome sont alors dus au dysfonctionnement de la dyade nourrisson-mère.

L'étude de la communication au sein de la dyade ne permet pas de transposer directement les données de la théorie de la communication et de la cybernétique. Et Soule remarque en incidente que la psychanalyse s'est voulue au départ comme un mode d'approche de même type que la compréhension cybernétique des mécanismes dynamiques. On connaît les influences de la relation de la mère sur le nourrisson et aussi on cherche à mieux savoir comment le bébé agit sur sa mère et peut modifier sa structure affective.

Ainsi ces auteurs sont amenés à considérer plusieurs aspects dans l'élaboration des capacités relationnelles de l'enfant au sein de la dyade primitive.

La communication est caractérisée par le fait qu'une information est transmise d'un point à un autre; et il existe au sein d'un syncitium primitif non différencié une progression des manifestations capables d'être émises au niveau de la source d'information: l'indice, le signe, le signal, le symbole. A partir d'une base phylogénétique analogue à beaucoup d'espèces, et exprimant une gestalt (signes posturaux, vocalisateurs, etc.) comme le souligne Spitz, le développement ontogénétique spécifiquement humain va pouvoir se réaliser: c'est l'apparition d'une communication dirigée et transmise par signes et signaux aboutissant à son plus haut niveau à la fonction symbolique. Pour Spitz, les perceptions s'effectuent en terme de totalité et intéressent diverses catégories: équilibre, tensions musculaires et autres, postures, températures, vibrations, contacts rythme, temps, durée, gamme des tons, nuances des tons, etc... Nous voyons ainsi que les forces capables de modeler la personnalité de l'enfant sont transmises par ces systèmes de communication. Tous ces signaux sont plus particulièrement perçus par la mère pendant sa grossesse; plus réceptive à toute perception, elle est capable de réagir affectivement sans mentalisation inconsciente, même après sa grossesse et dans les premières semaines de la vie de l'enfant. Ainsi s'élabore un type de communication où interviennent les aspects neurophysiologiques, le climat affectif et l'organisation des images induites dans les perceptions où jouent un rôle primordial les sensations libidinales inconscientes.

Les perturbations de la relations entre mère et enfant, avec inhibition, refoulement, frustrations matérielles ou affectives (nourriture ou parole) sont capables d'intervenir à ce niveau. Et, précise Soule, *« on comprend la valeur gravement désorganisatrice que prennent les signaux contradictoires »* (123). L'inconsistance ou l'incohérence des signaux maternels transmettent des désordres au niveau de l'enfant.

C'est dans une série d'interactions que vont se constituer les échanges entre mère et enfant. Et ces auteurs situent à ce niveau la notion « d'homéostasie » dans la dyade. Se référant à l'homéostat de Ashby, ils considèrent le symptôme comme un compromis permettant un certain équilibre en étant aussi une expression et un appel : *« chaque trouble fonctionnel du nourrisson apparaît comme un symptôme dû à un dysfonctionnement au sein d'une entité plus complexe : la dyade structurée progressivement par la relation mère-enfant... Les troubles fonctionnels de l'enfant prennent désormais la valeur d'un troisième système de signalisation »* (123).

• **Du point de vue des hypothèses de départ**, M. Fain cherche à préciser une certaine spécificité des réactions psychosomatiques de l'enfant. Il s'agit de tenir compte du développement psychologique et psychomoteur sans reléguer les interactions plus diffuses, humorales en particulier, et en situant le rôle du système nerveux central. Le principal phénomène est constitué chez l'enfant des perturbations des possibilités intégratives qui d'ailleurs peuvent être momentanées, à la suite d'une crise régressive caractérisant l'évolution de l'enfant. L'unité psychosomatique comprend la mère, dépositaire des fonctions qui ne sont pas encore acquises et M. Fain distingue plusieurs niveaux : *« Premièrement, assurer les fonctions somatiques non différenciées : thermorégulation, sélection d'aliments assimilables, etc... si le milieu ne subvient pas à ce type d'immaturité, l'enfant meurt; deuxièmement, les besoins somatiques sont soigneusement satisfaits, mais sans apport instinctuel de type maternel. Les résultats sont alors extrêmement variables et dépendent d'un facteur de résistance individuel, mais dans l'ensemble ils sont cependant catastrophiques »* (123). Ainsi, partant de ces conditions primordiales, ces auteurs considèrent trois grandes possibilités *« à titre très hypothétique »* ont-ils besoins de préciser :

1. *Il existe une carence partielle.* Il devrait exister une réponse constituée d'agressivité, mais à ce stade indifférencié, il est difficile de distinguer la dynamique des pulsions. La compensation auto-érotique

est un aspect important dans cette conception. L'enfant frustré investit davantage certaines régions de son corps et organise un comportement auto-érotique de compensation. Il apparaît des attitudes capables de se fixer chez l'enfant, dans la mesure où sont diminuées les possibilités d'investissement.

2. *La réponse maternelle est désorganisante*. Le bébé enregistre l'attitude maternelle comme contradictoire et vit les conditions d'une névrose expérimentale où le désir d'approche égale le désir de fuite. L'enfant se défend du traumatisme permanent dans un travail intégratif défensif: la situation est vécue en miroir: la mère est angoissée et la lutte de la mère contre sa propre angoisse «déprime» le bébé.

3. Il reste une éventualité fréquente constituant un cas particulier: *la maladie organique du bébé*. L'enfant est ainsi séparé de son ambiance; le milieu ne peut apaiser le trouble profond, et l'angoisse réactivée représente un traumatisme primitif grave. L'enfant peut réagir alors selon deux orientations difficiles à comprendre et constituant les troubles par excitation ou par inhibition.

Nous avons souhaité développer les principaux axes de cette conception intéressant et séduisant beaucoup de praticiens. Ils appellent néanmoins de nombreux commentaires; et nous voudrions souligner, à ce point de notre investigation des conceptions psychosomatiques un certain nombre d'interrogations:

- La référence aux travaux de Spitz, universellement appréciés, n'apporte pas cependant toujours les développements que l'on serait en droit d'en attendre, à partir de la méthodologie pluridisciplinaire de ces auteurs. L'intérêt d'une rencontre entre praticiens de disciplines différentes est en effet très réel, comme nous-mêmes nous en avons l'expérience depuis vingt ans. Mais la richesse et la fécondité d'une telle méthodologie nécessitent des exigences parfois occultées dans cette démarche; et nous nous proposons d'aborder plus tard quelques problèmes de l'unité psychosomatique de l'enfant.

- La dimension relationnelle prend dans cette conception une importance à discuter et à développer. Donner en effet à la mère le rôle structurant en affirmant que l'enfant n'existe que par sa mère suppose, en dehors de toute théorie, une structure infantile en développement. La relation dyadique est constituée de deux êtres de niveau d'organisation différent, mais d'existence distincte. Ces auteurs ne paraissent pas toujours convaincus de cette notion fondamentale. Et quand ils supposent que l'unité psychosomatique comprend la mère «*en raison de l'insuffisance psychique*» du bébé, il convient bien de préciser de quelle unité psychosomatique il s'agit. C'est d'abord dans la perspective d'un mouvement de recherche d'unité qu'il faudrait se situer, en précisant que l'unité psychosomatique constituée de chaque personne, enfant ou adulte, est faite d'une libération des images de dépendance et d'une capacité d'autonomie toujours en éveil.

N'est-ce pas dans la reconnaissance ontologique de deux êtres distincts en voie de maturation, et en interactions constantes — comme le soulignent avec juste raison ces auteurs — que prend tout son sens la notion de transaction qu'ils évoquent volontiers ? : « *un état d'équilibre dans la relation réciproque où les ont conduit l'échange d'information et les interactions antérieures* » (123).

- La problématique du corps est bien entendu étudiée selon les axes diversifiés. La référence à Spitz est ici nécessaire : « *il est instructif d'observer combien le somatique prévaut à cette époque dans les difficultés des relations entre mère et enfant, alors que plus tard après la formation du moi, les désordres du comportement même domineront la scène* » (123). Mais la clinique psychosomatique n'est pas faite uniquement des relations entre mère et enfant, ce serait là une position fort réductrice. La pathologie psychosomatique suppose la relation entre deux organisations structurées en évolution et en discordance, quelles que soient les fixations ou les régressions ultérieures. Cette problématique corporelle est souvent évoquée de cette façon à propos de nombreuses maladies psychosomatiques de l'enfant. Elle privilégie par ailleurs le rôle de l'auto-érotisme et l'influence de l'érotisation. Beaucoup de mécanismes invoqués concernent aussi le dynamisme mental des névroses et n'apparaissent pas spécifiquement constitutifs du trouble psychosomatique. C'est là en effet un problème que nous retrouvons souvent et à tous les niveaux. Beaucoup de mécanismes invoqués dans ces conceptions concernent l'organisation du développement de la personnalité selon leurs hypothèses générales; et si elles sont bien entendu essentielles à connaître et à rappeler, elles ne sont pas par essence du niveau de la maladie psychosomatique. Il s'agit souvent de phénomènes qui sont de l'ordre de la névrose et de ses hypothèses; et les « étayages libidinaux » constamment présents dans ces théories rentrent dans le cadre de la compréhension systémique de la conception analytique de base.

- C'est dans cette perspective qu'il faut à notre avis comprendre les interprétations du champ libidinal. Et là encore de nombreuses interrogations sont à situer dans une plus large optique. A quel niveau sont susceptibles d'intervenir les mécanismes de régulation et de répression des auto-érotismes ? A quel niveau se situe le rôle du narcissisme et de ses perturbations? Quelle est la place de la satisfaction auto-érotique dans la maladie elle-même? Quel est le rôle de l'auto-érotisme et de l'érotisme moteur dans l'organisation de l'image du corps? Ce sont là autant d'interrogations qu'apportent, développent et suggèrent les aspects libidinaux de cette conception. De même, la question de l'angoisse est traitée dans ce sens. L'angoisse est due, selon Freud, à une décharge libidinale ayant perdu son objet; et l'angoisse du petit enfant devant un étranger est ainsi expliquée: *«c'est l'absence du visage familier qui, privant l'objet de satisfaction de la libido, crée l'angoisse devant l'étranger»* (123); et c'est cette absence, donc cette réalité de la frustration, qui est capable de dépasser les possibilités d'halluciner la présence d'un objet satisfaisant.

- Nous rejoignons à ce niveau de la discussion le problème du fantasme constamment évoqué dans cette perspective. Les auteurs discutent en effet le rôle et la place de la représentation hallucinatoire ou de la satisfaction hallucinatoire; ils pensent qu'ils sont difficiles à situer chez le nourrisson. La motricité est impliquée dans l'auto-érotisme, dans le capital narcissique et en certain sens dans le développement de la capacité hallucinatoire. La réalisation hallucinatoire du désir est souvent abordée pour préciser en particulier l'insuffisance de son utilisation dans l'augmentation de la sensibilisation à des allergènes. Mais la crise allergique n'aurait aucun des caractères désorganisants de l'angoisse, dans la mesure où *«l'axe de l'agrandissement du champ de la réalisation du désir 'passe' par la négation de l'existence de l'étranger effrayant»*. Nous voyons poindre ici le problème de la défense et de ses mécanismes d'une façon plus théorique que clinique, quand on connaît l'angoisse de tant d'enfants allergiques. Mais il est important aussi de situer le niveau de l'angoisse considérée et c'est là certainement un élément intéressant dans toute discussion de cet ordre.

Ainsi nous voyons intervenir la dynamique de la réalisation hallucinatoire du désir, des symboles de peur et de séparation, la dynamique du déplacement des investissements et de l'identification primaire. Et M. Fain peut ainsi préciser quelques processus chez l'allergique: *«à une défaillance de la réalisation hallucinatoire du désir fait suite une autre défaillance, celle de l'élaboration aboutissant à l'angoisse devant le visage étranger... dans l'allergie, il se produit une fixation non pas sur une zone érogène, l'orale en l'occurrence, mais sur un mode de fonctionnement dont le but premier est le maintien de l'unification du narcissisme et de l'érotisme»* (123). S'il s'agit, comme le précise cet auteur, d'un déséquilibre entre deux systèmes d'organisation du moi, le caractère spécifique de ces mécanismes reste problématique, comme d'ailleurs le souligne lui-même M. Fain.

Cette conception, nous le voyons bien, aborde constamment le niveau de l'imaginaire et du réel, en se référant à des faits cliniques parfois graves et mettant en jeu la vie de l'enfant. Le fantasme en tant que corrélatif imaginaire du désir, selon une expression de Lacan, est une fonction mentale capable d'avoir des conséquences réelles *« non seulement dans le monde mental intérieur, mais aussi dans le monde extérieur du développement physique du sujet et de son comportement et agit aussi sur l'esprit et le corps d'autres personnes »* (Isaacs) (79).

Mais de quel corps s'agit-il quand on considère de cette façon le champ libidinal? Mais de quel réel s'agit-il quand on privilégie la réalisation hallucinatoire? Mais de quel imaginaire s'agit-il quand on assimile intériorisation auto-érotique et constitution du fantasme en tant que source continue de la pulsion sexuelle?

Quel est en fin de compte le sens de l'unification psychosomatique quand on considère les processus d'organisation et de désorganisation au niveau d'une relation ne distinguant pas toujours dans sa conceptualisation la réalité ontologique de ses deux termes? Et s'il y a dyade, s'il y a fusion, toute la difficulté de l'organisation psychosomatique n'est-elle pas dans l'individualisation de processus distincts susceptibles d'amener précisément à l'unification psychosomatique de l'enfant et à la personnalisation de la mère?

c) La conception relationnelle

Présente à tous les stades des processus psychosomatiques, la relation est parfois privilégiée au point d'amener des auteurs à une certaine radicalisation des positions. La problématique du corps fut posée d'une manière radicale par tout un ensemble de courants théoriques et pratiques minimisant, et voire même occultant sa présence. Et cependant il était important d'insister davantage sur la relation, comme le développement de la psychologie médicale l'a montré et réalisé dans les faits. Aux côtés des tendances unicistes soucieuses, nous le verrons, d'intégrer le corps dans la relation au monde et à la conscience, certaines conceptions se sont intéressées aux situations limites, aux frontières de la médecine psychosomatique, de la psychopathologie et de la psychologie médicale. Sans développer cette question, nous en soulignerons le très grand intérêt parce qu'elle a suscité le développement des psychothérapies à médiateur corporel et la réflexion du médecin praticien sur sa relation au corps de l'autre et à son propre corps (192).

Les travaux de Michael Balint ont aidé d'une façon considérable à situer le corps dans la relation médecin-malade. Il devait développer une méthode de recherche permettant, à l'aide des techniques de groupe, d'évaluer les conditions existentielles et relationnelles d'une consultation médicale : quelles sont les significations des offres et des demandes du malade, des prescriptions répétées par exemple ? Quel est le sens de la transaction qui se passe entre le patient et son médecin ? Balint apprend ainsi à élargir la relation médecin-malade et à enrichir « le diagnostic traditionnel » d'un diagnostic en profondeur qui envisage la totalité du patient et les sources de son anxiété selon l'expression de P. Van Reeth. Il en arrive ainsi à préciser l'expérience vécue du patient par rapport au médecin. Dans ces derniers travaux, il en vint à réfléchir sur les modalités de l'entretien capable d'utiliser au maximum « *ces éclairs qui illuminent brusquement la communication entre le médecin et son malade* » (il s'agit du « flash » qui selon l'expression balintienne se substitue à la méthode du « grand détective » et de l'entretien prolongé).

Mais Balint en vint aussi à considérer « le patient et sa maladie » en discutant sa préoccupation centrale de la relation médecin-patient. Il en vint même à rapporter à sa formation de psychanalyste sa difficulté à considérer l'attitude du patient vis-à-vis de sa maladie, qu'il devait d'ailleurs privilégier dans sa réflexion à une certaine période de son évolution. C'est à partir du regard sur la conception que le patient se fait de sa maladie qu'il en vient à « *l'un des problèmes éternels de la médecine : qu'est-ce qui est primaire ? Est-ce une malade organique, chronique, ou est-ce un certain type de personnalité ? Quelle est la relation de l'une à l'autre interrogation ?* ». Il souligne le rôle de pionniers tels que G. Groddeck, S. Ferenczi et S.E. Jelliffe dans l'évolution de la pensée médicale, et il cherche à réfléchir sur l'origine des prédispositions, psychosomatiques ou autres. Et le texte de son ouvrage maintenant si célèbre nous paraît intéressant à citer : « *La démarche suivante est de se demander quelle est l'origine des prédispositions psychosomatiques ou autres. Si je ne me trompe, la psychanalyse commence à élaborer une nouvelle conception qu'on pourrait appeler 'la maladie de base' ou peut-être le 'défaut fondamental' dans la structure biologique de l'individu, impliquant en proportions variables à la fois son esprit et son corps. L'origine de ce défaut fondamental peut être rapporté dans le passé à un écart considérable entre les besoins de l'individu au cours de ses premières années (ou même de ses premier mois) et les soins qu'il a reçus à cette époque. Cet écart crée un état de déficience dont les conséquences ne sont que partiellement réversibles. Bien que l'individu puisse réaliser une bonne et même une excellente adaptation, les vestiges de ses expériences précoces subsistent et interviennent dans ce qu'on appelle sa constitution, son individualité ou la formation de son caractère, à la fois au sens psychologique et au sens biologique. La cause de cet écart précoce peut tenir au facteur congénital — autrement dit, les besoins du nourrisson peuvent être excessifs — ou être due à l'entourage qui lui donne des soins insuffisants, négligents, irréguliers, hyperanxieux, hyperprotecteurs ou simplement manquant de compréhension...*

... Je conviens volontiers que mon idée est loin d'être nouvelle. Son originalité tient à la réunion en un seul tableau des maladies de l'adulte et des expériences de la période initiale de la vie ainsi qu'à la relation établie entre ces deux termes. Cette théorie présente un autre avantage, celui de pouvoir nous fournir une hypothèse de travail pour comprendre les processus qui se déroulent chez le patient pendant qu'il est seul avec sa maladie. De toute façon je veux insister sur le fait que le peu que nous sachions de cette phase importante résulte d'une reconstitution à partir de ce que le patient nous apprend ensuite, lorsque la maladie l'a forcé à nous consulter » (in « Le médecin, son malade et la maladie »).

Dans sont attitude vis-à-vis de la maladie, le patient est capable de s'offrir certaines satisfactions et Balint distingue plusieurs sous-groupes : la satisfaction des réactions émotionnelles et imaginaires dans les rêves (à partir de la théorie des zones érogènes du corps); la possibilité de se soustraire à tous les types de relations humaines insatisfaisantes ou frustrantes; l'introversion, les régressions, les bénéfices secondaires; la représentation de la maladie où s'intriquent les peurs et la douleur, etc... Ainsi Balint en vint à souligner le rôle de la description subjective que le patient donne de ses douleurs et ses autres sensations corporelles. L'attitude vis-à-vis de la maladie amène à un regard intérieur où intervient notamment le narcissisme et toutes ses composantes.

Balint, en développant la notion de médecin-médicament, cherche à comprendre les processus qui se déroulent chez le patient pendant qu'il est seul avec sa maladie; de l'écoute à la compréhension et à la thérapeutique, quel processus peut-il saisir? Quelle unité psychosomatique nous aide-t-il à appréhender?

Nous dépassons là, à n'en pas douter, une certaine conception du corps développée dans les théories dites relationnelles. La problématique du désir et des besoins qui trouve ses racines dans une anthropologie biologique peut en effet être abordée de points de vue très différents selon la conception du corps et de l'esprit. Balint l'intègre dans une conception de caractère existentiel dans la mesure où elle prend en compte tous les réseaux personnels et relationnels de l'individu.

L'écoute du langage du corps peut être aussi sélective et dans ce domaine l'on se retrouve volontiers dans certaines visions du corps privilégiant les processus relationnels.

Mais de quel corps s'agit-il dans cette démarche réflexive ? Est-il possible de privilégier seulement le corps pour la mort et le corps pour la jouissance ? Est-il possible, selon une expression très courante de spécifier la demande du malade concernant le corps en tant que promis tôt ou tard à la mort et le corps en tant que promis à la jouissance ? Ce sont là certainement des éléments consitutifs de la relation malade-médecin et maladie-patient. Mais le champ de l'investigation psychologique de l'éprouvé corporel ne saurait se limiter à ces instances, même si on admet qu'elles ont été occultées à une certaine époque de la civilisation occidentale.

La relation psychosomatique entre les divers aspects de la réalité corporelle et les multiples dimensions de la psyché ne saurait se comprendre selon un système unique d'explication. L'organisation des processus psychosomatiques est constituée d'un ensemble d'instances susceptibles d'apporter des modalités de compréhension précises si elles permettent une saisie globale des phénomènes. Ne s'agit-il pas d'appréhender l'articulation entre le conscient et l'inconscient en écoutant le corps, la parole, la relation du corps à l'autre, au-delà des notions psychologiques univoques et dans le sillage de l'être ?

Ainsi nous voyons que ces conceptions sont les sentiers d'une compréhension psychosomatique dynamique et globale. Après l'analyse de ces différents courants, nous nous proposons d'y comparer maintenant une vision panoramique de l'asthme à partir de notre travail élaboré en commun avec l'un de nos collaborateurs (J.-P. Gachie) (91).

Les fondements d'une étude psychodynamique de l'asthme sont dus au travaux d'Alexander et de son école. Rappelons que pour lui le facteur originel est un conflit centré sur une dépendance excessive et non résolue par rapport à la mère. L'asthmatique veut être protégé et entouré par la mère ou son substitut; l'angoisse s'exacerbe lorsqu'il risque d'en être séparé symboliquement ou réellement. A ce moment, peut se déclencher la crise d'asthme qui a valeur d'un cri réprimé vers la mère. De nombreux auteurs ont apporté une contribution à la théorie d'Alexander.

Il est possible de trouver un substrat physiologique de la crise dans un défaut d'intégration de la fonction respiratoire. Celle-ci est utilisée comme première manifestation somatique de l'émotion, ne serait-ce que par le cri. L'intrication de la vie émotionnelle et de cette fonction est donc évidente: «*l'appareil respiratoire reflète et révèle nos états émotionnels et affectifs plus fidèlement qu'aucun autre appareil végétatif*» (Racamier) (183). La fonction respiratoire apparaît comme une manifestation d'autonomie, d'échange et de communication. Ultérieurement des conflits pourront y trouver un mode d'expression d'autant plus aisément, «*qu'elle aura atteint moins tôt et moins sûrement un niveau d'organisation vraiment réflexe et se sera moins pleinement soumise, aux fonctions d'expression purement verbales*» (183).

On sait par ailleurs, et nous ne le développerons pas dans le cadre limité de notre propos, combien intervient la relation avec la mère et le couple parental dans la constitution de l'image du corps, si bien que F. Dolto (66) y voit l'expression des investissements libidinaux et qu'elle lui semble découler davantage d'expériences symboliques des rapports émotionnels avec les parents que des rapports sensoriels en tant que tels.

Tout ceci vient donc marquer l'articulation repérable entre la fonction respiratoire, ses défauts d'intégration et l'expression somatique possible de conflits inconscients liés à l'insécurité et la frustration précoce. Dans une perspective voisine, bien qu'avec des préoccupations différentes, plus psychothérapiques que théoriques pures, Pankov (172) propose que dans les affections psychosomatiques, les zones de destruction dans l'image du corps correspondent aux zones de destruction dans la structure familiale, décrivant là une dialectique du corps vécu à partir de l'image du corps.

On peut en rapprocher les travaux de Raimbault (184) pour qui certains asthmatiques ont des traits structuraux particuliers: faille dans leur organisation psychologique ou plutôt dans leurs mécanismes d'intégration psychique, résultat de bouleversements psychologiques de la première enfance qui n'ont pu être symbolisés. Cette incapacité à symboliser, à dialectiser des expériences psychobiologiques de base comme celles des maladies des premiers mois de la vie est le plus souvent en rapport avec de graves troubles de la relation mère-enfant (situation momentanée de crise de la mère dans ses relations intra et inter-personnelles). Dans ces conditions, l'enfant est pratiquement exclu du discours de la mère, réduit à l'état «d'organe-déchet» ou plutôt d'objet déchu qui le laisse dans une condition de marasme destructeur que seule la reprise du contact avec la mère ou son substitut peut éventuellement apaiser ou réparer. A partir de cette crise originelle, l'organisation des mécanismes d'intégration psychologique du sujet peut se dérouler de façon à peu près normale avec cependant la nécessité permanente de mettre en place des dispositifs de défense contre le risque de retomber dans un état de chaos insymbolisable qui définit la position dépressive de base. Ces dispositifs de défense constituent en général une organisation caractérielle de compensation relativement rigide et efficace. Mais il suffit que le sujet se heurte à des situations qui dépassent ses capacités d'intégration pour qu'il risque de retomber dans le mode de réaction psychobiologique primaire, en l'occurrence l'asthme. Cette faille a ici une importance cruciale au point de constituer une véritable infirmité psychique analogue à la structure qu'on trouve chez certains psychopathes «border-line».

Cette position rejoint certaines considérations cliniques sur la parenté structurale entre certains malades asthmatiques et des sujets psychopathes, et également l'opinion de M. Blanc (25) citant Van Thiel-Godfrind qui apporte une série de notions capitales sur la parenté entre structures psychosomatique et psychopathique. Il existe dans les deux cas un arrêt partiel d'évolution du Moi et du Surmoi, en rapport avec la carence maternelle. Cette fixation reste partielle et le Moi peut fort bien se développer dans d'autres secteurs. A un moment donné, on assiste à une rupture des aménagements névrotiques usuels de la personnalité : à la suite d'une frustration non tolérée ou d'une manifestation pulsionnelle non maîtrisable, se produit une régression à un mode de fonctionnement archaïque. Si pour le psychopathe, il s'agit d'un retour au stade d'indifférenciation fantasmatique et d'agi-moteur, la régression du psychosomatique l'amène à un stade d'indifférenciation entre l'expression somatique et l'élaboration fantasmatique. La différence peut être rapportée à un terrain constitutionnel ou à la notion du désir parental.

Tous ces auteurs font référence à la prégénitalité de la structure du malade psychosomatique et de l'asthmatique en particulier. Cette notion et celle d'incapacité d'élaboration fantasmatique, incapacité de réalisation hallucinatoire du désir permettant de supporter la frustration, ont été particulièrement approfondies par les psychanalystes psychosomaticiens de l'école de Paris. Marty, nous l'avons vu, décrit chez ces malades psychosomatiques un mode de pensée opératoire où l'univers est régi par un mode d'emploi : la fonction psychique est « attachée au concret », adhérant complètement à la réalité du moment et incapable du moindre envol fantasmatique. L'atteinte psychosomatique s'individualise par rapport aux atteintes névrotiques sur le fait essentiel que la relation objectale est « blanche ».

Le sujet est coupé de son inconscient. La précocité de l'atteinte, dans les premiers mois de la vie, est généralement retrouvée. Dans un autre travail, en des termes voisins mais quelque peu différents, Marty approfondit la relation d'objet de l'allergique: mouvement de rapprochement et désir de fusion avec lui, captation de l'objet puis tentative d'aménagement de cet objet par des mécanismes de projection et d'identification sur un mode prégénital avec des fixations archaïques. Toutefois, la fusion ne peut être complète en raison des exigences de la névrose caractérielle. Deux conditions peuvent alors déterminer des phénomènes de régression: qualité nouvelle de l'objet dépassant les possibilités d'identification du sujet ou incompatibilité entre deux objets également investis.

Quant au sens du symptôme, l'Ecole de Paris avec de M'Uzan ne lui en accorde aucun. Brisset oppose l'hystérique qui nous révèle par des symptômes que son langage a un sens au malade psychosomatique *« qui enfouit le sens et fuit la communication et a choisi, si l'on peut dire, l'altération et même la destruction du message »* (39). Dans cette perspective on peut dire que, dans le cas d'un symptôme proprement psychosomatique, le trouble physiologique est prévalent mais parce qu'il a pour but, dans son évidence, d'enfouir le sens, de masquer la signification psychologique. En cela, dans l'évolution, le trouble physiologique remplace d'une manière très précoce le trouble psychique dans l'expression symptomatique.

L'ensemble de ces conceptions relativement convergentes ne fait cependant pas l'unanimité. Concernant le schéma d'Alexander, Garma refuse l'originalité du lieu psychosomatique et donne une explication univoque à l'origine des affections psychosomatiques: introjection de la mauvaise mère dans la toute première enfance. La spécificité des conflits de la personnalité prémorbide est refusée en particulier par Nacht qui retrouve les mêmes thèmes du vécu infantile dans l'étude psychanalytique des névroses. Cependant beaucoup s'accordent pour considérer la maladie psychosomatique comme un essai de retrouver une certaine homéostasie devant l'existence conjointe de tensions internes et d'agressions externes. Un conditionnement précoce lie l'événement organique et la situation conflictuelle pour constituer un point de fixation sur un lieu d'appel qui sera utilisé par de futurs investissements affectifs inconscients, ces derniers étant à leur tour susceptibles de perturber les fonctions ou les organes, enfin de détériorer les tissus eux-mêmes.

La confrontation clinique fait par ailleurs envisager à David la possibilité de niveaux d'organisation psychosomatiques différents, de niveaux de conversion somatique qui, se rapprochant sans s'y confondre du phénomène hystérique, peuvent faire émerger la capacité de symbolisation. Cette position est proche de celle de Valabrega. Elle nous paraît personnellement plus congruente avec l'expérience clinique de la maladie asthmatique où les niveaux d'organisation de la personnalité se révèlent polymorphes et où les structures névrotiques apparaissent souvent très intriquées à des processus psychosomatiques qui chez d'autres sujets renverraient typiquement à des structures prégénitales. C. Geissmann de même, à propos d'une autre affection psychosomatique, les céphalées, pense indispensable d'individualiser à côté des atteintes psychosomatiques proprement dites, d'autres types d'organisations névrotiques qui ont choisi le corps comme lieu spécifique de leur symptôme. Il s'agit pour elle de l'hystérie et de l'hypocondrie, mais nous rappellerons que dans l'asthme la clinique nous fait rencontrer, outre celles-ci, toutes les structures névrotiques.

De manière encore plus nette, un certain nombre d'auteurs rapportent l'organisation psychosomatique à la structure hystérique. C'est en particulier le cas de Guicheney et de Lader qui trouvent artificielle la distinction entre hystérie et maladie psychosomatique et pensent qu'on ne pourrait aisément distinguer conversion aiguë et conversion chronique. Il s'ensuit que les conceptions de l'Ecole de Paris sur l'incapacité de symbolisation et sur l'absence de sens du symptôme psychosomatique sont également critiquées. Pour Choppy la capacité de fantasmatisation de l'asthmatique est considérable, opinion également de Sichel (199) et de Zylberszac (237) chez l'enfant, de Valabrega (215) pour lequel le symptôme psychosomatique est la barrière de la fonction corporelle derrière laquelle se tient le fantasme «pris dans le symptôme», d'accès difficile mais possible dans le cadre analytique. Bargues s'élève encore plus nettement contre le «verdict» qui expliquerait le symptôme psychosomatique comme étant le négatif de la névrose et le malade qui le supporte, comme inapte à toute symbolisation. Le sens du symptôme nous apparaît non pas absent, mais à rechercher dans des registres multiples suivant la structure de la personnalité en cause. Si pour des kleiniens, il a autant de sens qu'un symptôme psychotique, nous pointerons qu'il est surtout à rechercher dans un registre métaphorique et que plus la structure psychosomatique s'infiltre d'éléments névrotiques, plus l'expression affleure au niveau symbolique plus aisément déchiffrable.

Ces chemins mêlent constamment, nous le voyons bien, des aspects intrinsèques et extrinsèques qu'il s'agit de prolonger dans les profonds sentiers de l'être.

B. Les conceptions unicistes

Les conceptions unicistes peuvent-elles nous faire comprendre la nature intrinsèque des processus psychosomatiques? Il nous apparaît nécessaire de les situer, en raison même des distinctions qu'elles évoquent par rapport aux conceptions sélectives. Celles-ci ont certainement une visée uniciste, et les processus que nous nous proposons d'étudier peuvent être considérés par certains auteurs comme une réponse partielle à la problématique de la psychosomatique. Mais au milieu de ces discussions toujours actuelles dans les pratiques, c'est de leur nature même que ces conceptions assument leur caractère sélectif ou uniciste. C'est dans une perspective épistémologique que nous pouvons mieux situer ces différences; c'est dans une réflexion sur les modalités de la connaissance dans l'un et l'autre type de conception que nous pouvons mieux cerner leur structure même et spécifier en particulier leur aspect structurel et relationnel.

Nous distinguerons dans le champ des conceptions unicistes trois dimensions également complémentaires:
a) la conception existentielle;
b) la conception intégratrice;
c) la conception structurale.

Ces trois conceptions insistent sur des processus sensiblement distincts dans l'élaboration de l'unité psychosomatique, mais en général, convergents. Elles sont à des degrés divers influencées par les courants phénoménologiques. La phénoménologie en effet offre une critique de la connaissance. Elle recherche des essences, en tant que science eidétique. Elle propose la réduction phénoménologique pour parvenir aux phénomènes mêmes. C'est la réduction qui d'une part découvre la vraie nature de la conscience et de l'autre, le monde naturel ou perçu, le monde de la vie (Lebenswelt) par-dessous « les fonctions » objectivement décrites par la psychophysiologie. Elle fait de la structure, une structure vécue, et éclaire la continuité de la biologie, de la neurologie, de la psychologie normale et pathologique. Hesnard devait bien insister sur ces données fondamentales.

Médard Boss a explicité nettement le problème des fondements de la médecine psychosomatique. Dans une référence centrale à Heidegger, il montre que *« toutes les relations au monde constituant l'existence humaine imprègnent le corps en tant qu'indispensable médium de leur réalisation »* (28). L'élan fondamental de tout être vers le monde est capable de se réduire et de se fermer d'une manière qui concerne à la fois le corps et la vie mentale. C'est lorsque le rapport vital authentique avec le monde est impossible que la corporéité constitutive même de l'existence est atteinte. Exister, c'est — être — là par et dans son corps, et c'est dans le drame du «dasein» — c'est-à-dire de la réalité d'existant — que va se constituer la maladie psychosomatique. Ainsi l'âme et le corps sont les champs où se réalise l'existence humaine. L'atteinte psychosomatique est liée très étroitement au vécu du malade et sera fonction de ce vécu.

Médard Boss, en fait, distingue deux types existentiels, à partir d'une position philosophique faisant de l'être humain un élan vers le monde, dans une totalité du dynamisme existentiel: d'une part une modalité véritablement humaine, détendue, et d'autre part une sorte de dénaturation du dasein dans un type d'existence réduit à une tonalité particulière et affectivement chargée.

Mucchielli en commentant cette position insiste sur deux aspects qu'il développa personnellement: le niveau psychosomatique est fondamentalement, chez Médard Boss, un mode d'existence, et aussi — plus simplement — une réaction affective à l'égard d'une situation existentielle. La situation est psychosomatiquement vécue, c'est-à-dire éprouvée sans relativité ni jugement, vécue de tout l'être réagissant dans sa corporéité — conscience — du monde.

Nous voyons que la position de M. Boss prend ses racines dans l'ontologie, elle est le point de départ ontologique, en écho et en développement de la pensée de Heidegger. Heidegger est à la recherche de l'être — même, encore plus que de la nature de tel ou tel existant; parce que l'homme est le seul étant qui soit ouvert et éclate vers autre chose que lui-même, il vit aussi le sentiment de sa précarité et de sa finitude où s'interpénètre l'angoisse. Si l'on a pu dire que les philosophies contemporaines sont passées du problème de l'Etre à celui de la signification, l'être chez Heidegger retrouve une plénitude de sens; il est ce qui se dévoile à travers les «étant particuliers» considérés dans leur différence. Le sentiment d'exister, de présence au monde joint à la resaisie de notre passé est une façon pleine et vraie de vivre son être — au — monde, au-delà même de l'angoisse. Dans cette perspective Médard Boss développe le dasein et les vicissitudes de la corporéité et de la conscience vécue. Mais au-delà des analyses existentielles et des théories qu'il propose, d'une certaine façon globale, il nous paraît important d'insister davantage sur la réalité structurelle de l'être en relation avec le monde. Si la réalité comme le souligne Mucchielli «*c'est le corps-animé-dans-ses-relations-vécues avec son Umvelt*» et si cette réalité fondamentale implique déjà une unité (en tant que niveau de conscience et vécu corporel), n'avons-nous pas intérêt à percevoir cette réalité en tant qu'être organisé distinct du syncitium-étendu-dans-le-monde que propose la vision de Médard Boss, à tous égards fort intéressante ? Chacune à leur manière, les conceptions que nous proposons de considérer maintenant sont susceptibles de décrire cette individualisation dans la relation au monde.

a) La conception existentielle

Dans le prolongement des perspectives précédentes, Eugène Minkowski développe toute une réflexion en précisant quelques points essentiels.

Le somatique apparaît le lieu des conflits psychiques, sans que l'on puisse parler en permanence de psychogénèse. Il s'agit d'ouvrir de nouvelles perspectives vers le dynamisme dont le corps et l'âme, dans leur substantiation, s'écartent chacun à sa façon lors de la maladie. Si pour Weizsacker corps et âme ne forment pas d'unité, mais «se fréquentent», il s'agit au contraire d'insister sur la notion d'adhésion psychosomatique, de force et d'intensité de l'unité psychosomatique en équilibre.

Dans cette dialectique du corps et de la psyché, le somatique est corporéité et matérialité, le psychique aspacialité et immatériel. La pathogénèse va souvent à l'encontre des expériences vécues des données immédiates de la conscience; elle crée la discontinuité; la maladie est rupture et évasion dans la mesure où le sujet vit la séparation de la vie biologique et de la vie humaine. La maladie apporte une analyse et décompose le corps et l'esprit à partir de l'organisme, procédant lui, par contre, d'un dynamisme unique et unificateur.

Minkowski développe ainsi le concept d'organisme, qui procède d'un dynamisme aspatial, irrationnel et non décomposable. L'organisme est fait d'un dynamisme réalisant une structure intérieure susceptible d'entrer en action comme tel; l'organisme a la possibilité de rendre structuré. Le facteur d'intériorité est essentiel, car il participe à la fois à la stabilisation et à l'animation de l'organisme. Rejoignant Buytendijck affirmant que *«ce qui dans le monde organique est premier, essentiel, c'est la pure valeur démonstrative de l'être»*, Minkowski (40) insiste sur la synergie et l'engagement de cet organisme. L'anatomique touche au corps, le fonctionnel à l'organisme, et la maladie représente une rupture de cet synergie et de cet engagement dans l'ambiance du monde et de ses éléments (eau, air, etc...).

Discutant la position de Leriche opposée à la notion de « réactions défensives » des tissus ignorant la personne et affirmant ainsi une volonté de déshumaniser la pathologie pour la comprendre, Minkowski introduit avec force la notion de personne. Comme beaucoup d'autres contestant le terme psychosomatique, il propose les expressions « d'organo-personnel », « d'organo-anthropologique », mais il est très conscient de la différence inclue dans ces articulations sémantiques : la personne humaine possède une orientation générale plus qu'elle n'est organisation et dans cette approche de l'organisme et de la personne humaine, il s'agit d'éviter tout nouveau dualisme.

Quel lien fondamental peut-on ainsi comprendre entre la vie affective et l'expression psychosomatique ? Quel lien fondamental peut-on invoquer entre se marier et l'affection pulmonaire survenant dans ce contexte ?

C'est à ce niveau que Minkowski reprend la notion de phénomène de résonance personnelle, sans se satisfaire du rôle des points faibles dans le déclenchement de la maladie. Ainsi Médard Boss et Minkowski font intervenir une notion capitale et tout à fait centrale en clinique psychosomatique : le phénomène de résonance personnelle est constitué d'une dialectique de résonance bio-psychique. Il s'agit d'une résonance entre le sentiment éprouvé dans une situation donnée et la fonction biologique représentative de la métaphore : c'est par exemple, la situation de l'homme d'affaires en constante hyperactivité organisant une hypertension artérielle ; l'une et l'autre expériences vécues sont le reflet d'une attitude générale de l'existence où se mêlent divers éléments affectifs, sentiment d'infériorité, frustration maternelle ou parentale, dynamique affective inconsciente, etc., etc... C'est la situation de l'enfant asthmatique vivant dans sa corporéité l'hyperprotection oppressante de sa famille, etc...

Cette notion rejoint en effet le monde métaphorique, précise Minkowski et le monde de l'imaginaire : la fonction respiratoire est par exemple l'une des plus riches en métaphore ; elle est enracinée dans le langage et réalise une transposition d'un langage longtemps inconscient. Dans cette perspective anthropo-organique, nous rejoignons le rôle des points faibles capables d'intervenir dans l'organisation psychosomatique sans rétrécir la notion de psychogénèse.

Il s'agit d'une corrélation métaphorique vivante, naturelle et plausible ne se situant plus à l'égard de l'inconscient de la même façon que le font les interprétations qui réservent une place prépondérante, abusive même selon Minkowski, aux symboles, permettant une mobilisation plus facile entre l'implicite et l'explicite. Minkowski nous aide ainsi à distinguer la métaphore et le symbole comme abord de signification. Il est en effet intéressant de retenir combien le symbole domine la clinique de l'hystérie et des névroses de conversion. Le symbole est un lien, mais un lien lâche, lien d'un champ illimité : et l'on a pu dire que les interprétations psychanalytiques se construisent dans ce cas sur des interprétations symboliques avant tout, variées à l'infini *«dans leur subordination aux mêmes lignes directrices que suivent ces interprétations»* (155). Cette remarque permet à cet auteur d'évoquer une ligne de démarcation entre la médecine psychosomatique et la psychanalyse, *«qui risque de la défigurer»* va-t-il jusqu'à dire. Cette interrogation nous paraît à retenir au plus haut point quand on connaît les étroites relations originelles de ces deux disciplines.

C'est qu'en effet le symbole est social et relationnel : il cherche à montrer d'une façon plus ou moins communicative, il admet dans ses signes la présence de l'image, de l'imaginaire et de l'affectivité.

Il rend perceptible ce qui ne l'est pas; il ordonne et subordonne dans la mesure où il cherche à démontrer les relations causales et étiopathogéniques entre le symptôme et le conflit, entre la demande et l'expression. En un mot, le symbole montre, réunit et enjoint.

La métaphore dominerait donc davantage la pathologie psychosomatique. Elle est en effet plus élémentaire, et fondamentale, puisque le symbole serait en fait constitué d'un système de métaphores suivies. Elle est à coup sûr la transposition d'une signification à une autre signification, une comparaison transportée d'une réalité psychique à une réalité somatique, une comparaison incluant une dialectique de résonance entre un sentiment et une fonction biologique représentative de la métaphore. C'est ce qui fait la corrélation métaphorique vivante, naturelle et plausible; elle est plus insérée dans la vie dit-on alors. Elle trouve sa source dans la structure même de la vie, qui forme et forge le langage psychosomatique et en permet l'organisation (Minkowski). Nous rejoignons ainsi la question de la conversion, le problème des relations entre un état d'âme et un état vécu du corps progressivement intégré dans le sujet, là où la dimension relationnelle est moins claire, moins apparente et moins nette, dans la mesure où c'est la relation intrapersonnelle qui est concernée, la relation de la personne elle-même et avec son devenir; dans la métaphore, nous sommes alors davantage aux frontières de l'être et de l'ontologique. La dimension relationnelle serait cependant présente dans tous les cas où nous pouvons saisir la corrélation métaphorique entre le langage familial et le vécu psychosomatique du patient, entre le langage familial et l'influence du milieu d'une part, l'attitude mentale et le symptôme du sujet d'autre part.

Nous sommes bien dans une dialectique du lien et de la rupture — voire du clivage — avec tout ce que ces termes peuvent évoquer au niveau de la conversion somatique. C'est une dialectique dont les aspects différents nous posent souvent en clinique des problèmes difficiles, dans la mesure où nous avons intérêt à distinguer chez l'enfant une céphalée psychosomatique et une céphalée de conversion, un trouble digestif psychosomatique ou de conversion. Même au niveau de la structure des personnalités et de leur étude, le problème reste difficile, et c'est probablement cette difficulté qui se reflète dans beaucoup d'études projectives, où l'on voit dans les protocoles davantage de traits de répression et d'inhibition, plus classiquement caractéristiques des personnalités présentant des affections psychosomatiques. C'est à partir de ces questions cliniques répondant à la dialectique du lien et de la rupture amorcée dans le symbole et la métaphore que la question de la signification et du sens se pose chez l'enfant, en nous ramenant d'ailleurs à la clinique quotidienne et à la lecture du symptôme.

Nous constatons en effet des signes et nous cherchons des significations. Et n'avons-nous pas tendance, comme le remarque Paul Ricœur, à donner la priorité au sens sur le signe ou au signe sur le sens, comme nous le montrent aussi les fluctuations des conceptions du langage et de l'histoire des idées en général! Avons-nous intérêt à maintenir cette dualité, alors que le corps est l'amorce d'une dialectique entre le sens proféré et le sens établi, sans qu'il y ait toujours concordance entre les deux. Mais dans ces conditions, notre recherche de significations concerne-t-elle vraiment les significations propres au sujet lui-même qu'il s'agit de comprendre pour lui-même et dans son principe organisateur? Ou bien notre quête du sens fait-elle référence en priorité à notre désir personnel d'interprétation des symptômes et des conflits, et à notre vision personnelle du signe chez l'enfant? Cette problématique du sens nous est apparue une question fondamentale sous-jacente à ce thème, si nous voulons bien admettre avec P. Ricœur, qu'interpréter «*c'est chercher des médiations nouvelles que le discours instaure entre l'homme et le monde*» (187).

Et c'est à ce niveau qu'il nous semble très intéressant de faire intervenir la notion de structure de signification, particulièrement développée, on le sait, dans la psychologie structurale. Et s'il n'est pas pas ici assez de temps pour développer ce point et expliciter davantage cette si riche notion de structure de signification, dynamique et successive — s'exprimant selon Mucchielli par les mots, les images, les rêves et les symptômes de façon thématisée et selon les rapports spécifiques — il semble intéressant d'évoquer ici cet aspect de la recherche et des réalités cliniques nous amenant à une notion primordiale en psychologie. C'est à ce niveau, semble-t-il, qu'aux mécanismes psychophysiologiques et aux explications psychogénétiques viennent s'intégrer les recherches sur les mécanismes organisateurs et régulateurs des réactions offensives-défensives de l'être, dont les structures de signification directement impliquées dans le réel sont les éléments constitutifs. Cette interrogation sur le sens et la structure doit incontestablement nous aider à dépasser l'attitude fréquente qui voudrait dans un problème comme celui-ci opposer ou concilier les théories organiques et les théories psychogénétiques ou psychanalytiques dans un affrontement plus ou moins permanent, alors qu'il s'agit précisément à notre époque, d'aller au-delà de ces systèmes pathogéniques en saisissant cette profonde modalité de connaissance de la personnalité.

Au-delà des sens et des significations, au-delà des symboles et des métaphores, nous nous trouvons face à ce désir constant de faire coïncider l'extériorité et la subjectivité, de distinguer l'apparent et le réel, l'objectif et le subjectif; c'est là, une démarche essentielle quand il s'agit de la dialectique du corps et de l'esprit et de ses multiples formes d'expression dans une conception holistique dépassant les dualismes actuels et toujours possibles. Pour Minkowski et le courant qu'il représente, la médecine psychosomatique a à se garder des conceptions psychophysiologiques et psychogénétiques. Il nous introduit constamment chez l'enfant et chez l'adulte dans l'univers de l'être, du réel à l'imaginaire. Les métaphores trouvent leur source dans la structure même de la vie qui forme et forge le langage. Notons qu'on évoque parfois dans ce champ du langage certains courants psychanalytiques à la recherche «du corps de la lettre» dans la mesure où la psychanalyse s'avère «*en son essence, être une pratique de la lettre pour autant qu'une lettre ne saurait en vérité être abstraite du mouvement libidinal du corps qui la produit comme marque et masque, qu'elle ne saurait en tant que telle être démarquée de son inscription corporelle*» (132). Ne s'agit-il pas ici de limiter la lettre *en tant que* «*matérialité du trait dans son abstraction*» à une référence au corps érogène? Ne s'agit-il pas d'une tentative d'approche segmentaire d'un lieu «*où doit s'imprimer la programmation du désir inconscient*»? N'est-ce pas dans la saisie ontologique de ce langage en résonance entre fonction biologique et désir affectif inconscient (beaucoup plus que dans une interprétation linéaire) que réside l'appréhension de la structure des composantes psychosomatiques de l'être?

b) La conception intégratrice

C'est à ce niveau que se pose la question fondamentale de l'intégration. Elle est au centre de l'œuvre magistrale de Henri Ey et de ses développements actuels. Ses travaux ont concerné, nous le savons, le champ de la psychiatrie et de la conscience, le champ de l'inconscient et des rapports entre le corps et la psyché. L'organodynamisme considère les fonctions psychiques comme hiérarchisées la dissolution des fonctions supérieures entraînant la libération des inférieures contrôlées par elles. Il distingue à l'origine deux types de dissolutions, les unes uniformes et globales — des cycles fonctionnels complexes — les autres partielles des cycles sensorimoteurs simples. L'organodynamisme distingue en effet des «fonctions instrumentales» liées à la structure du système nerveux dont elles épousent la forme (langage, gnosies, systèmes réflexes conditionnels) et des «fonctions énergétiques» de niveau supérieur (fonction du réel, fonction d'intégration et de synthèse de la conscience). L'activité de ces fonctions peut être aussi de deux sens distincts: soit progressive — évolution de la connaissance, de la volonté, développement de l'affectivité — soit régressive. Et ce sont ces variations régressives qui s'exprimant sous forme de dissolution constituent l'objet spécifique de la psychiatrie.

Sans vouloir développer les incidences psychiatriques, psychologiques et philosophiques de cette œuvre, nous en soulignerons quelques-uns des points fondamentaux intéressant la perspective psychosomatique. H. Ey est pénétré de neurologie anglaise et de philosophie allemande, comme devait le relever C. Blanc dans un récent colloque. Il s'agit en effet de distinguer un certain nombre de champs en interaction dans la structure de la personnalité: les champs de l'égo, de l'inconscient, du biologique et de l'intersubjectivité. Soucieuse d'une ontologie multidisciplinaire, cette conception ne saurait recourir «*à une causalité de motif ou de mobile psychologique dans une sphère d'organisation où comme chez le nouveau-né le psychique et l'organique sont intimement liés dans des comportements et des circuits qui mettent en jeu les besoins et les tendances les plus exigeantes, mais les plus élémentaires: celles de l'inconscience de l'organisation spécifique ou de l'inconscience des réactions personnelles les plus sommaires*» (75). La pathologie des fonctions vitales se situe dans ce plan, pour autant qu'elle est soudée à la dynamique instinctivo-affective la plus primitive. Et Ey précise, dans la perspective psychosomatique «*une maladie n'est pas réductible à une pure psychogénèse, à l'expression somatique d'une cause psychique (complexe affectif, idée, croyance, conflit, situation, etc...). Elle se situe en effet et se déroule à un niveau d'organisation où la morphologie spécifique (l'anatomie), la physiologie et les tendances instinctivo-affec-*

tives sont pour ainsi dire toutes soudées en une totalité indifférenciée. De telle sorte que la signification des symptômes, si elle existe toujours et nécessairement, reste comme prise dans l'opacité de la physique du corps, les lois de son organisation, l'ordre de ses arrangements vitaux» (75).

On comprend bien que dans une telle perspective, cette conception s'intéresse à l'ontogénèse du moi, notion indispensable à toute compréhension psychosomatique profonde. Deux dynamiques sont essentielles à considérer, la formation du moi et le devenir conscient:

1. **La formation du moi comme sujet de sa connaissance.** «*C'est en devenant «objet» de sa propre subjectivité que le moi se développe, pour combler par son être le manque à être dont il est né*» (74). Deux processus sont à préciser:

- *L'émergence* du sujet dans ses relations objectales et dans son corps; la capacité de se voir dans l'image de son corps dans une réflexion sur l'image de soi indispensable à toute identité-capacité du moi à transcender son image par rapport à ce qui lui appartient.

- *La construction logique du moi*, où le moi se prenant pour objet, l'intelligence discursive va organiser le sujet en objet intérieur organisant ainsi les possibilités de jugement dans une ouverture à l'éthique.

2. **Le devenir conscient:** deux notions sont aussi essentielles à situer dans cette pensée:

- *L'inconscient* est à considérer comme propriété de l'être conscient. Il s'agit alors d'une région de l'être psychique qui tire ses limites de l'être conscient le consacrant comme tel. H. Ey se situe à ce niveau en miroir par rapport à l'évolution de la pensée freudienne sur l'inconscient et l'organisation de l'appareil psychique.

- *L'intégration du système de la réalité*: elle représente la dynamique essentielle de cette conception. C'est le noyau même de la structure de la perception qui va jouer un rôle fondamental, tantôt comme perception externe, tantôt comme perception d'imaginaire. Nous sommes ici à l'articulation de la constitution du champ de conscience grâce à l'expérience de chaque jour, l'organisation de le temporalité, etc... Ainsi «*l'identité du moi, c'est la connaissance qu'il a de lui-même en prétendant être, somme toute, un objet, un en soi*» (74). Le champ de l'inconscient apparaît alors constitué dans son essence «*par l'entrelacement des rejetons de l'instinct et des rejets de la conscience*» (74). L'incorporation de l'inconscient dans l'être conscient commande la dynamique de l'existence et du développement de la personnalité. «*L'intégration de la vie de relation dans et par le système de son être conscient n'est possible qu'en conformité aux lois qui excluent de la pensée et de l'action de l'être conscient ce qui ne doit pas y entrer et que l'être psychique ne peut garder ou tolérer»* (74).

Ainsi cette perspective nous montre que les rapports respectifs de la médecine, de la psychiatrie, de la médecine psychosomatique et de la psychologie génétique dépendent d'une élucidation rigoureuse et cohérente des concepts fondamentaux. La synthèse la plus récente devait concerner la notion de corps psychique voulant remplacer dans l'esprit de l'auteur celle d'appareil psychique ou d'être psychique; dans ce souci permanent d'unicisme, le corps psychique est au sein du corps biologique, *«essentiellement un être de temps, de devenir, qui ne cesse de croire et de se créer»* (Th. Kammerer) (116). La vie de l'esprit s'organise en lui sur le monde intérieur des besoins et le monde extérieur de la nécessité, incorporé dans le soma et déterminé par la génétique; il est aussi *«l'organe même de la liberté»*. A la notion d'intégration, fait écho celle du *«processus générateur»* qui vise la désorganisation du corps psychique en tant qu'aspect fonctionnel de la vie du corps et de l'être tout entier. Ainsi nous voyons préciser une conception unitaire constituant selon le commentaire de Th. Kammerer une troisième voie *« entre le modèle mécaniciste qui nie le sens du processus et le modèle psychodynamiste qui nie le processus»* (116).

c) La conception structurale

La notion de structure est en permanence évoquée en clinique psychosomatique comme en psychopathologie et psychogénétique. Mais il est essentiel d'en préciser les perspectives variables.

La conception structurale que nous considérons maintenant se propose de situer les processus psychosomatiques en tant que perturbations du niveau le plus élémentaire de la structuration complexe de l'existence humaine. Mucchielli s'est tout particulièrement attaché à définir cette conception où *«l'existence affective en tant que niveau psychosomatique constitue la maladie psychosomatique dans les cas seulement où le niveau supérieur d'intégration, quoique dissocié est encore capable de résister, en vertu de sa stabilité propre, à l'invasion des forces protoconscientielles et à sa submersion complète»* (160).

Partant de la genèse et de la structure de l'affectivité, Mucchielli définit deux aspects cliniques fondamentaux d'ordre structurel: la structure de l'inconscient et des schémas affectifs.

1. La structure de l'inconscient

La notion d'inconscient organique considère à ce niveau le «noyau» des réactions vitales qui s'inscrivent dans le cadre de la relation primaire du vivant à son environnement. C'est à partir de cet inconscient que toute l'existence affective peut se condenser en une «constellation fantasmique» mettant l'organisme, le corps et la conscience en mesure de réagir d'une manière désadaptée. Pour Marie Bonaparte s'intéressant à cet inconscient, il s'agit de l'ensemble des réactions destinées à satisfaire ce qu'on appelle les tendances fondamentales. Il est constitué d'une autorégulation des réactions primitives de l'organisme à partir du manque et de la satisfaction, de la douleur ou de la quiétude. Il intéresse le niveau cellulaire et organismique et tend obscurément vers la survie ou l'accroissement de l'être. Il est en tant que niveau d'existence fondamental le support de la vie affective.

En tant qu'infrastructure de la vie affective, il est constitué de schémas dynamiques de trois ordres:

- *Les mécanismes régulateurs* du fonctionnement d'ensemble de l'organisme (régulation physiologique).

- *Les schémas dynamiques vitaux* (aperception de la forme de la situation vitale, organisation de la réaction organismique - posturale comportementale). Marie Bonaparte donne comme exemple le vécu de menace de mort imminente de l'angoisse archaïque.

- *Les schémas dynamiques de l'être humain* (archétypes de Jung). Il s'agit là selon Piaget et Bachelard des schémas affectivo-moteurs généraux correspondant à des situations humaines universelles (se chacher, s'élever, se défendre, etc...). C'est le symbolisme inconscient de la psychanalyse; ce sont essentiellement des formes dynamiques de conduites, différenciées par la suite selon les cultures, le schéma générateur des images oniriques, mythiques et légendaires, dites symboliques dans la perspective psychanalytique.

2. Les schèmes affectifs

C'est à partir des conceptions de P. Janet, de Dwelshauers, de Spiegel, de Goldstein, de A. Burloud et de Piaget que se précise le schématisme de l'affectivité, car selon Burloud «*l'organisation règne à tous les étages de la personnalité*». Et l'on peut préciser ainsi cet aspect de la dynamique affective.

«*Ce que nous appelons images, celles du rêve comme celles de la rêverie thématisée, de même que ce que nous appelons «sentiments» ne sont que la traduction, au niveau supérieur de la conscience, (qui est entre autres, conscience de soi et représentation) de ce qui est essentiel-*

lement mécanismes et schémas dynamiques, au niveau psychosomatique, ou plus exactement la perception de ces schèmes par la conscience réfléchie, représentative par nature, et par le jeu des fonctions d'individualisation, de particularisation et d'objectivation qui le caractérise. Il s'agit avant tout de constater que l'affectivité proprement dite est un ensemble (ou des ensembles) de schèmes dynamiques ou automatismes, et qu'elle n'est jamais un mode de réaction du niveau supérieur» (160).

Ainsi Piaget a montré qu'au niveau infra-conscienciel, tout est constitué par des schèmes dynamiques, c'est-à-dire des automatismes affectivo-moteurs.

Cette réalité des automatismes affectivo-moteurs apparaît centrale, car elle demande de bien distinguer le développement distinct des dynamismes moteurs et affectifs. Au stade premier de l'évolution de la personnalité, ils sont vécus au niveau protoconscienciel et ils ont besoin d'être constamment intégrés, pour permettre l'évolution de l'enfant.

Ainsi nous pouvons saisir l'essentiel de cette conception dans ce développement.

« Du point de vue génétique c'est à un stade de la vie où la conscience réfléchie n'est pas encore constituée, c'est-à-dire avant l'âge social proprement dit, avant six, sept ans, que l'être humain vit au niveau protoconscienciel et façonne, dans les relations qui le tient à son environnement, les automatismes psychosomatiques, les habitudes affectives destinées à être recouvertes par le développement du niveau supérieur d'intégration lié lui-même à la socialisation de l'enfant.

Enracinées dans les réactions de l'inconscient organique, construites sur les relations archaïques entre l'organisme vivant et son milieu, les réactions affectives de chaque être humain se diversifient et se stabilisent selon les expériences historiques de cette époque de sa vie, toujours organisées par le double processus de généralisation — différenciation.

Nous sommes ici au centre de la psychosomatogénèse. Une constellation de qualités de l'environnement est vécue en tant que Gestalt, que 'forme dynamique', appelant une forme dynamique complémentaire du corps en tant qu'organisme, posture et comportement. Ce qui est vécu, c'est la forme générale de la situation et, par le fait même qu'elle est vécue, cette structure situationnelle entraîne une certaine forme de réaction du vivant, forme elle-même dépendante évidemment, de la structure globale de l'organisme à tel stade de son développement» (160).

Cette conception nous renvoie également à la notion de structures latentes de l'affectivité appréhendées à travers la perception. Mucchielli précise ces fondements dans son introduction à la psychologie structurale.

« On s'aperçoit alors qu'il existe des stades perceptuels précédant le stade final de la reconnaissance correcte, autrement dit qu'il existe des niveaux précognitifs non conscients, qui sont des voies d'approche privilégiées des dynamiques de la personnalité. Une fois de plus, l'expérience prouve qu'"on ne peut plus considérer la perception comme une simple empreinte de l'objet sur un organe sensoriel passif", et que, par contre, les attitudes affectives fondamentales, constantes, le style de la personnalité profonde, sont en corrélation étroite avec les structures préperceptives, au point que celles-ci sont celles-là.

Les structures de l'affectivité, comme formes a priori de la perception au niveau précognitif, et comme obstacles à l'objectivité de la connaissance, sont en tant que telles, donatrices de significations vécues, et en même temps sont les déterminants des conduites réactionnelles ou complémentaires.

Ainsi les analyseurs de structures de significations fonctionnent dans la perception et utilisent un système de codage qui varie selon les individus, et qui, au niveau affectif exprime ou signifie à leur tour les dynamiques profondes de la personnalité » (161).

Attitudes affectives fondamentales et structures préperceptives sont en étroite liaison et viennent jalonner de leur dynamique les instances conscientes et inconscientes de la personnalité. Les nombreux travaux cliniques et expérimentaux ont ainsi montré qu'il y a pour l'existence humaine une possibilité de différenciation des données antérieures à la perception consciente. Il s'agit du niveau précognitif de la perception (influence des besoins, des motivations), etc... cependant que, en tant qu'activité prospective, la perception *« exprime l'effort permanent de repérage de la structure du vécu »*; mais *« situation vécue par un sujet »* et *« structure de signification »* sont inséparables et nous voyons ainsi que toute la dynamique de la personnalité est structurée des modes d'expression organisées que sont les mots, les images, les rêves entre eux et les symptômes.

Toutes ces expressions ont fondamentalement une valeur affective, à partir de leur origine conditionnée par un dynamisme perceptif structurant.

C'est à partir de ces éléments fondamentaux que Mucchielli peut développer sa conception de la maladie psychosomatique.

Celui-ci montre qu'il y a trois conditions nécessaires et suffisantes pour que se constitue la maladie psychosomatique :
- une résistance du «Moi» et du niveau supérieur d'intégration;
- une simplification-condensation de l'existence au niveau protoconscienciel sur une situation existentielle dominante ou exclusive;
- enfin des réactions purement physiologiques en chaîne à partir du trouble fonctionnel protoconscienciel originaire (les maladies désignées comme psychosomatiques étant des troubles fonctionnels ou lésionnels qui échappent en totalité ou en partie aux étiologies connues et aux méthodes thérapeutiques ordinaires).

- «*La résistance du 'Moi' signifie qu'il existe chez ces malades une conscience réfléchie et un sens du réel conservé. Leur maladie, leur malaise sont à première vue aussi inexplicables pour eux-mêmes que pour leur médecin; et ils ont tendance à renvoyer l'étiologie de leurs troubles hors de toute situation psychologique personnelle et ils sont mécontents de constater l'échec des thérapeutiques classiques*» (160).

- «*La simplification-condensation de l'existence au niveau protoconscienciel ou affectif*» signifie «*qu'une situation vécue résume, pour ces maladies leur existence entière et devient pour eux, la situation la plus profonde, l'unique, la limite, l'alpha et l'oméga de leur vie affective. A l'égard d'une situation dramatique vécue au niveau affectif, il y a un mécanisme de défense du 'moi' normal, une résistance spontanée (expression de la stabilité propre) de la conscience normale, une inhibition fonctionnelle de la part du 'moi' qui provoque une dissociation entre le niveau de la conscience normale et le niveau affectif.*

L'existence au niveau affectif se résume et se condense dans le vécu d'une forme situationnelle dominante ou exclusive, les stéréotypes complémentaires mettant l'organisme dans un certain état réactionnel qui intéresse non seulement les fonctions organiques mais aussi le schéma corporel et postural. Le comportement social affectif reste disponible en principe, pour la conscience normale, qui conserve un champ et des fonctions suffisantes pour son équilibre.

L'existence menée par le 'moi' au niveau de la conscience normale, c'est-à-dire son type de relation du moi à l'univers et à autrui, se dissocie de l'existence telle qu'elle est éprouvée et vécue au niveau affectivo-moteur.

Le moi conscient ne reconnaît pas et se défend de ressentir une situation que le niveau affectif est en train d'éprouver» (160).

- «*Les réactions physiopathologiques en chaînes*».

« A partir de ce trouble expressif organique postural primaire du niveau affectif, des réactions en chaîne physiopathologiques contribuent à fixer le tableau clinique. L'ensemble organisme-posture-comportement bloqué au niveau du comportement par l'inhibition du moi demeuré normal, mais déterminé puissamment par un schéma affectivo-moteur exclusif, subit une modification fonctionnelle et provoque l'apparition des réactions physiologiques qui ont pour but de l'intégrer dans un nouvel équilibre » (160).

La dissociation du « Moi » normal de l'affectivité aboutit à former un contraste entre ce qui se dit être vécu et ce qui est vécu organiquement, ce qui nous explique la notion de bipolarité rencontrée fréquemment chez nos malades.

En termes plus simples, certains aspects du caractère psychosomatique peuvent aboutir à:
- une angoisse latente;
- des réticences;
- des réserves;
- des difficultés de contact
(ces trois derniers signes pourraient être rattachés à la résistance du « moi »);
- des prises de consciences fragmentaires de certains événements marquants
(ce dernier signe pouvant être rattaché à la « simplification-condensation » de l'existence au niveau protoconscienciel).

Ces considérations sont prolongées de conséquences thérapeutiques où la psychothérapie intéresse la situation protoconscientielle, la révélation de la situation fantasmatique, la réintégration et la restructuration du lien humain.

Ainsi la protoconscience constitue un type de relation entre ces ensembles tels que les fonctions organiques, l'organisme, les postures, et le monde des formes significatives subjectives ou fantasmiques. L'affectivité est une « modalité d'âme », impliquant un type de relation avec l'univers et la réalité subjective du corps. La maladie psychosomatique est constituée essentiellement de la scission de la structuration hiérarchique harmonieuse des automatismes affectivo-moteurs.

Mais il est essentiel de considérer ces réalités structurées dans le développement affectivo-cognitif de l'enfant et de ses relations avec son milieu de vie. De la perception primitive, des stades préperceptifs à l'élaboration de l'imaginaire et du réel de l'enfant, c'est un ensemble de processus dynamiques qu'il nous faudra aborder, en regardant les modalités de la personnalisation de l'enfant et des fondements de la dépersonnalisation, en tant que désorganisation psychosomatique surgissant dans un devenir où l'être de l'enfant est mis en cause.

IV. La clinique psychosomatique de l'asthme

L'asthme est une maladie dont on a très tôt compris la complexité et la signification, au-delà des symptômes et de leur caractéristique classique. C'est pourquoi il est maintenant possible, autant et peut-être plus qu'une autre affection, de considérer son étude globale selon trois aspects complémentaires intéressant plusieurs disciplines.

La compréhension holistique de la maladie répond tout particulièrement chez l'enfant à la conception globale de la personnalité. Les facteurs étiologiques sont en effet trop nombreux chez l'asthmatique, pour ne pas appeler chez le clinicien, à un moment ou à un autre de son histoire, une recherche de vision globale, au milieu des aspects pluridimensionnels de plus en plus morcelants.

Car dans beaucoup de sciences humaines, Jaspers nous le rappelle, *« un système théorique unique est impossible, ou n'est du moins possible que comme construction personnelle. Au lieu d'aller vers des principes, des mécanismes et des règles ultimes, par lesquels on comprend ou on comprendra un jour l'âme totale, nous marchons sur des routes distinctes, nous travaillons selon des méthodes spéciales qui n'atteignent que des parties isolées de la vie psychique.*

Cette vie elle-même nous apparaît, non seulement infinie, mais semblable à un tout résistant à toute systématisation logique, à un océan que nous parcourons, mais dont nous ne connaissons que la surface..., au lieu de dominer l'objet et d'ordonner notre savoir à l'aide d'une seule théorie, nous nous contentons d'un aperçu sur l'ordonnance de nos vues et de nos méthodes» (112).

Les multiples approches cliniques, sociologiques, psychologiques et psychopathologiques, plus ou moins convergentes selon les cas cliniques, s'effectuent dans un effort de compréhension intégratrice de l'unité psychosomatique de l'homme et de sa pathologie. La compréhension globale de la maladie infantile et de l'asthme en particulier, est faite d'une conception intégratrice, structurante et anthropologique.

Celle-ci vise à réaliser et pérenniser l'unification de l'individu et à faciliter l'intégration de toutes les disciplines concernées dans le diagnostic et le traitement.

Elle cherche à comprendre l'organisation harmonieuse des relations entre les diverses fonctions existentielles perturbées dans la maladie.

Elle s'efforce, dans une visée anthropologique, de développer l'identité et la cohérence de la personnalité malade au milieu de la maladie. Nous aurons l'occasion de revenir sur ces notions fondamentales, car la perspective intégrale de la médecine rejoint profondément, à notre sens, la compréhension holistique de la structure de la personnalité.

Chez l'enfant malade, aux côtés du modèle médical dont les racines essentielles sont d'ordre anthropologique, il est primordial de considérer d'autres modèles de compréhension de l'individu. Mais à aucun moment, il n'est possible de n'en appréhender qu'un seul et surtout de les dissocier de l'organisation structurale bio-psychologique de la personnalité et de son développement. Disons plutôt avec Henri Ey que *«le problème de l'être de la personne dans sa forme concrète et réelle ne peut être résolu que par l'évidence de la constitution de la personne par son corps, si nous entendons par constitution (quelles que soient la métaphysique ou la foi qui laissent en suspens le principe même de cette constitution) le pouvoir d'émergence ou de transcendance de l'être personnel à partir de ce corps. Nous l'avons déjà vu pour le problème de la conscience considérée comme champ de l'actuellement vécu ou à propos des théories les plus diverses de la personnalité, ce pouvoir d'accéder à la connaissance réflexive par la constitution d'une réalité est une création. C'est cette création qui se perpétue dans la constitution du moi, c'est-à-dire dans la production d'un système de valeur enraciné dans l'organisation mais qui a pour fonction de la dépasser en y superposant un ordre supplémentaire de motivation et de symbolisation. Mais ce moi ne dépasse son corps qu'en y puisant par ces racines la nourriture de son information. L'être du moi apparaît donc comme une transcendance, mais une transcendance sans cesse compromise par sa submersion dans le corps dont elle ne s'arrache que pour lui demeurer encore liée dans sa représentation»* (74).

Ce texte complexe et remarquable souligne bien la dynamique de l'unité psychosomatique et l'intrication de ses processus. Nous voyons là que le fondement de la structure de l'être est à la fois d'ordre corporel et psychique, à la fois de l'ordre de la matière et de l'image, mais toujours de l'ordre du réel et de la créativité.

En effet, la compréhension de l'enfant malade — de son vécu corporel et de son imaginaire — n'est possible qu'à partir du moment où l'on essaie d'articuler les trois dimensions fondamentales de l'homme comme des Sciences Humaines: les aspects biologiques, les aspects psychosociologiques et les aspects psychologiques.

1. L'ASPECT BIOLOGIQUE

L'asthme est une maladie psychosomatique caractérisée par une dyspnée expiratoire évoluant généralement par crises paroxystiques séparées par de plus ou moins longues périodes de calme absolu; c'est là la définition classique et habituelle; étymologiquement elle signifie la réalité imagée du «souffle court». Cette maladie traduit une réactivité particulière du système bronchique s'exprimant par une sensibilité anormale qu'il est possible de mettre en évidence par des méthodes expérimentales. On distingue des formes diverses et des causes immédiates multiples. Et s'il n'est pas dans notre intention de développer les données biologiques de plus en plus complexes, nous voudrions très simplement préciser quelques aspects cliniques essentiels à la compréhension des travaux d'ordre psychosomatique que nous présentons.

A. L'étude clinique de cette maladie permet de mettre en évidence un certain nombre de formes et d'expression.

La clinique de cette maladie est ainsi synthétisée selon J. Charpin:

- La crise d'asthme est l'élément essentiel du syndrome. Elle survient le plus souvent le soir ou la nuit, précédée de prodromes (céphalées, coryza, etc...). Après une phase de toux sèche, elle est faite de sifflements, de cyanose, de tension inspiratoire et de tirage sus-sternal. Les troubles portent surtout sur l'expiration. La crise s'atténue généralement au bout d'une dizaine de minutes, suivie de toux et d'expectoration, de fatigue et d'endolorissement thoracique. L'inquiétude est variable. L'évolution est très diversifiée selon les cas, et les crises peuvent se répéter d'une façon très différente selon les situations et les personnes.

- Les formes symptomatiques sont généralement distinguées de la façon suivante :
- la trachéite spasmodique est faite de quintes de toux plus ou moins coqueluchoïde, sans reprise inspiratoire bruyante;
- la bronchite dite dyspnéisante est très fréquente chez le petit enfant;
- l'asthme d'effort survient après un effort et persiste après l'effort, il est fréquent aussi chez l'enfant.

- Les formes selon la gravité de l'atteinte sont aussi très variables : J. Charpin distingue quatre types : le type I où les crises sont occasionnelles; le type II où il existe plus d'une crise par mois; le type III avec plus d'une crise par semaine; le type IV est l'asthme à dypsnée continue.

L'attaque d'asthme est caractérisée par la succession de crises quotidiennes, séparées par un calme imparfait. Elle entraîne souvent des perturbations importantes et de tous ordres.

L'état de mal asthmatique est un asthme sévère et continu, réagissant mal aux traitements habituels. La dyspnée est continue; l'angoisse du patient et l'agitation de la famille s'associent à l'encombrement respiratoire et aux troubles cardiologiques. La gravité peut amener à la mort.

- Les complications sont également très polymorphes. On distingue les complications aiguës : poussées infectieuses aiguës, emphysème, complications cardiaques aiguës; et les complications chroniques : déformations thoraciques, insuffisance respiratoire chronique, complications cardiaques.

- Le diagnostic étiologique est essentiel comme toujours en médecine, conditionnant les modalités thérapeutiques. Il comporte l'orientation vers quatre types étiologiques souvent associés où l'on distingue d'une façon fondamentale : l'allergie, l'infection, les facteurs endocriniens, les facteurs psychiques.

Toutes ces modalités cliniques peuvent nous faire aisément comprendre les implications permanentes dont il s'agit toujours de situer les niveaux et la nature. C'est ce que voudrait s'efforcer de synthétiser ce travail à partir de notre expérience de la maladie chez l'enfant.

Dans l'étude critique d'un dossier informatisé d'asthme, réalisé à la clinique de Pneumo-Phtisiologie de Bordeaux, nous relevons les données suivantes au sujet de 215 cas:

A.	Asthme pur de l'adulte ayant débuté à l'âge adulte ..	19 %
B.	Asthme compliqué de l'adulte ayant débuté à l'âge adulte	18,50 %
C.	Asthme compliqué de l'adulte ayant débuté dans l'enfance	14,50 %
D.	Asthme compliqué de l'enfant	10,10 %
E.	Asthme compliqué du sujet âgé d'apparition récente .	9,50 %
F.	Asthme compliqué du sujet âgé évoluant depuis longtemps	9 %
G.	Asthme pur de l'adulte ayant débuté dans l'enfance ..	9 %
H.	Asthme pur de l'enfant	4,80 %
I.	Asthme pur du sujet âgé d'apparition récente	4,80 %
J.	Asthme pur du sujet âgé évoluant depuis longtemps .	1,10 %

Il existe donc dans cet échantillon, 61,40 % des cas d'asthme compliqué, une très nette majorité; 38,10 %, soit plus de la moitié se sont compliqués rapidement, et 10 % seulement sont des asthmes anciens ne se compliquant pas. Et plus du tiers des cas sont des asthmes d'adultes ayant débuté à l'âge adulte, ce qui est une proportion très importante.

B. L'évolution des idées sur les facteurs étiologiques

La compréhension des aspects cliniques de l'asthme bénéficie beaucoup d'un regard sur l'évolution des idées concernant cette maladie, ses facteurs étiologiques et sa pathogénie. Nous emprunterons à P. Freour les principales données de son étude dans laquelle il faisait le point sur cette question (81).

1. Epidémiologie: considérations générales

L'abord pathogénique d'une maladie met en jeu de toute façon une certaine conception anthropologique et philosophique de l'art de comprendre le malade et de le guérir. La perspective médicale reste la plupart du temps de l'ordre du réel, car elle est par nature opératoire et concrète, alors que les autres perspectives — sociologiques et psychologiques — peuvent apparaître souvent plus spéculatives et moins directement pragmatiques. En fait dans le domaine des Sciences Humaines, il est difficile de faire la distinction entre Sciences Fondamentales et Sciences Appliquées, comme le souligne souvent Lanteri-Laura. Dans une perspective anthropologique, toutes les données scientifiques peuvent être rapportées au réel et contribuer autant à la compréhension de l'être malade qu'à la dynamique pratique susceptible de le soulager efficacement. N'est-ce pas ce que nous enseignent le développement de la Médecine Psychosomatique et les grandes pédagogies pratiquées depuis longtemps en Occident?

2. *Les études expérimentales*

C'est dans ce domaine qu'il y a lieu, selon P. Freour de comprendre les facteurs biologiques et physiopathologiques.

a) Les aspects biologiques

Les crises d'asthme sont classiquement provoquées par la libération d'une substance biochimique, l'histamine, dans le cadre d'un conflit dit antigène-anticorps; de nombreuses techniques ont essayé de mettre en évidence cette caractéristique dans le but de comprendre et de diagnostiquer.

La maladie asthmatique est cependant faite de l'intrication de facteurs multiples: emphysème, bronchite chronique, défaillance cardiaque, trouble de l'hématose. Les complications sont fréquentes et viennent s'intriquer pour constituer une maladie chronique dont il est alors difficile de dissocier les différents facteurs.

b) Les aspects immunologiques et allergiques

L'asthme, continue P. Freour, est une maladie immunologique et cette dimension fait prévoir des orientations de plus en plus intéressantes. Il s'agit là d'un conflit antigène-anticorps qui se déroule au niveau de la bronche — l'organe de choc immunologique, et qui se manifeste par des réactions physiopathologiques œdémateuses, transudatives, hypersécrétantes et bronchospasmodiques, conséquence de la libération de médiateurs chimiques: histamine et sérotonine notamment.

Les recherches de ces dernières années ont mis en évidence de nombreuses autres substances, mais il est intéressant de noter que les problèmes se situent et continuent de se situer au niveau immunologique.

Il est en effet important de remarquer que les plus récentes mises au point de la physiopathologie insistent sur deux types de régulation du bronchospasme:

— *Les régulations humorales*, constituées de substances médiatrices complexes et approfondies de plus en plus dans la recherche biologique. Elles permettent d'établir des liaisons entre le phénomène bronchomoteur et le phénomène allergique (Charpin).

— *Les régulations nerveuses*. Il existe une hyperréflectivité vagale très importante chez l'asthmatique. Le système sympathique est concerné dans ses rapports avec les substances médiatrices (AMP cyclique, système dit prostaglandines-thromboxane, médiateurs systémiques, etc...) il est aussi en rapport avec le système médullo-surrénal. Il possède des récepteurs particuliers intervenant au premier chef dans cette régulation. Nous ne développerons pas bien entendu toutes ces questions qui deviennent de plus en plus complexes, concernant même des spécialités particulières de la biologie, mais il est capital de les situer dans le champ de la compréhension générale des phénomènes psychosomatiques. L'une des essentielles questions que posent les aspects immuno-allergiques est posée en ces termes par P. Freour: «*Pourquoi parmi ces sujets immunologiquement allergiques, certains font-ils des crises d'asthme, alors que l'allergie, au sens immunologique, n'est qu'une forme de défense biologique aux traumatismes externes?*»

Car s'il existe une allergie biologique très largement répandue et cliniquement ignorée, il reste de nombreuses questions à poser, notamment celles qui intéressent les circonstances d'expression pathologique de cette allergie. N'entrons-nous pas alors dans l'univers des significations de l'allergie et des processus d'intégration qui concernent autant le biologiste que le clinicien et le psychosomaticien.

Très fréquemment, dans la pratique, les problèmes sont posés en ces termes et l'une des démarches essentielles consiste à étudier le terrain immunologique par des méthodes de laboratoire qui se perfectionnent davantage chaque année.

c) Les aspects génétiques

L'étude des composantes héréditaires est aussi très importante: elle fait appel à des études cliniques et immunologiques prolongées où sont notés les caractères biologiques de l'immunité et de l'allergie; elle bénéficie d'une façon intéressante des études réalisées sur les jumeaux. Ces aspects génétiques sont aussi de l'ordre d'une science spécialisée mais il n'est pas sans intérêt de noter le vécu et la signification existentielle que soulève une maladie dont on précise les caractères génétiques dans un contexte où l'affectivité prend tant de place.

d) Les aspects microbiens

Le rôle de l'infection est très important dans toutes les phases de la maladie : elle abaisserait le seuil de la sensibilité allergique par des mécanismes sur lesquels portent de nombreuses recherches modernes. Et le problème de l'allergie bactérienne fait l'objet de travaux constants et spécialisés dont les applications thérapeutiques sont toujours présentes aux chercheurs.

3. Les recherches psychosomatiques

Le troisième axe des recherches qu'analyse P. Freour représente un ensemble de problèmes toujours présents dans cette maladie et actuellement mieux admis. C'est l'approfondissement de ces questions que nous aborderons tout au long de ce travail. Quelques jalons peuvent être déjà posés à partir de l'expérience des cliniciens qui rencontrent l'asthme et l'asthmatique.

L'asthme est une maladie psychosomatique.

Le problème de la psychogénèse de l'asthme ne représente pas pour les cliniciens eux-mêmes la question essentielle, dans une perspective de compréhension psychosomatique.

Il est important, par contre, de déceler et de décoder les dimensions psychologiques et psychosomatiques.

Et après avoir noté l'intérêt des deux tendances opposées et cependant susceptibles de se rejoindre un jour, les tendances pavloviennes (les réflexes conditionnés), et la tendance américaine (psycho-physiologique), c'est à la signification du symptôme que s'intéresse l'auteur, en distinguant les aspects spécifiques et aspécifiques que les divers courants d'idées cherchent à privilégier, selon les tendances et les écoles.

Mais si cette dimension commence à avoir droit de cité dans la pratique médicale et ses essais de compréhension, les difficultés s'accroissent d'une façon considérable quand il s'agit d'aborder la nature intrinsèque de la maladie psychosomatique, dont les dimensions participent de fait au rapport structural entre le corps et l'esprit.

2. L'ASPECT SOCIOLOGIQUE

L'accent mis sur les conditions d'existence et les facteurs d'environnement dans l'asthme justifie l'importance de l'aspect sociologique. Mais il nous paraît intéressant de considérer un certain nombre de distinctions à ce sujet. En tant que fait social, l'asthme intéresse la science des phénomènes sociaux qu'est la sociologie; il concerne les institutions qui caractérisent nos sociétés; il possède un aspect institutionnel que l'on a précisément développé au service de l'enfant et qui représente un phénomène social que nous avons à considérer en tant que tel (36).

Les dimensions sociologiques de cette maladie sont en effet concernées dans l'organisation des établissements thérapeutiques, climatiques le plus souvent, et dans le type d'éducation qu'y reçoivent les enfants asthmatiques.

Mais cet aspect sociologique apparaît distinct, quoique complémentaire de l'aspect épidémiologique, dans la mesure où celui-ci concerne plus directement, selon la proposition de l'Organisation Mondiale de la Santé «*cette branche de la Science Médicale qui s'occupe de l'étude des facteurs de milieu, des facteurs individuels et autres qui influent de quelque manière sur la santé humaine*». En effet, comme le précise C. Mollaret, «*l'investigation épidémiologique destinée à découvrir les causes sous-tendant l'apparition d'une maladie et les conditions favorisant son extension, est un processus très complexe impliquant le recours à toutes les possibilités de diagnostics, tant cliniques que biologiques, ainsi qu'aux connaissances écologiques et sociologiques*».

Ces aspects sont à distinguer des dimensions psychosociologiques concernant moins les problèmes de personnalité que les processus de l'interaction et les comportements en groupe, en tant qu'ils sont produits par un individu, comme le précise bien Stoetzel dans la définition même de cette discipline (208). Et si nous avions pensé dans un premier temps pouvoir dissocier nettement ces deux domaines, nous voyons qu'ils représentent en fait les deux versants d'un même champ.

Nous ne développerons pas ici les problèmes posés par l'épidémiologie de l'asthme: nous noterons simplement que les résultats des études de fréquence de la maladie sont variables et divergents selon la définition de l'asthme que l'on admet.

Le pourcentage des asthmatiques dans la population passe de 4 à 10 %, écrit P. Freour, selon que l'on y intègre ou non les malades allergiques. Il serait pour Leigh et Doust de 1,5 à 2 % dans la population générale. J. Charpin retient les écarts de 0,7 à 7,4 % et de 7,1 à 24,9 % pour la population enfantine (enfants qui ont sifflé).

Les études statistiques citées par J. Alby et Wolfrom montrent que le pourcentage de manifestations allergiques est très inférieur dans les populations d'Hôpitaux Psychiatriques (0,64 %) et particulièrement chez les malades psychotiques.

Mais contrairement à ce qu'on rencontre dans d'autres maladies psychosomatiques — en particulier l'hypertension artérielle — il n'y a pas de spécificité sociologique. Tous les âges du nourrisson au vieillard, tous les milieux, des plus favorisés au plus démunis, sont concernés par cette maladie. Et comme l'écrivent Gorceix et collaborateurs, *«la multiplicité des facteurs étiologiques, domestiques, professionnels, géographiques, brouille des pistes, disperse les cas, efface toute lecture d'une signification sociale univoque»* (57). Et pour P. Freour, *«l'asthme frappe à la vérité toutes les classes et tous les niveaux sociaux dans distinction»*. A la ville comme à la campagne, à la mer comme auprès des lacs, l'asthme est une maladie susceptible d'exprimer une signification existentielle profonde indépendante du cadre social...

Et cependant, il convient de moduler cette notion. Les études sur l'environnement socio-écologique ont été développées ces dernières années; elles ont fait l'objet d'un Congrès International au Mont-Dore au mois de mai 1975: les rapports entre écosystème urbain et allergie sont étudiés: influence sur l'asthme des agressions atmosphériques. Charpin et collaborateurs retiennent un parallélisme très net entre les données cliniques et les pollutions (étude des comptes atmosphériques).

Grilliat et ses collaborateurs, étudiant l'environnement sociologique de l'asthme dans la région lorraine sur une population de 38.000 personnes montrent que les plus grands facteurs de risque et de pathologie résident dans les zones industrielles, par rapport aux zones rurales, peu polluées. Ces travaux présentent des incidences sociologiques, voire même politiques, dans la mesure où ils affirment la maladie plus fréquente et plus grave dans certaines zones sociologiques et professionnelles.

Mais cette constatation continue de poser un certain nombre d'autres questions non résolues, notamment le problème du déclenchement de l'asthme au niveau même de la personne, des réactions de la personnalité et de la structure des individualités concernées.

L'aspect épidémiologique est plus précisément étudié par P. Freour. L'épidémiologie de la maladie asthmatique chez l'adulte met en évidence un pourcentage d'asthmatique d'environ 1 à 2 % - 2 % à Göteborg (Allan Lublin) - 3 % dans la ville finlandaise de Harjavalta (Karl Allanko) - 0,34 % (jeunes recrues - Roumegou) - 0,38 % (pour Colfin sur 190.463 jeunes recrues).

Les répercussions médico-sociales doivent également être prises en compte en raison du caractère particulier de l'invalidité provoquée par l'asthme chez l'adulte (20 % de sujets n'ayant pas dépassé 40 ans). Les femmes sont deux fois plus touchées et la profession n'intervient pas comme facteur de risque. Mais si l'on reste interrogatif sur le rôle de la pollution atmosphérique, par contre celui de la pollution toxique semble faire l'unanimité.

Chez l'enfant, Rapaport estime que la maladie pourrait avoir une incidence de 20 %; pour Blanche Dawson d'Aberdeen, ce serait un pourcentage de 4,8 % où les garçons seraient deux fois plus frappés que les filles, avec une nette baisse de l'état général de tous les enfants. Les asthmes les plus sévères se trouveraient dans les classes les plus défavorisées et spécialement dans les familles nombreuses, le deuxième enfant de la famille étant le plus frappé.

P. Freour et J. Tessier ont étudié particulièrement les répercussions médico-sociales chez l'enfant. C'est par la conjonction de la politique sanitaire et psychopédagogique que l'on pourra répondre aux troubles des enfants chez lesquels les troubles affectifs et les retards scolaires sont intimement intriqués. Les problèmes soulevés par les placements thérapeutiques et les traitements dans les familles sont à évoquer à ce niveau.

Nous voyons là que les aspects épidémiologiques, thérapeutiques, préventifs, sociologiques et institutionnels rejoignent les dimensions psychologiques profondes. La prévention et le traitement des perturbations psychosomatiques sont conditionnés par la structure de la personnalité de l'enfant, sous-tendant ses potentialités intellectuelles, ses aspirations affectives et ses capacités d'adaptation psychosociale.

3. L'ASPECT PSYCHOSOCIOLOGIQUE

Nous étudierons cet aspect essentiellement chez l'enfant, de façon à cerner notre propos et aboutir à nos études personnelles.

Les caractéristiques que l'on a décrites chez l'enfant asthmatique concernent cette dimension psychosociale. Comme chez l'adulte, elles intéressent la dimension relationnelle, elles sont la traduction d'une dynamique structurale plus profonde. Nous constatons en effet que cet aspect — étudié notamment par les premiers psychosomaticiens, et Alexander en particulier — prend une dimension psychosociale dans la mesure où elle représente l'expression particulière de comportements personnels en relation avec le milieu, les institutions, le mode d'existence, etc...

La famille en est le champ privilégié : nous atteignons là un domaine considérable, dont l'importance n'a pas échappée aux praticiens dès la première période.

A. Les dimensions générales

On insiste généralement sur trois dimensions psychosociales.

a) L'inhibition de l'expression

L'inhibition de l'expression a été très tôt décrite chez tout asthmatique; l'on a très tôt considéré la crise d'asthme comme des «*pleurs d'angoisse inhibés*». Elle correspond à une profonde difficulté de communication que nous analyserons, notamment avec les proches parents mais aussi avec toute personne; il s'agit là d'un trouble relationnel distinct des perturbations de la personnalité et cependant intimement lié à elles, d'autant plus que les personnalités peuvent présenter un ensemble de troubles et de traits polymorphes.

C'est en particulier une inhibition de l'expression verbale, linguistique et affective dans la relation interpersonnelle, objectivée par les techniques projectives ou les dessins, alors que l'expression intellectuelle et rationnelle présente des caractéristiques distinctes que nous approfondirons plus loin.

b) Les perturbations des relations parentales

Les études ont également très tôt mis l'accent sur les perturbations des relations parentales. C'est là un fait clinique central et essentiel. Il a été plus facilement objectivé que les caractéristiques structurales rendant compte du phénomène psychopathologique en lui-même.

On a d'abord très tôt insisté sur l'attitude de rejet de la mère, évident ou inconscient, travesti en des attitudes d'hyperprotection maintenant bien classiques. L'agressivité réciproque entre la mère et son enfant est réelle et fréquente, mais il convient en fait de nuancer les faits cliniques.

Il est en effet capital de le faire remarquer, le rejet n'existe pas de façon aussi fréquente que les premières études ont voulu le mettre en évidence; et quand il existe, il est plus souvent secondaire que primaire; il est en général consécutif à l'anxiété intense et profonde de la mère, et c'est ce fait clinique qui est d'abord à prendre en considération dans les interprétations, l'agressivité réciproque étant également inconsciente. Ces troubles relationnels apparaissent liés aux perturbations des personnalités, de leur affectivité et du sens de leur existence.

D'autre part, on a fait remarqué (Soule) (123) que la réaction de la mère dépendait, chez le petit enfant — asthmatique ou non — de l'équipement instinctivo-affectif de l'enfant, de l'environnement, de l'histoire pathologique du bébé et de l'expérience passée de la mère. Et c'est à ce niveau qu'il convient de comprendre les relations paternelles et le rôle du père que l'on a peu souligné et qui reste central à notre avis.

La mère de l'enfant asthmatique a effectivement fait l'objet de nombreuses études, et — à une certaine époque — du déversement de l'agressivité des médecins d'enfant et des équipes soignantes. Mais derrière la mère, c'est le problème du père et du couple qui reste central, et aussi toute la dynamique d'une culpabilité stimulée dans des attitudes thérapeutiques qu'illustre bien à une certaine époque, la pratique évocatrice de la «parentectomie».

c) Les perturbations de l'autonomie

Les perturbations de l'autonomie personnelle, en temps que phénomène psychosocial et relationnel, ont été aussi très tôt l'objet d'études et de remarques.

Le sentiment de dépendance générale vis-à-vis de la famille, de la société, de l'école et de la médecine est tellement intense chez l'asthmatique, qu'il est travesti en une attitude agressive intéressant tous les domaines et surgissant d'une manière pathologique à l'adolescence. On a parlé également d'attitude provocatrice dans la mesure où il s'agit en profondeur de la parodie d'une attitude indépendante chez des sujets vivant douloureusement le sentiment de dépendance. Mais jusqu'à l'âge de 9-10 ans, l'enfant vit entièrement sa dépendance, profonde et insistance, quelles que soient les relations maternelles et paternelles et leurs perturbations.

L'angoisse intense vient recouvrir la dépendance et les désirs d'affirmation de soi; l'agressivité est rarement capable de s'exprimer directement et explicitement, et l'enfant vit dans des rôles stéréotypés, parfois mouvants, qu'il s'efforce d'intégrer au milieu de son angoisse et de sa fragilité psychosomatique.

Ces caractéristiques psychologiques sont décrites en terme de clinique psychosociologique, en raison même de leur nature relationnelle. Mais elles sont intimement liées à la dimension psychoaffective de l'enfant. Elles posent en termes cliniques habituels le problème de la communication et de la personne; mais elles nous introduisent d'une certaine façon à l'élément structural central de la personnalité : la perception.

La perception est en effet au centre de la problématique de la structure de la personnalité. Quelles que soient les tendances considérées, celle de la psychologie des émotions, celle de Binet, de Freud, de Piaget, de Spitz, de Janet, de Merleau-Ponty, de Mucchielli, etc... la perception représente le phénomène central de l'organisation structurale de la personnalité, dans la mesure où il s'agit de l'organisation immédiate des sensations présentes et réelles, incluant les éléments affectifs, moteurs, cognitifs et psychophysiologiques de toute connaissance du réel.

Nous aurons l'occasion de développer cette réalité psychosomatique fondamentale, en en précisant le sens par rapport aux significations spécifiques.

Mais il nous paraît intéressant de noter que la psychologie sociale s'est intéressée à la perception en en faisant ressortir les aspects sociaux et culturels. Stoetzel a particulièrement développé cet aspect et relevé que les expériences de laboratoire montraient combien les stimuli ne peuvent en fait être perçus que dans un cadre significatif, souvent social. Percevoir, «*c'est avant tout comprendre : pour percevoir, il faut avoir saisi une signification*» (206). C'est l'analyse logique de procédures expérimentales qui explique pourquoi, dans le processus perceptif normal, l'élément significatif social a si longtemps échappé aux psychologues, et continue à échapper aux sujets percevants (Stoetzel) (206). En fait les études structurales ont très tôt perçu ce problème de la signification de la perception, et il nous paraît intéressant de constater, du point de vue psychosocial, les rapports entre perception, personne et conscience de soi. «*La perception est une fonction d'une personne*», écrit encore Stoetzel, en étudiant le rôle de la motivation dans la perception et son aspect de sélectivité (travaux de Levine, Chein et

Murphy sur l'étude des motivations physiologiques ou idéologiques des contextes perceptifs).

La perception est aussi «pour» la personne; elle fonctionne dans son intérêt. «*Elle sert la personne, elle la protège contre les dangers qui la menacent*». C'est en ce sens que H.S. Sullivan a pu parler de '*l'inattention sélective*'; c'est elle, dit-il, *qui nous permet de ne pas profiter de l'expérience, quand l'expérience, évidemment, mettrait la personne en danger et notamment, quand elle menace l'estime de soi*» (207).

Si l'on a pu dire que nous tendions à rapporter nos perceptions à nous-même, que la personne apparaît la norme de ses perceptions, il est aussi intéressant de considérer comment le point de vue psychosocial aborde le problème de la conscience de soi.

En insistant sur l'idée d'autofinalité de la personne de la conception occidentale, on met en évidence que «*le sujet psychologique se pense lui-même*»: il est une personne qui existe pour soi. Mais la conscience de soi comporte un aspect social qui intéresse et concerne plus particulièrement l'aspect psychosocial.

L'image du corps serait surtout sociale, pour cette tendance qui la relie autant aux représentations culturelles qu'aux phénomènes psychophysiologiques.

Mais s'il existe des conditions sociales de la conscience du corps, conditionnant le vécu corporel et ses variations culturelles, (Stoetzel fait remarquer que le siège du moi dans le corps varie selon les cultures: le nez pour les Japonais et le cœur pour l'Occidental par exemple); s'il est important de susciter la conscience de soi dans un cadre et dans un contexte social, si ces conditions contribuent à structurer la personne en lui donnant un statut et un rôle, ces aspects relationnels ne sauraient se confondre avec les aspects structuraux découlant des modalités perceptives fondamentales.

Cette compréhension psychosociale de la conscience de soi et de ses troubles nous permet de saisir un aspect de la maladie psychosomatique de l'enfant. Cet aspect psychosocial représente l'expression clinique la plus évidente, parce que troubles de l'expression, perturbations des relations parentales et de l'autonomie sont les manifestations relationnelles de troubles profonds signifiants.

Mais cette perspective psychosociale nous apporte une dimension intéressante dans la compréhension pragmatique de l'asthme infantile et de son traitement. En effet, les perturbations des relations familiales nous ouvrent la voie d'une compréhension structurale profonde. Et nous ne saurions mieux faire que de citer la position de Stoetzel nous aidant à rejoindre beaucoup de caractéristiques personnelles et familiales de l'enfant asthmatique :

« *La conscience de soi n'est pas une réception passive d'impressions; elle fonctionne selon des processus qui méritent de retenir l'attention des psychologues sociaux. L'estime de soi est l'un de ses aspects dynamiques de la conscience de soi; elle entretient des rapports avec le physique, taille, beauté, infirmité; elle produit des jugements sur soi-même qui comportent notamment les buts que l'on s'assigne et qui constituent le niveau d'aspiration. Ils comportent, d'autre part, le sentiment de sa valeur ou de sa culpabilité, celui-ci très actif dans les sociétés où la conscience morale est forte. Ces sentiments entraînent éventuellement des illusions sur soi-même qui se manifestent dynamiquement par le processus de rationalisation, par lequel l'individu se rend acceptable à soi-même en s'affirmant que les autres sont identiques à soi*» (206).

Cette réflexion rejoint en effet quelques caractéristiques psychologiques de l'enfant asthmatique dont les processus d'identification sont, nous le verrons longuement, souvent perturbés : perturbation de la conscience de soi par rapport aux autres, narcissisme blessé, sentiment de culpabilité lié à la maladie souvent énigmatique, désir d'affirmation de soi, rationalisation de sa conscience affective, etc...

Ces caractères peuvent être illustrés facilement par un certain nombre de travaux concernant la dynamique relationnelle. Avant de développer notre propre expérience, nous évoquerons, au milieu de bien d'autres, les travaux sur les facteurs familiaux socio-écologiques et individuels de J.P. Monneau et collaborateurs (75 f). Etudiant 1.207 familles groupant 5.128 personnes, dont 2.714 enfants âgés de 4 à 17 ans, les auteurs cherchent d'abord à mettre en évidence les relations entre les manifestations pathologiques allergiques (asthme, eczéma, rhinite) et le terrain familial biologique. Ils en apportent deux conclusions :

Il existe des liaisons entre l'état des parents et celui de leurs enfants d'une part, et d'autre part, entre l'état des parents entre eux; et ils en concluent qu'aux phénomènes héréditaires démontrés par ailleurs vient s'ajouter un terrain familial, les membres de la famille étant soumis à des agressions communes, d'ordre psychologique et allergologique notamment. Mais quand ils s'interrogent pour savoir si l'était atopique ou réaginique des parents ne serait pas susceptible de survenir avant ou après leur mariage, et dans ce dernier cas, après un certain nombre d'années de vie commune, ils soulèvent en effet un point fort intéressant.

Etudiant par ailleurs la catégorie socio-professionnelle du père, le niveau scolaire de la mère, le rang de l'enfant dans la fratrie, la taille de la famille, ils précisent quelques points intéressants dans leur objectivation:

- Les enfants dits «réaginiques» se rencontrent dans les familles de cadre moyen. Les asthmatiques sont issus de milieu employé, les eczémateux de classes agricoles et cadres moyens, les enfants atteints de rhinites sont plus volontiers de la catégorie des cadres supérieurs. Mais comme on pouvait s'y attendre, les troubles de l'enfant apparaissent indépendant du niveau d'études de la mère et du coefficient d'occupation du logement.

- Le rang dans la fratrie présente un intérêt certain, en raison des implications psychologiques profondes. Les enfants les plus réaginiques sont de rang 2 et 3 (26,5 % à partir du quatrième). La maladie asthmatique frappe le plus souvent les deuxième et troisième enfants (6 à 7 %) et 4,5 pour les autres.

- La psychologie de la mère a été étudiée selon quatre tempéraments d'importance décroissante: émotifs (46,5 %), anxieux (26,5 %), impulsifs (20 %), dépressifs (4,5 %), et les auteurs notent une liaison réelle entre les manifestations atopiques de l'enfant et le caractère émotif de la première. En cas d'émotivité maternelles, ils relèvent:
- 55,5 % d'eczéma chez les enfants;
- 55,5 % de rhinite;
- 46 % d'enfants sains;

et précisent la réalité clinique bien connue que les enfants allergiques (respiratoire, cutanée ou nasale) ont plus souvent une mère au caractère émotif (p. 0,05).

- La scolarité est également étudiée dans ses aspects objectifs et subjectifs. Si du point de vue de la mère, l'asthme semble entraîner davantage de difficultés scolaires que l'eczéma ou la rhinite, ils relèvent la situation suivante:
- enfants ayant plus d'un an d'avance: 3,0 %;
- enfants normalement scolarisés: 36,5 %;
- enfants ayant plus d'un an de retard: 60,5 %.

Bien que l'on constate une fréquence accrue du retard scolaire chez les enfants dits réaginiques et à rhinite, l'asthmatique n'aurait pas pour ces auteurs un retard scolaire plus important que les enfants témoins; 59 % dans les deux cas ont plus d'un an de retard scolaire, alors que généralement on considère que l'asthme représente souvent un important facteur de difficultés scolaires.

Les auteurs dégagent ainsi un certain nombre de facteurs de risques intéressant la personnalité de la mère, les incidences sur la croissance physique et la morphologie thoracique en liaison avec une surcharge pondérale et des comportements psychologiques alimentaires. L'étude de la scolarité et de toutes ses composantes est en effet très importante chez l'enfant, en raison même de ces racines psychologiques et de ses conséquences profondes et psychosociales; mais il convient toujours à ce sujet de bien préciser le type de population et l'importance des troubles affectifs et psychosomatiques.

B. Les données psychosociologiques : étude de notre population

La compréhension intégrale des troubles psychosomatiques de l'enfant cherche à articulier dans la clinique le relationnel et le structural. Nous avons très tôt distingué, pour mieux les unir et les comprendre, la relation, la personne et la personnalité. L'enfant asthmatique est un enfant chez lequel les rapports intégrateurs entre la fragilité organique et la labilité psychique se font douloureusement. C'est un enfant qui va mettre en jeu tout un ensemble de défenses pour essayer d'assumer l'angoisse des premiers mois de sa vie.

Et c'est pourquoi, au milieu des réalités humaines, et malgré les actuels bouleversements, la famille constitue toujours l'univers le plus profondément concerné dans l'existence de l'asthmatique. La connaissance de la structure et de la dynamique de la famille de l'asthmatique est un élément essentiel à la compréhension de la maladie psychosomatique et de l'asthme infantile.

C'est cet aspect que nous voudrions préciser à partir d'une étude panoramique portant sur 250 enfants représentant 245 familles.

Dans la dynamique familiale, nous considérons toujours plusieurs éléments interrelationnels :
- le couple parental ;
- les relations parents-enfants ;
- les relations fraternelles ;
- la structure familiale (enfant unique, famille nombreuse, etc.).

Les travaux actuels et surtout ceux des Anglo-Saxons, ont privilégié l'étude de la famille et de ses modes de communication ; cette dimension nous apparaît capitale à considérer en médecine psychosomatique dont l'objet primordial est d'étudier dans leur rapport les aspects psychologiques et physiologiques de toutes les fonctions normales et anormales du corps et de la personnalité.

Il ne s'agit donc pas uniquement de constater les relations de l'enfant asthmatique avec ses parents, du fait de sa maladie, comme conséquence d'un état pathologique. Il s'agit surtout de comprendre les relations de cet enfant asthmatique avec sa famille dans un complexe intriqué où la structure des personnalités parentales et de la famille vient influencer la genèse et l'évolution de la maladie; car le génie essentiel de l'asthme est toujours d'être aux confins constamment réitérés de l'angoisse et de la mort, dans un conflit d'ordre bioimmunologique et psychologique.

Nous avons à notre disposition tout un faisceau de méthodes nous permettant une certaine vision convergente des études comparatives. Il nous paraît important de mettre l'accent sur un certain nombre d'interrogations que nous serons amené à nous poser sur les troubles de la structuration psychosomatique de l'enfant:

- Les relations maternelles et paternelles sont constitutives de l'organisation psychomatique du bébé et du petit enfant, les multiples études de psychologie génétique l'affirment hautement.

- Les relations parents-enfants sont fonction des caractères de la personnalité des parents (père et mère) que l'on s'efforce de décrire (Laforgue, Leula, Porot, Michaux, Sutter, Osterrieth) mais l'imaginaire est aussi déterminant que le comportement affectif visible. Les attitudes affectives vis-à-vis de l'enfant sont souvent très déterminées par les souhaits imaginaires et inconscients.

- La dynamique conjugale est d'une conséquence considérable.

- Les modalités de développement d'un enfant ne peuvent s'expliquer en fonction du mode de relation directe parents-enfants. Cette réalité est en effet développée par Ajuriaguerra, distinguant «*ce qu'offrent les parents et ce qu'il y a derrière cette offre; ce que l'enfant reçoit et comment il le ressent sur le plan réel ou de l'imaginaire; comment il répond à l'offre de ses parents, comment les parents ressentent cette réponse*» (2).

- Les désirs et les espoirs des parents par rapport à leurs enfants sont également déterminants dans cette dynamique. Ce point est très développé par Dürssen (cité par Ajuriaguerra) et met en jeu toute la problématique moderne du désir de l'enfant (sexe, présence, rejet, dons intellectuels, capacités, relations affectives, etc...).

- La situation de l'enfant dans la fratrie et son statut sont toujours à considérer (enfant unique, famille nombreuse, enfant illégitime, adopté, etc.) (enfant recueilli, jumeaux).

- Les relations familiales et parentales doivent tenir compte de l'ensemble du groupe familial (parents, grands-parents, cousins, oncles, tantes, etc...). Les travaux des auteurs américains ont particulièrement insisté sur cet aspect en étudiant la communication intrafamiliale et ses perturbations, ainsi que la problématique de l'identité de l'enfant (travaux de Bateson-Lidz et collaborateurs) (2). La notion du «mythe familial» (commentée par Ferreira et Ajuriaguerra) apparaît effectivement très intéressante et constitutive de la structure familiale dans la mesure où chaque famille vit une histoire réelle et imaginaire.

Nous nous bornerons à prendre en considération ces données fondamentales sans en développer les nombreuses incidences dont nous retrouvons des aspects fondamentaux à travers nos études structurales. Dans cette perspective psychosociologique, nous considérerons deux aspects connexes, susceptibles de mieux faire comprendre les quelques études quantitatives retenues :
- l'étude clinique des personnalités;
- la dynamique des relations familiales entre parents et enfants.

Nous aborderons ces considérations à partir d'une population de 250 enfants, tous examinés à la demande d'asthmologues pour des troubles psychosomatiques sévères, ou modérés, mais rebelles aux thérapeutiques somatiques.

L'étude de cette population concerne des troubles psychosomatiques sérieux et graves associés à des perturbations psychoaffectives, psychosociales et intellectuelles souvent très importantes. Elle n'est pas le reflet de l'asthme ordinaire et de l'enfant asthmatique moyen. Mais nous savons que l'étude psychopathologique et pathologique nous éclaire toujours en clinique sur le fonctionnement structural et l'organisation psychosomatique de l'enfant.

A partir de 250 enfants représentants 245 familles, nous retiendrons quelques constatations essentielles.

a) Situation familiale

- Situation parentale normale :	80
- Dysharmonie conjugale et familiale :	92
- Conflit parental aigu (avec ou sans pathologie des personnes) :	17
- Séparation, divorce :	33
- Mort d'un des parents :	11
- Pathologie parentale sévère (mentale et parfois physique) :	12
	245

Nous noterons de plus deux autres types de faits familiaux :
- Association d'un conflit aigu et de pathologie parentale sévère : 20
- Mort d'un frère ou d'une sœur : 11

D'un point de vue global :
- Situation parentale normale : 32 %
- Perturbations parentales sévères : 58 %
- Perturbations affectives graves au sein de la famille : 10 %

b) Milieux socio-professionnels

L'étude des milieux socio-professionnels nous permet d'apporter les données suivantes, en adoptant la classification utilisée par les services des Caisses d'Allocations Familiales :

- Manœuvre : 9
- Ouvrier spécialisé 10
- Ouvrier qualifié : 33
- Ouvrier agricole : 7
- Employé : 63
- Artisan et commerçant : 23
- Personnel de service et gardien d'enfant : 13
- Exploitant agricole : 5
- Cadre moyen (fonctionnaire et enseignant) : 27
- Militaire, police : 29
- Marin : 3
- Profession libérale : 3
- Agent de maîtrise : 3
- Etudiant : 1
- Sans profession (mère ou grand-mère seule) : 2
- Cadre supérieur / Chef d'entreprise : 3
- Forain, funambule : 4
- Non identifié ou impossible à connaître : 7

245

Nous noterons la fréquence des milieux militaires; dans 10 cas, la mère est infirmière (dont 6 chef de famille, seule); dans 30 cas le père est fonctionnaire.

Soit d'un point de vue global :
- Milieu ouvrier : 59   24 %
- Employé : 63   26 %
- Artisan, commerçant, exploitant : 28   11,5 %

- Cadre moyen : 27 11 %
- Militaire, police : 29 12 %
- Divers (milieu moyen et supérieur) : 35 14 %
- Forain, funambule : 4 1,5 %

Nous pouvons comparer ces chiffres à une population de référence; et nous avons choisi celle qui a servi de base à une étude épidémiologique régionale en Aquitaine (travaux conjoints d'Epidémiologie et Démographie, P. Freour et collaborateurs). Nous avons ainsi les données suivantes :

- Milieu ouvrier : 35,5 %
- Employé : 9,2 %
- Artisan, commerçant, exploitant : 35,6 %
- Cadre moyen : 7,9 %
- Profession libérale / Cadre supérieur : 8,5 %
- Autres : 3,3 %

Nous retiendrons d'une façon évidente la prédominance dans notre population d'enfants asthmatiques des milieux employé et milieu professionnel dit moyen (cadre moyen, militaire, police et divers : 37 %).

Chez ces enfants présentant tous un asthme sévère, traité en général depuis plusieurs années et consultant pour un bilan psychosomatique en raison de leur évolution difficile sous traitement, nous constatons d'abord la très grande fréquence des dysharmonies et conflits parentaux ou familiaux. C'est davantage l'existence des dysharmonies graves, tantôt relationnelles, tantôt personnelles avec perturbations des personnalités et pathologie mentale. Mais la dissociation du lien conjugal est aussi d'une extrême fréquence. Les pourcentages nous paraissent très significatifs en comparaison des chiffres concernant la population générale (si nous admettons la base de 15-20 % de divorces). Car les dysharmonies familiales sont extrêmement fréquentes dans notre population d'enfants asthmatiques d'évolution sévère où nous voyons la maladie modulée par les perturbations et les conflits de la famille et de l'enfant. La présence de la mort des liens affectifs (deuils et divorces) est une circonstance fréquente (23 %) toujours aggravante, interférant sur l'évolution des troubles somatiques et des pertubations de la personnalité.

Et, dans cette optique, nous nous sommes intéressés à préciser quelques différences en fonction de la situation thérapeutique et existentielle de l'enfant. Nous avons cherché à savoir s'il existe quelques différences psychosociologiques entre une population d'enfants hospitalisés (pour une aggravation de leur état ou des troubles rebelles en milieu familial) et une population d'enfants examinés et suivis de façon ambulatoire (atteinte psychosomatique modérée, mais difficile à traiter). Certaines données sont différentes, d'autres ne sont pas significatives. Il existe beaucoup plus de conflits aigus et de pathologie parentale sévère dans la famille des enfants hospitalisés; de même les situations de divorce et de séparation, ainsi que la mort d'un grand frère ou d'une petite sœur (11 sur 245).

L'étude des milieux sociologiques nous fait retenir quelques points: plus grande fréquence des enfants de milieu ouvrier présentant un asthme sévère nécessitant une hospitalisation; moins grande fréquence chez les enfants de cadre moyen. Mais il n'existe pas de différence de pourcentage dans les milieux d'employé et d'artisan commerçant. Ces données n'ont en fait qu'un intérêt très limité et ne doivent être considérées que pour ce qu'elles veulent dire. Mais il est important cependant de noter l'événement de l'hospitalisation en lui-même. L'hospitalisation de l'enfant est un phénomène déterminé par de nombreux facteurs de nature très différente parfois et de toute façon très hétérogènes. Elle représente néanmoins pour chaque enfant une expérience unique; elle est en général et dans la plupart des cas de notre population un signe de gravité de la maladie (sauf chez quelques-uns de nos enfants). Les enfants hospitalisés pour un asthme sévère vivent effectivement des pertubations familiales et conjugales plus sérieuses et parfois aussi, nous le verrons plus loin, un retard scolaire plus accentué. Mais on ne saurait retenir de différences fondamentales en fonction des milieux. Aussi les données que nous citons en annexe à ce niveau de notre recherche sont-elles à relativiser et à fortement pondérer.

Situation familiale

	Asthme simple		Asthme sévère		Total	
Situation parentale normale	18	31 %	62	33 %	80	32,5 %
Dysharmonie conjugale et familiale	22	38 %	70	37 %	92	37,5 %
Conflit parental aigu avec ou sans pathologie	4	7 %	13	7 %	17	7 %
Séparation, divorce	6	10,5 %	27	14,5 %	33	13,5 %
Mort d'un des parents	3	5 %	8	4,25 %	11	5 %
Pathologie parentale sévère (mentale et physique)	5	8,5 %	7	3,75 %	12	5 %
	58		187		245	

Notons à titre indicatif			
Association d'un conflit aigu et de pathologie sévère	1	19	20
Mort d'un frère ou d'une sœur	0	11	11

Milieux socio-professionnels

	Asthme simple	Asthme sévère
Milieu ouvrier	13 %	21 %
Employé	34 %	31 %
Artisan, commerçant exploitant	13 %	8 %
Cadre moyen	17 %	6 %
Militaire, police	12 %	10 %
Divers	11 %	22,5 %
Forains	0	1,5 %

Ces chiffres sont éloquents par eux-mêmes, et illustrent bien la nécessité de rechercher constamment les dimensions psychologiques, dans l'axe des recherches soulignées par P. Freour à propos de l'évolution des idées sur cette maladie.

c) *Le niveau intellectuel des enfants*

Sur cette population de 250 enfants, nous avons étudié le niveau intellectuel de 90 d'entre eux. Les tests d'intelligence ont été, en effet, pratiqués systématiquement dans un tiers des cas. Ils sont souvent effectués lorsque la clinique pose un problème particulier; et les enfants examinés en consultation externe font l'objet de ces tests dans une proportion encore très inférieure. Sur 90 enfants présentant un asthme sévère nécessitant une hospitalisation, de 6 à 16 ans, nous relevons les quotients intellectuels globaux suivants:

- Q.I. inférieur à 65   4   4,5 %
- Q.I. entre 60 et 80   17   18 %
- Normaux faibles 80 à 90   8   9 %
- Normaux moyens 90 à 110   44   48 %
- Normaux forts 110 à 120   13   15 %
- Normaux supérieurs 120 à 130 4   4,5 %

Les jeunes enfants, entre 2 et 6 ans, n'ont pas fait l'objet d'une évaluation par tests psychologiques:
- 2 ans: 1
- 3 ans: 5 (4 garçons, 1 fille)
- 4 ans: 2
- 5 ans: 12
- 6 ans: 2

Mais nous avons évalué sur 187 enfants (hospitalisés), la gravité des troubles psychomoteurs et du langage, en ne retenant que les perturbations intenses:
- Retard psychomoteur grave: 10 cas
- Troubles dysorthographiques
  ou dyscalculiques: 25 cas

Le retard scolaire est une donnée clinique capitale. Mais il est très important de le noter, la signification du niveau scolaire et des retards de scolarité est très différente selon le quotient intellectuel. Dans notre population, compte tenu du niveau moyen des quotients intellectuels, le retard scolaire correspond davantage à une perturbation dynamique de causes exogènes ou endogènes (troubles affectifs, maladie, absentéisme, etc...) qu'à un trouble primaire du développement intellectuel. Nous relevons les tendances suivantes sur 220 cas d'enfants en scolarité primaire:
- Niveau scolaire normal: 82   44 %
- Retard scolaire:
  1 an   67   34 %

2 ans	50	22 %
3 ans	13	6,5 %
4 ans	1	0,5 %
- Enfant surdoué	7	3 %

En considérant la totalité des enfants en scolarité primaire et secondaire, nous avons les données suivantes :

Niveau scolaire

| | Asthme simple | Asthme sévère | | Total |
		garçons	filles	moyen
Niveau normal	47 %	29 %	44 %	34 %
Retard scolaire				
1 an	23 %	37 %	38 %	33 %
2 ans	20 %	27 %	16 %	23 %
3 ans	3 %	9 %	2 %	7 %
4 ans	0 %	1 %	0 %	0,50 %
Enfant surdoué	7 %	3 %	0 %	2,50 %

Nous voudrions noter là que sur les 215 cas étudiés par le dossier informatisé réalisé à la Clinique de Pneumo-Phtisiologie, 30 enfants ont été inventoriés, on retrouve :

- Niveau normal :   60 %
- Retard scolaire :   33,30 %
- Classe d'adaptation : 3,30 %
- Avance scolaire :   6,70 %

La majorité de ces enfants vivent hors de leur établissement scolaire :
- Externat :   48,30 %
(70 % en scolarité primaire)
- Semi-internat :   44,80 %
- Internat :   6,90 %

Nous remarquons donc une concordance entre ces chiffres, dans la population totale (tableau n° 8), comme dans la population d'enfants en scolarité primaire (tableau n° 7). Nous pouvons aussi les comparer à ceux de l'étude épidémiologique plus large réalisée par J. Tessier (publiée au Colloque de Saint-Maximim en 1979) :

- Etude d'une population de 1.700 enfants de quartier à bas niveau socio-économique (étude des effets de la pollution atmosphérique, sur l'absentéisme de cause respiratoire).

- Etude d'une population de 1.950 enfants en établissements primaires, dans une banlieue résidentielle.
- Etude d'une population de 188 enfants asthmatiques passés par le service de Clinique de Pneumo-Phtisiologie de Bordeaux.
- Enquête effectuée auprès des médecins directeurs de 16 établissements spécialisés pour enfants asthmatiques en France. Elle permit de rassembler des informations sur 850 enfants asthmatiques : nous en retiendrons les conclusions selon deux axes :
- à classe sociale égale, l'importance du retard scolaire est fonction de la gravité de l'asthme (différence significative à 01);
- le retard est plus grand dans les formes graves (type IV) et chez les enfants hospitalisés ou confiés à un établissement sanitaire spécialisé (plus de deux ans de retard dans un tiers des cas).

Retard scolaire dans les populations étudiées

	Population témoin (Académie de Bordeaux 1976-1977)	Enquête Bordeaux	Clinique de Pneumophtisiologie Bordeaux	Établissements spécialisés
Pas de retard	8.006 (71 %)	Av. 9 (6,4 %) N. 103 (86 %)	31 (37 %)	288 (34 %)
1 an de retard	2.095 (19 %)	8 (7,6 %)	36 (43 %)	281 (33 %)
2 ans de retard	377 (3 %)	—	12 (14 %)	188 (22 %)
3 ans de retard	48 (0,6 %)	—	5 (6 %)	62 (7 %)
> 3 ans de retard	12 (0,4 %)	—		37 (4 %)
Classes de transition ou perfectionnement	687 (6 %)	—	—	?
Ensemble des enfants	11.125 (100 %)	120 (100 %)	84 (100 %)	856 (100 %)

Le retard scolaire chez les enfants placés en établissement spécialisé selon la gravité de l'asthme

Gravité de l'asthme	I	II	III	IV	TOTAL
Pas de retard	49	75	108	56	288
1 an de retard	57	58	122	44	281
2 ans de retard	21	54	83	30	188
3 ans de retard	6	15	30	11	62
> 3 ans de retard	3	6	12	16	37
TOTAL	136	208	355	157	856

Nous relevons quelques points particuliers à notre population :

- La rareté des enfants surdoués (3 %) contrairement à ce qu'on disait à une certaine époque de l'enfant asthmatique.

- L'importance des retards scolaires de 1 à 2 ans (56 %) susceptibles d'entraîner des conséquences graves en raison même de leur association à des troubles affectifs et somatiques sévères. Ils sont nettement plus fréquents chez les enfants qui ont besoin d'une hospitalisation.

- Les très grands retards scolaires survenant chez les enfants hospitalisés pour maladie grave.

- Il existe plus de filles de niveau scolaire normal ou de un an de retard; les retards scolaires de deux, trois et même quatre ans sont plus fréquents chez les garçons que chez les filles. C'est là un fait que nous ne ferons que souligner.

Il est intéressant de comparer ces fréquences de retard scolaire dans l'asthme au pourcentage de retards scolaires de la population générale et à leur fréquence étudiée dans une population d'enfant asthmatiques placés en institution sanitaire.

Dans l'enquête effectuée auprès des établissements de cure, J. Tessier synthétise les données en insistant sur la convergence des faits. Nous en retiendrons un exemple. Dans un de ces établissements étudiés, sur 82 enfants considérés, 28 % ont un retard scolaire de 1 an; 29,2 % de 2 ans; 13,4 % de 3 ans; 10,9 % de 4 ans et plus (8,5 % seulement sont de niveau normal). Le retard moyen par enfant est de 1,48 et il est d'autant plus important que l'enfant est âgé. Ce retard moyen serait d'autant plus grand que la maladie asthmatique est intense. S'il est difficile de tirer des conclusions scientifiques de ces faits, il n'est pas indifférent de constater que plus de la moitié des enfants considérés ont un et deux ans de retard.

L'asthme n'est certes pas le seul facteur déterminant, car il existe souvent beaucoup d'autres éléments (structurel, intellectuel, social, etc...). Mais il semble que dans cette population considérée, le retard scolaire s'instaure au début de la scolarité : un enfant qui franchit normalement l'étape du Cours Préparatoire a plus de chance de pouvoir minimiser les effets de la maladie dans ce domaine, remarque un pédagogue d'un de ces établissements.

Il reste tout de même intéressant de pouvoir comparer ces faits aux statistiques globales, régionales ou nationales. (Cfr. le tableau concernant l'Académie de Bordeaux pour l'année 1976-1977).

L'analyse des aspects quantitatifs du retard scolaire permet de mettre en évidence les difficultés et les disparités d'une telle étude. L'une d'elles fut réalisée à partir d'une évaluation du Service Central des Statistiques et de la Conjoncture du Ministère de l'Education Nationale. Elle considère des effectifs à chaque niveau scolaire, répartis selon les années de naissance et elle exige de reconstruire à partir d'hypothèses le cursus scolaire; on retient quelques données comparatives : 24 % des garçons et 30 % des filles franchissent la scolarité élémentaire sans redoublement en cinq ans. Sur le plan national, pour l'année 1963-1964 on relève en CM2 : 17 % d'enfants de deux ans de retard et plus, 34 % de un an, 41 % sont de niveau normal (52).

Selon Stambak et Vial, les statistiques du Ministère de l'Education Nationale montrent que plus de 50 % des enfants ne parcourent pas la scolarité primaire en cinq ans. En 1969-1970, en CM2, 46,02 % des enfants avaient un, deux, trois ou quatre ans de retard (sans tenir compte des classes spéciales), 60 % des enfants redoublent au moins une fois pendant leur scolarité élémentaire et un enfant sur trois redouble le cours préparatoire; beaucoup d'entre eux rentrent en CE1 sans avoir leur niveau de lecture valable et correspondant aux exigences de cette classe (2, 207). Dans notre population d'enfants asthmatiques, nous constatons que 63 % des enfants ont un, deux, trois et quatre ans de retard, mais il s'agit d'enfants suivant des classes différentes. Néanmoins, nous pouvons retenir tout de même que le pourcentage d'enfants asthmatiques retardés sur le plan scolaire est plus important que le pourcentage moyen des retards scolaires. Dans leur approximation et leur relativité, ces données sont à prendre en considération.

Mais l'incidence du retard scolaire est ici plus forte que dans l'ensemble de la population infantile.

De multiples facteurs étiologiques peuvent être retenus dans le déterminisme de ce retard scolaire: l'absentéisme scolaire, lié à l'évolution de la maladie, les difficultés affectives et la dynamique relationnelle avec les parents et les adultes, les troubles perceptifs primaires d'ordre affectivo-cognitif viennent perturber l'assimilation des premières relations et des premiers apprentissages.

Nous aurons en effet à discuter le rôle respectif de ces perturbations chez l'enfant asthmatique.

d) La place dans la fratrie

La fréquence et la répétition de certaines données relationnelles au sein des familles d'asthmatique nous ont amené à considérer la place de l'enfant dans la fratrie. Nous n'avons pu retenir pour cette étude qu'une population de 130 enfants. Certaines situations sont à retenir d'emblée.

- Ainé .... 34 .... 26 %
- Second .... 39 .... 30 %
- Dernier .... 16 .... 12 %
- Enfant unique .... 5 (filles)
- Filiation complexe et dramatique .... 3 (filles)
- Famille nombreuse de 4 enfants et plus .... 47 .... 36 %

Nous avons les données suivantes selon le sexe:

	Garçons	Filles	Total
Ainé	20	14	34
Second	27	12	39
Troisième	15	5	20
Quatrième	15	1	16
Cinquième	5	1	6
Sixième	3	0	3
Septième	2	0	2
Huitième	1	0	1
Neuvième	1	0	1
Enfant unique et filiation complexe	0	8	8

L'ensemble de ces chiffres appellent un certain nombre de commentaires intéressants, quelle que soit leur valeur relative.

L'enfant malade est souvent l'aîné ou le second dans ces familles où le nombre moyen d'enfants est d'ailleurs sensiblement supérieur à la moyenne des familles françaises. Cette notion rejoint ce que nous savons de l'enfant asthmatique protégé, trop sollicité et survalorisé.

Il existe peu d'enfant unique dans cette série représentant plus de la moitié de notre population considérée.

Les familles nombreuses sont fréquentes : 36 % ont plus de quatre enfants et trois familles sont de neuf enfants. La place du dernier dans la fratrie est à considérer ; il s'agit le plus souvent dans nos 16 cas de garçons, naissant après trois ou quatre frères et sœurs, cinq ou six ans après ; il s'agit le plus souvent du « petit dernier » choyé par des grandes sœurs ou vivant seul à la maison, quand les grands frères font leur apprentissage ou leurs études.

Chez l'enfant asthmatique, nous retenons donc essentiellement :

- L'importance des perturbations affectives dans le couple conjugal et la famille.

- La prépondérance de certains milieux sociaux dans notre population considérée, avec, par ordre de fréquence : milieu employé, ouvrier, urbain, cadre moyen, fonctionnaire et militaire ; nous ne retiendrons de ces éléments cette seule constatation, car les conditions professionnelles de la mère n'apparaissent pas dans ces chiffres ; nous pouvons les évaluer à une faible fréquence, en raison même de la prépondérance des milieux moyens et de la relative fréquence des familles nombreuses (35 %).

- La très grande prépondérance des niveaux intellectuels moyens et bons même dans la population d'enfants hospitalisés pour une affection grave. Les niveaux intellectuels sont dans l'ensemble assez bons ; sur ces 250 enfants on retrouve peu de débilité intellectuelle.

- La grande fréquence des retards scolaires de une et deux années et des perturbations structurales concomitantes : troubles du langage de diverses formes dont nous n'avons retenu que les perturbations massives (plus de 50 % de retard scolaire de un et deux ans).

- Enfin, nous retiendrons également la fréquence de la réalité de la mort dans l'existence de l'enfant. Quelle que soit la grandeur de la famille, il semble que la place d'aîné et de second corresponde à une certaine situation de fragilisation affective.

D'un point de vue général, nous développerons un certain nombre de données psychologiques essentielles; nous pourrons les comparer aux caractéristiques d'une population d'enfants présentant des troubles affectifs par carence affectivo-sociale ou selon un étiopathogénie plus complexe (enfants névrotiques et pré-psychotiques). Il nous paraît aussi intéressant de comparer les différentes modalités réactionnelles de l'enfant à la frustration dans la névrose, la maladie psychosomatique ou les carences sociales.

Mais au-delà des chiffres souvent éloquents nous avons à considérer les manifestations cliniques de ces perturbations psychosociales. Elles sont en effet l'expression relationnelle des troubles des personnalités et des structures; et elles nous permettent ainsi d'approfondir notre cheminement vers l'essentiel des perturbations de l'unité psychosomatique de l'individu.

C. L'étude clinique des personnalités

Dans l'asthme, il n'existe pas de personnalités spécifiques, ni chez l'enfant ni chez ses parents. Notre expérience nous permet de l'affirmer. De nombreux auteurs l'ont également précisé. La spécificité se situe à un autre niveau et reste d'ordre structural.

Les expressions cliniques les plus manifestes sont celles que nous avons développées plus haut et nous ne ferons que les situer de nouveau pour en admettre la fréquence dans notre expérience :

- L'inhibition de l'expression de l'enfant (dans ses aspects relationnels) : il est souvent incapable de se confier.

- Les perturbations de la relation individuelle dans une attitude de dépendance conformiste en liaison avec des perturbations profondes de l'autonomie : recherche d'une attitude d'indépendance artificielle chez l'adolescent, en liaison avec ses profondes difficultés à être lui-même.

- Les perturbations des relations parentales, dans un cycle de travestissement des attitudes, d'agressivité, d'anxiété, d'hyperprotection et de culpabilité où règnent l'ambivalence et la surcompensation.

Mais nous trouvons préférable de nous intéresser tout particulièrement à certains types cliniques qui nous ont paru les plus fréquents et les plus caractéristiques.

a) Les types cliniques de l'enfant asthmatique:

- *L'enfant passif, soumis,* qui réussit très moyennement à l'école et qui n'ose s'affirmer en famille. Il vit dans son univers où l'inhibition réelle est masquée par un certain conformisme qui le rend tranquille, docile, gentil, serviable et sociable.

- *L'enfant sage et calme,* dont l'évolution s'effectue avec une certaine harmonie. Il n'en possède pas moins une relation défensive et réservée; il réussit bien en classe et sait aménager ses désirs, son angoisse et ses réalités.

- *L'enfant affectif, hypersensible, vibrant à toutes les sollicitations affectives et esthétiques.* La susceptibilité relationnelle est pondérée par le refuge dans le monde intérieur, artistique ou littéraire. Il lit beaucoup, sait s'émerveiller d'un univers sensible qu'il recherche; il réussit moyennement en classe; il s'agit souvent de garçons; et ce type peut contraster volontiers avec la rusticité d'un milieu familial pragmatique.

- *L'enfant apathique, opposant passif, traînant sa sensibilité au milieu d'une passivité résistante aux sollicitations de tous ordres.* Il s'accorde à tous les milieux et à toutes les personnes; toujours consentant à tout; ses promesses se noient dans ses velléités. Il accumule le retard scolaire; ses relations de camaraderie sont en général satisfaisantes et superficielles; il est souvent une énigme pour ses parents.

- *L'enfant hyperadapté, adultisé intellectuellement,* conscient de ses capacités relationnelles et conceptuelles; conscient de l'estime dont il jouit auprès de ses parents avec lesquels il vit des relations ambivalentes de complicité et d'agressivité, dans une dynamique de rivalité. C'est souvent une fille.

- *L'enfant anxieux.* Ce type est fréquent, il manifeste une caractéristique fondamentale de l'enfant asthmatique, présente de façon travestie la plupart du temps chez les autres types considérés plus haut. Mais ici l'angoisse jaillit cliniquement et reste plus expressive:
- l'angoisse-inhibition;
- l'angoisse-émotivité;
- l'angoisse-tourment, vécue profondément au milieu d'une vie intérieure riche et bouleversée, comme chez cet enfant désirant «*une famille interminable pour que la mort n'existe pas*» selon ses propres termes;
- l'angoisse-destructuration, chez les tout-petits: la dévitalisation s'associe à un imaginaire fantasmatique et terrifiant où «tout est cassé».

Nous reviendrons plus profondément sur ces réalités cliniques fondamentales.

- *L'enfant instable, turbulent, agité, curieux, affectif, revendiquant, agréable et câlin.* C'est souvent un enfant de cinq, six ans. Les parents minimisent la demande affective et le monde intérieur de l'enfant chez lequel s'associent phobie, peur, et carences affectives travesties.

- *L'enfant caractériel au sens classique du terme :*
- soit avec une instabilité psychomotrice et une agitation plus ou moins incontrôlée, avec impulsivité affective et comportementale;
- soit avec une agressivité, consciemment provoquante.

- *L'enfant inadapté, au sens habituel du terme.* Dans notre population, et en général, ce type est peu fréquent. Il existe des troubles associés du comportement, du langage, de l'intelligence, de la scolarité, etc... L'association avec l'épilepsie (cinq cas dans notre expérience) pose des problèmes théoriques complexes.

Il convient de noter dès maintenant la notion de balancement clinique chez l'enfant. Un regard sur une population d'enfants inadaptés, placés en Centre de Rééducation pour troubles névrotiques graves ou pré-psychotiques nous a révélé la fréquence des antécédents d'asthme et de maladies allergiques dans la petite enfance et disparues au moment de l'aggravation des troubles psychopathologiques.

Cette observation qualitative et clinique nous paraît intéressante à relever.

Quoi qu'il en soit de ce type clinique, chez tous ces enfants, nous pouvons de toute façon noter dès maintenant quelques caractères communs :
- l'affectivité est perturbée dans le sens d'une intense demande affective;
- l'agressivité s'exprime en demi-teinte et par des voies dérivées;
- l'imaginaire est présent dans l'univers de l'enfant; il structure la sensibilité de l'enfant; mais il ne sait pas toujours passer du virtuel au réel; il ne sait pas toujours se faire entendre du monde ambiant et même parfois de l'enfant lui-même;
- l'anxiété est pratiquement toujours intense, tantôt vive et libre, le plus souvent, nous l'avons vu, incluse dans beaucoup d'autres symptômes.

b) Les types cliniques du père

Longtemps minimisé, le rôle du père apparaît maintenant l'élément déterminant dans les troubles de la relation entre la mère et l'enfant. C'est une notion sur laquelle nous voulons beaucoup insister car elle nous paraît être, dans notre expérience, primordiale. C'est elle qui conditionne la relation de la mère avec son enfant, à laquelle nous pensons qu'il est insuffisant de s'arrêter. Et nous remarquons que des études de Rorschach ont effectivement montré que les relations père-enfant semblent plus souvent perturbées que les relations mère-enfant (M. Becat) (159).

Dans notre population, les perturbations des personnalités du père sont fréquentes et très importantes, dans 105 cas sur 187 enfants hospitalisés, soit 59 %.

Nous rencontrons par groupe de fréquence (les chiffres indiqués correspondent uniquement à la situation familiale des enfants hospitalisés) :

- *Père absent dans sa présence* : soit lointain, se désintéressant de la vie affective familiale, soit replié sur lui-même, soit effacé et faible (10 %).

- *Père démissif* : soit passif, soit par hyperactivité professionnelle (28 %).

- *Père neutre* : incapable d'exprimer son affectivité ou franchement inaffectueux dans sa relation avec l'enfant et l'épouse. Père inexistant (comme dans le cas de cet enfant dessinant son père dans un cadre accroché au mur) (10 %).

- *Père anxieux*, vivant l'existence dans ces modalités d'insatisfaction et d'infériorité; les traits obsessionnels prédominent souvent et entraînent une véritable tyrannie familiale et conjugale, avec l'obsession anxieuse de la réussite pour lui-même et ses enfants (8 %).

- *Père dépressif ou franchement névrosé* avec les implications profondes si connues dans la vie du couple (6 %).

- *Père malade du point de vue somatique* : maladie chronique, invalidante, maladies psychosomatiques (lombalgie notamment), asthénie psychosomatique, asthme invalidant (4 cas) (8 %).

- *Père à dominante psychopathique*, avec structure de personnalité caractérielle ou instable, avec l'association d'éthylisme (10 %).

- *Père disparu*, en général abandon du domicile conjugal, souvent sans contact, depuis sa disparition, avec ses enfants (5 %).

- *Père autoritaire*, agressif dans l'existence et dans le couple, hyperprotecteur ou dominateur vis-à-vis de l'enfant (10 %). Ce type est relativement fréquent en général mais n'engendre une dysharmonie familiale et conjugale que dans les formes excessives de ses manifestations caractérielles.

Moins fréquentes nous sont apparues certaines autres situations :
- Mort du père (3 %).
- Liaison extra-conjugale pendant la vie conjugale (2 %).

Nous ne plaçons pas ici les situations de divorce et de séparation dont la fréquence est incontestablement plus forte et relève des perturbations de la dynamique conjugale autant que de celles des personnalités.

Dans l'ensemble, les perturbations paternelles sont excessivement fréquentes et rejoignent la fréquence des perturbations globales familiales de notre population. En fait ces types cliniques de personnalité du père se rencontrent chez la plupart des enfants asthmatiques, quelle que soit l'importance des troubles somatiques. C'est une notion que nous développerons dans notre étude structurale de l'organisation psychosomatique, car elle nous est apparue à ce niveau extrêmement prégnante.

c) Les types cliniques de la mère

Ils ont été étudiés depuis longtemps, mais dans une première phase historique, ils ont été considérés comme spécifiques. En réalité, ils ne comportent pas ces caractéristiques spécifiques qu'on a trop souvent voulu introduire dans des schémas rigides et systématiques. Notre expérience nous fait distinguer essentiellement les types principaux les plus fréquents parmi les dysharmonies psychologiques personnelles. Celles-ci sont souvent en relation avec la personnalité du père dont le rôle social et affectif dans le couple est manifestement pathogène de façon primaire, pour la mère et pour les enfants.

- *La mère anxieuse :* C'est le type le plus fréquent. C'est la mère anxieuse et soucieuse, fragilisée directement par la maladie de son enfant, la vie difficile qu'entraîne l'asthme. Mais c'est aussi le cas où il a existé chez l'enfant asthmatique des troubles précoces du développement, du comportement et de l'expression instinctivo-affective (troubles précoces de l'alimentation, du sommeil, vomissements précoces, refus du biberon, etc...). C'est la mère anxieuse chez laquelle l'anxiété reste constitutive de la personnalité et antérieure à l'apparition de l'asthme de l'enfant (15 % dans notre population d'enfants hospitalisés).

- *La mère dépressive:* Les phases dépressives sont soit primaires, chez les mères de petits enfants dont l'asthme se décompense brutalement; ou bien les périodes dysthymiques sont plus secondaires à la maladie de l'enfant; dans les deux cas, les troubles dépressifs sont de nature structurale chez la mère, et l'hyperprotection de l'enfant devient bien pathogène (10 %).

- *La mère dysharmonique:* Nous préférons ce terme pour caractériser les troubles très nuancés de l'affectivité de ces mères qui vivent leurs relations avec leurs enfants dans une ambivalence déconcertante pour lui.

- *Mère captative et envoûtante*, enserrant ses enfants dans une position affective dominatrice, cherchant à tout saisir de l'univers affectif et imaginaire de ses enfants, et plus particulièrement de l'un deux: il faut qu'«elle sache tout» des désirs de son enfant.

- *Mère autoritaire:* Mère rigide chez laquelle ici l'intelligence et la rigidité envahissent l'affectivité. C'est chez ce type clinique et chez le précédent que nous constatons des comportements conscients et inconscients visant à néantiser son enfant pour le dominer et le posséder totalement. C'est le type le plus pathogène et fort fréquent dans la constellation familiale d'un enfant asthmatique (8 % + 10 %, soit 18 %) dans notre population hospitalisée.

- *Mère névrotique:* Ce type est à distinguer du précédent, car il correspond à des structures plus habituellement rencontrées dans la population courante. Il peut exister des phases dépressives intercurrentes dans l'existence de ces mères. L'hystérie est fréquente, les comportements phobiques également. La conscience aiguë et nuancée des troubles affectifs tempère le caractère pathogène et les attitudes éducatives sont moins directement pathogènes que dans le type précédent. La coopération dans la thérapeutique psychologique de l'enfant — ou dans une psychothérapie personnelle — est un élément à retenir (8 %).

- *La mère pathologique agressive*, relevant d'une psychopathologie caractérielle évidente et grave; c'est la mère agressive «cherchant à détruire» la personnalité de son enfant par égocentrisme mais surtout par narcissisme hypertrophié, dans une recherche intense et inassouvie de sa propre image dans toutes les attitudes de son enfant (3 %).

Nous voyons que l'anxiété et l'agressivité sont d'une fréquence très forte, quelles que soient leurs expressions cliniques. Et souvent ces deux traits sont associés, mais la mère agressive et rejetante, type décrit classiquement comme fréquent et caractéristique, nous a toujours apparu, dès le début de notre expérience et plus encore maintenant, comme beaucoup plus rare qu'on a voulu le décrire. Nous constatons souvent l'alternance d'hyperprotection et d'agressivité, où l'affectivité apparaît très contradictoire et très douloureusement pathogène pour l'enfant. Sa fréquence est nettement plus forte que dans la population et dans d'autres formes de psychopathologie de l'enfant.

En fait, nous voyons l'agressivité et l'anxiété souvent associées; l'anxiété vient déterminer le rejet et l'hyperprotection. Nous constatons de toute façon beaucoup moins d'attitude de rejet franc et conscient que dans d'autres troubles psychopathologiques de l'enfant. Nous aurons l'occasion de le préciser à partir de notre étude structurelle comparative.

Quant à d'autres types cliniques, ils sont à relever qualitativement, mais sont manifestement beaucoup moins fréquents.

- La mère dépassée est relativement rare, la mère agitée et instable également; la mère fuyante et réticente peut se rencontrer, mais reste très rare; de même l'éthylisme et les liaisons extra-conjugales dans le cadre d'une vie conjugale stable, et en ne considérant pas ici les problèmes de séparation et de divorce plus fréquents et plus pathogènes encore. Nous l'avons vu, la mère malade est plus rare que dans les types paternels. Parfois elle est asthmatique, bien entendu. La mère célibataire se rencontre dans 3 % de notre population d'enfants hospitalisés. L'absence de la mère, morte ou disparue, est à relever dans 7 cas sur 250.

- Enfin la mère coopérante et affectueuse, d'une façon équilibrée et structurante existe; mais dans notre population d'enfants gravement atteints de perturbations où l'unité psychosomatique est en jeu, elle est plus rare que dans la population générale. Quand elle existe, il s'y associe souvent des perturbations familiales socio-économiques ou des maladies physiques du père, ou quelques troubles relationnels conjugaux qui rendent compte de la fréquence des perturbations affectives soulignées tout au long de cette étude.

Car en fait, devant ces aspects cliniques, nous avons à nous demander si véritablement tous ces faits sont spécifiques de l'asthme. L'étude de la dynamique familiale et des processus psychosomatiques nous permettra de mieux spécifier le rôle de ces constatations cliniques.

D. La dynamique des relations familiales entre parents et enfant

C'est en effet l'étude de la dynamique des relations familiales qui peut nous permettre de mieux comprendre certains points d'articulation psychosomatique et structurelle.

Nous considérerons successivement :
- la dynamique du couple parental;
- le discours familial;
- la dynamique affective entre parents et enfants.

a) La dynamique du couple parental

Il existe très souvent quelques caractéristiques précises et distinctes, au niveau du couple parental. Nous ne noterons que les aspects les plus intéressants, tant est fréquente dans la population générale la diversité des relations et dysharmonies minimes. Nous relevons tout de même que dans 33 % notre population présente une situation conjugale et familiale correcte et non pathologique. Nous relevons aussi :

- *Le couple anxieux, compensé*; il compense sa profonde inquiétude structurelle ou réactionnelle, ainsi que ses problèmes existentiels par une hypertrophie de son affectivité.

- *Le couple cyclothymique*, chez lequel alternent les troubles de l'humeur de l'homme et de la femme. Les perturbations caractérielles mineures se situent dans ce contexte.

- *Le couple dysharmonique* où la femme est dominatrice et l'homme passif, dépendant ou encore absent. C'est une situation familiale relativement fréquente dans notre expérience et en tout cas très significative dans le développement structurel et les processus d'identification de l'enfant : l'enfant se trouve alors dans l'angoisse de l'incohérence.

- *Le couple névrotique*, avec ses formes diverses, plus rare. Nous en rapprocherons le couple sado-masochiste, classique, plus pathologique et nettement plus rare.

- *Le couple caractériel*, vivant ses relations dans une dominante agressive ambivalente, mais générateur d'angoisse et de repliement chez beaucoup d'enfants.

- *Le couple conflictuel*, dont la fréquence est à noter dans notre expérience, en raison même de toutes les conséquences pathogènes.

- *Le couple dissocié*, soit de fait, avec toutes les perturbations affectives dramatiques qu'il entraîne sur l'organisation psychosomatique et les processus de déstructuration, soit dans les mentalités, avec les conflits habituels et les insatisfactions permanentes. L'enfant vit l'angoisse de déstructuration au travers de la dissociation conjugale.

b) Le discours familial

L'importance de la résonance affective entre les sentiments et les comportements d'une part, et la pathologie psychosomatique d'autre part, n'est plus à souligner. Elle se comprend dans le processus d'intégration des perceptions affectives et sensibles, tout au long de la petite enfance; car les troubles de l'unité psychosomatique sont souvent l'expression de la dysharmonie perceptive de l'enfant par rapport à son milieu affectif ambiant.

Nous avons dans cet esprit, cherché s'il existait dans le discours familial quelques traits communs aux familles d'asthmatiques, en nous intéressant au langage parlé et agi, au discours en paroles et en actes. Nous distinguerons cette perspective de ce que peut nous apporter le dessin chez l'enfant asthmatique; il est langage traduisant une projection personnelle et procède d'un domaine différent dans la mesure où il ne traduit pas toujours la réalité ambiante, mais beaucoup plus souvent l'imaginaire, quelles qu'en soient les caractéristiques.

Nous pouvons noter quelques thèmes prédominants dans le discours et le vécu des familles:

- L'argent et la signification de sa quête.

- La réussite personnelle, matérielle et sociale du père, de la mère et ses incidences sur le projet des parents sur l'enfant.

- Le corps en tant que réalité corporelle saine; il n'est nullement étonnant de retrouver dans le désir familial cette préoccupation interrogeant au plus profond de soi-même l'être de chacun.

- Le développement harmonieux du corps.

- Le sport.

- L'élégance (pour la mère mais aussi pour le père).

- La prestance (pour le couple et aussi pour le père).

Ces comportements induisent un langage sur ces thèmes et des aspirations où le narcissisme est très développé, ainsi que le désir de paraître, ou même de dominer.

- L'intelligence, et les activités intellectuelles sont un thème très valorisé, alors que les valeurs de l'affectivité et de l'imagination sont restreintes ou minimisées. La sexualité est intégrée et relativisée chez de tels parents. Elle n'apparaît pas le centre de préoccupations intenses, comme on peut le rencontrer dans des situations névrotiques.

- La santé enfin est un thème envahissant le discours familial (médicaments, prévention, hygiène, conseils multiples, rites, etc...). Mais comment en serait-il autrement?
- Les relations sociales ont une place beaucoup moins grande.
- Le discours adultisant entre l'enfant et ses parents est une attitude extrêmement fréquente. Les parents ont des relations d'adulte avec leur enfant; celles-ci correspondent à des désirs inconscients de séduction de leur enfant et de négation du sentiment de fragilité vécue du petit enfant. Il est en effet le miroir de l'essence de leur fragilité qu'ils refusent en eux-mêmes, en désirant leur enfant adulte et rassuré.

c) La dynamique affective entre parents et enfants

Cette dynamique est l'élément essentiel capable d'interférer sur toute l'évolution psychoaffective et psychosomatique de l'enfant, dès son plus jeune âge, avant même l'apparition de l'asthme. Cette réalité ne préjuge pas de la conception pathogénique des troubles psychosomatiques. Elle est une constatation phénoménale essentielle.

Nous retiendrons trois aspects fondamentaux de cette dynamique qui rencontrent d'ailleurs certaines études réalisées sur la communication familiale, notamment par les Anglo-Saxons (12).

• *Les relations affectives contradictoires des parents*

Elles viennent perturber de façon considérable l'équilibre psychosomatique de l'enfant, en créant des traumatismes affectifs constants et insécurisants, dans un climat d'anxiété larvée ou manifeste, générateur de désarroi longtemps inexprimé. Le petit enfant, dès trois, quatre ans et plus encore vers six ans, vit toutes ces réalités dans une angoisse qu'il exprime davantage à ces âges du point de vue psychopathologique, alors qu'il en souffre inconsciemment dans son unité psychosomatique dès les premiers mois de sa vie.

- Rejet et hyperprotection.
- Attitude d'hyperaffectivité ou d'autoritarisme cassant et lointain, voire même détaché.
- Attitude apparente d'hyperadaptation affectée des parents et désadaptation complète de la vie familiale interne.

• *Les relations affectives ambivalentes*

Nous les distinguons des précédentes, comme il est d'usage, dans le mesure où elles sont caractérisées par la simultanéité de deux sentiments contradictoires ressentis en même temps chez l'enfant (contrairement aux précédentes). Cette attitude parentale crée un sentiment de malaise, de vagues impressions d'incompréhension associées à des intuitions plus claires d'inadéquation, de réelles insatisfactions et surtout un doute anxiogène et insécurisant. L'enfant s'interroge alors douloureusement sur la réalité de l'amour de ses parents qui, s'ils étaient interrogés, ne sauraient qu'associer à des démonstrations d'affection la profondeur de leurs ambiguïtés.

- *Le décalage entre les exigences affectives de l'enfant et les capacités affectives des parents*

C'est là certainement la dynamique la plus fréquente et la plus dramatique dans l'asthme infantile. Elle est présente dans tous les milieux, dans toutes les formes cliniques; elle infiltre l'ensemble des relations entre enfant et parents et rend compte d'une multitude de perturbations de la personnalité et des conduites infantiles. C'est le drame véritable et profond de ces enfants très avides d'affection, sensibles et sensitifs, vivant dans leur imaginaire un amour infini auxquels leurs parents apportent certes parfois beaucoup de leur affection, mais sans adéquation à l'affectivité de leur enfant. C'est même parfois «un abîme affectif» tant est puissante l'inadéquation des sentiments, malgré leur désir. Et comme l'enfant, ces parents masquent leur souffrance de ne pouvoir correspondre aux besoins affectifs de leur enfant.

Ces trois caractéristiques de la dynamique affective vont s'exprimer de façon diversifée; elles vont entraîner à notre avis et selon notre expérience quatre conséquences souvent associées:

1. L'enfant a la douloureuse impression «d'être en porte-à-faux» par rapport au monde familial

Cette impression empruntée au langage courant nous paraît caractériser le sentiment fréquent d'un «ailleurs» que vit l'enfant dans le champ familial.

2. Il existe une rigidité des rôles parentaux

Chacun des parents a tendance a pérenniser le rôle qu'il a besoin d'assumer et de réaliser. Il passe difficilement d'une attitude affectueuse à des conduites autoritaires, par exemple. Ces attitudes ne sont pas diversifiées, mais en général rigidifiées dans des stéréotypes très difficiles à mobiliser.

3. Les relations sont très souvent dévitalisées

La logique règne en maître chez des parents dont les comportements peuvent être profondément illogiques et irrationnels. Le rationnel domine le sensible jusqu'à l'hypertrophie de l'irrationnel.

4. Il existe un travestissement de l'authenticité des relations entre parents et enfants

Parents et enfants se construisent un mode relationnel visant à supprimer la spontanéité, malgré tous les désirs conscients des parents. C'est le règne du personnage qui s'installe avec l'irruption constante de l'écran défensif et du masque illusionniste.

Nous constatons ainsi qu'il s'instaure très tôt entre l'enfant et ses parents une communication défensive. L'enfant va communiquer avec sa famille et surtout ses parents sur un mode plus défensif qu'oblatif, en intériorisant son affectivité, ses troubles et son insécurité.

Il s'organise alors une résonance personnelle infiltrée d'angoisse entre les expressions affectivo-émotionnelles du milieu familial et les modalités des réactions corporelles de l'enfant. Ainsi, progressivement, l'enfant sera amené à vivre une résonance idéo-affective et somatique venant combler toutes les perturbations de son unité psychosomatique en liaison avec la dissociation, l'angoisse et les menaces de scission qu'il subit inconsidérément de façon inconsciente. L'étude du développement structural nous amènera à préciser les modalités de ce phénomène dont les causes sont multiples et polymorphes. Nous pouvons ainsi mieux aborder l'être, la temporalité de l'enfant psychosomatique, ainsi que l'essence même de son intériorité.

V. Etude de la structure de la personnalité de l'enfant malade

Pour approfondir l'étude structurale de la personnalité de l'enfant malade, nous nous sommes intéressés d'abord au développement perceptif, affectif et cognitif de l'enfant asthmatique. Chez tout enfant, l'un et l'autre sont étroitement liés; mais chez l'enfant malade, il nous paraît très important de saisir les relations entre les perturbations du vécu corporel, la structuration de l'intelligence et le développement de l'affectivité. L'organisation psychosomatique de l'enfant est constituée de cette étroite intégration; les troubles psychosomatiques de l'enfant sont l'expression des perturbations de l'intégration structurelle, affective et cognitive, dont l'intelligence apparaît l'élément expressionnel, en même temps que le miroir et le processus organisateur.

En effet, devant l'importance des troubles psychosociaux que nous avons constatés cliniquement et que nos études quantitatives ont objectivés, devant la fréquence des difficultés scolaires de tous ordres, la diversité et la gravité des troubles affectifs précoces et continus, nous nous sommes intéressés à préciser les perturbations de la structure des personnalités. Celles-ci nous sont en effet apparues très intriquées chez l'enfant malade et nous avons souvent cherché à distinguer les troubles secondaires à la maladie et à son évolution chronique, des perturbations primaires, constitutives de l'organisation structurale perturbée de l'enfant.

Les différents travaux qui se sont intéressés à cette question ont en effet objectivé les perturbations relationnelles et les troubles affectifs;

certains autres ont certainement précisé les modalités du vécu corporel subjectif, chez le petit enfant en particulier; nous évoquons là les travaux de Kreisler-Soulé (123). Mais il nous paru important d'étudier la structure du développement psychosomatique de l'enfant et de ses perturbations, à partir même de l'expression de cette structure perturbée. Nous nous sommes en effet posé la question de savoir si les perturbations structurales objectivées dans les études de personnalité pouvaient nous faire approcher les troubles psychosomatiques primaires, notamment chez le petit enfant : les perturbations de l'appréhension perceptive au sens global — instinctivo-affective et cognitive — constituent-elles l'essence même du processus psychosomatique ?

1. LE DEVELOPPEMENT STRUCTUREL

Nous avons ainsi mené une série d'études, à partir de notre activité de consulation médico-psychologique à la Clinique de Pneumo-Phtisiologie de l'Université de Bordeaux, sur le développement structurel de l'enfant asthmatique. Nous avons effectué l'étude des fonctions perceptives, affectives et cognitives dans deux séries d'échantillon de notre population à partir du test d'intelligence de Wechsler, Intellectual scale for children, et du test de Rorschach. Avec l'aide de collaboratrices distinctes, nous avons mené ces études d'abord sur un groupe d'enfants asthmatiques atteints d'asthme et sur un groupe d'enfants présentant un asthme d'intensité modérée, examinés dans le cadre d'une enquête épidémiologique. Nous nous proposons maintenant d'exposer les résultats de ces travaux et d'aborder les problèmes que soulève leur étude comparative.

A. Enfants asthmatiques d'atteinte sévère : étude structurelle

Nous avons réalisé cette étude à partir d'un échantillon de 25 enfants de deux sexes, de sept à douze ans, 14 garçons et 11 filles. La population témoin est composée de 24 enfants, 14 garçons et 10 filles.

1. *Données psychosociologiques*

a) **La majorité des enfants de cet échantillon** appartient à des milieux de condition matérielle et culturelle moyenne :
- travailleur manuel : 9 ;

- employé : 5.

Sept mères effectuent une activité professionnelle.

La population témoin qui s'est efforcée bien entendu d'être assortie à la population d'enfants asthmatiques comporte :
- travailleur manuel : 5 ;
- employé : 8 ;

Douze mères ont une activité professionnelle.

b) Le nombre d'enfants dans la fratrie est en moyenne de 3,40 et de 2,60 par famille dans la population témoin.

c) L'âge des enfants et la distribution se répartissent de la façon suivante :

24 enfants asthmatiques de 7 à 12 ans se répartissant comme suit :

âges :	7 ans	8 ans	9 ans	10 ans	11 ans	12 ans
nombre d'enfants :	3	5	4	4	6	4
proportions	12 %	20 %	15 %	15%	23 %	15 %
			30 %			
population témoin :						
âges :	7 ans	8 ans	9 ans	10 ans	11 ans	12 ans
nombre d'enfants :	4	4	2	7	3	4
proportions :	17 %	17 %	8 %	29 %	12 %	17 %
			37 %			

d) L'intensité de la maladie asthmatique est à considérer et nous constatons que le plus grand nombre d'enfants a eu sa première crise vers trois ans. 17 enfants ont eu leur première crise à trois ans ou avant trois ans.

Les circonstances d'apparition de la première crise d'asthme ont aussi été étudiées et l'on peut remarquer le rôle d'un traumatisme corporel comme l'eczéma, dont la nature psychosomatique est également admise, ou d'un traumatisme émotionnel :
- un eczéma pour cinq enfants ;
- des bronchites pour deux enfants ;
- une rougeole pour un enfant ;

- une séparation du milieu familial (pour deux enfants : entrée à l'école et vacances en colonie) ;
- le divorce des parents (pour un enfant) ;
- la naissance d'une petite sœur (pour un enfant).

Ces constatations ne sauraient cependant préjuger de la signification des crises d'asthme et de la maladie asthmatique dont nous analyserons par la suite les éléments signifiants polymorphes.

Les enfants étudiés dans cet échantillon de notre population générale présentent tous, sauf deux, une maladie grave nécessitant une hospitalisation.

L'asthme est pour ces enfants une maladie handicapante, sur le plan physique, en limitant leur activité et leur capacité d'effort, sur le plan psychologique en pérennisant une situation d'angoisse et un sentiment d'infériorité. Mais le vécu de l'enfant est difficile à saisir en raison des difficultés d'expression et de verbalisation, et aussi en raison même du vécu d'instantanéité des critiques qui chez l'enfant entraîne plus facilement l'oubli que chez les parents. Le vécu de la maladie surgira plus profondément des dessins ou des tests projectifs, du Rorschach en particulier. Nous relevons cependant le vécu handicapant de la maladie à travers le sentiment de la mère :

Asthme :
- très handicapant : 1 enfant
- gênant pour certaines activités physiques : 4 enfants
- gênant psychologiquement : 7 enfants
- pas gênant : 3 enfants
- vivent avec leur asthme : 2 enfants

e) **La situation familiale** est également à préciser en raison du nombre des situations traumatisantes relevées dans cette population partielle :
- séparations longues et répétées (placement en « home d'enfant ») ;
- carences affectives importantes, et notamment :
- naissance en maison maternelle après viol de la mère,
- solitude pendant des journées entières,
- mésententes conjugales, divorces,
- éthylisme du père,
- départ de la mère,
- scènes conflictuelles,
- suicide de la mère et gardiennage par des personnes non chaleureuses,

- mort de la grand-mère,
- séparation des parents.

Nous retrouvons dans cet échantillon la fréquence de la dissociation parentale au cours de la petite enfance, que nous avons relevé comme facteur psychosocial primordial. Sur 19 couples on note dans cette recherche :
- 9 couples unis, dont 4 ont une existence peu communicante, du fait de leurs activités professionnelles en particulier;
- 5 couples dysharmonieux, tantôt de façon latente, tantôt de manière violente;
- 4 couples sont séparés ou divorcés;
- 1 veuf (du fait du suicide de la mère).

Ainsi 13 couples sur 19 ont un mode d'existence susceptible d'entraîner un traumatisme affectif chez l'enfant malade.

Mais il est important de constater que dans l'ensemble, la pathologie des parents est d'ordre personnel ou conjugal et beaucoup moins souvent de cause sociale. Cette notion est intéressante à préciser, et nous pouvons comparer la personnalité de l'enfant asthmatique et de l'enfant dit «cas social» (cf. chapitre III).

Dans tous les cas, nous constaterons, en effet, la prééminence du trouble de la structure de la personnalité sur les troubles relationnels que l'on pourrait attendre en particulier, chez les enfants présentant de graves carences affectives.

f) Le comportement de l'enfant a fait également l'objet de notifications particulières :

Le comportement social est en général stable; ce sont des enfants calmes qui font preuve d'anxiété, de manque de confiance, d'un état de tension accru, de dépendance vis-à-vis des parents, etc... Certains sont susceptibles, intolérants à la frustration, facilement nerveux et instables, parfois agressifs et bagarreurs.

Il est vrai que par rapport à la fratrie, les rivalités sont fréquentes. Sur 16 enfants, on en note 12 qui ont une relation dysharmonieuse avec leurs frères et sœurs, rivalité, isolement, conflits, etc.

Le comportement scolaire fut aussi précisé car la scolarité vient concerner tous les aspects de la vie de l'enfant. De façon profonde, l'enfant asthmatique possède une très forte résonance émotionnelle et une très forte inhibition des expressions et cette caractéristique fondamentale concerne aussi la scolarité, les désirs et aspirations qu'elle sous-tend chez l'enfant à la découverte de son univers.

Sur 13 enfants, on relève du point de vue de la scolarité :
- très bon résultat : 1
- bon résultat : 7
- résultat moyen : 2
- mauvais résultat : 0
- redoublement d'année : 5
- dysorthographie ou dyscalculie : 4

Les enfants qui présentent des retards scolaires sont ceux qui ont des troubles dysorthographiques ou dyscalculiques, la dyslexie et la dyscalculie représentant autant de perturbations structurales que des difficultés relationnelles. Les redoublements se trouvent chez les plus âgés à partir de dix ans. Nous verrons également que le quotient intellectuel diminue aussi après dix ans.

Les résultats scolaires paraissent donc en première approximation satisfaisants; mais il nous paraît important de situer cette notion dans l'évolution psychologique de l'enfant et par rapport à la signification vécue dans le contexte des perturbations psychosomatiques. Quel sens a cette réalité par rapport au développement psychosomatique de l'enfant et à ses profondes perturbations ?

C'est un point que nous aborderons par la suite, avec l'ensemble des données structurales.

L'attitude éducative des parents a aussi été examinée dans cet échantillon. Et compte tenu de la subjectivité de l'appréciation dans ce domaine, on peut cependant retenir une tendance générale pour 16 enfants :

- attitude éducative adaptée : 2
- attitude rejetante : 2
- attitude d'hyperprotection : 4
- attitude d'anxiété : 5
- attitudes mixtes : (rejet, hyper-protection, anxiété) 2

Cette remarque rejoint ce qu'on peut constater dans les perturbations relationnelles entre l'enfant asthmatique et ses parents chez lesquels la dimension scolaire est souvent si prégnante. Nous ne saurions trop dire avec Ajuriaguerra *« qu'il y a interdépendance dans les relations mère-enfants, permettant à la mère agressive de se déculpabiliser, à la mère hyperprotectrice de se donner au maximum et à l'enfant d'exprimer sous une forme agressive ses conflits à travers une maladie et de manifester son ambivalence»* (2).

Nous avons désiré réaliser cette étude du développement intellectuel de l'enfant asthmatique à partir de deux tests psychologiques, Wisc et Rorschach, susceptibles de nous renseigner de la façon la plus satisfaisante sur l'organisation structurale des fonctions intellectuelles et perceptives. S'il est vrai que beaucoup d'enfants asthmatiques investissent facilement et brillamment dans les activités intellectuelles, en tant que surcompensation et survalorisation, selon les expressions habituelles, il est aussi vrai que l'évolution structurale est d'une intense fragilité et s'intrique à l'angoisse; aussi vont se perturber les fonctions affectivo-perceptives et les capacités d'intégration. Ces fonctions affectivo-perceptives sont en effet un carrefour de l'imaginaire et du réel, car l'activité intellectuelle et affective vient organiser la perception du monde. L'enfant appréhende son univers à partir de l'organisation de structures qui ont un sens. Nous aurons à voir comment les modalités d'expression de l'enfant sont le reflet de sa manière de sentir le réel et de structurer dans son inconscient les modulations de son imaginaire.

Nous pouvons ainsi dans cette optique aborder deux types de considérations:
- considérations à partir des données du Wisc;
- considérations à partir des données du Rorschach.

2. Considération à partir des données du Wisc

S'il est bien évident et bien admis actuellement que le test présente un aspect projectif non négligeable, son intérêt nous paraît diversifié.

Le quotient intellectuel global des enfants asthmatiques considérés dans cette étude est moyen. Mais l'étude différenciée et comparée des deux quotients concernant les échelles verbales et de performances apparaît plus intéressante.

	Q.I. verbal	Q.I. performance
24 enfants asthmatiques	95,90	106
24 enfants normaux	98,42	110,12

La différence des résultats, moins bons chez les enfants asthmatiques que dans la population témoin, n'est pas importante et n'apparaît d'ailleurs pas significative. Les résultats semblent effectivement moins bons chez les asthmatiques, mais de ce point de vue, les populations sont comparables, la différence des écarts-types n'étant pas significative.

Plus intéressantes nous semblent les différences à l'intérieur de chaque échantillon, et nous voyons ainsi l'échelle de performance supérieure à l'échelle verbale. Les résultats sont meilleurs en quotient intellectuel de performance qu'au quotient intellectuel verbal; et cette différence est statistiquement significative. Ce phénomène nous apparaît une donnée objective importante, car il nous fait très bien saisir — et d'une façon évidente — la prééminence des fonctions instrumentales sur les fonctions verbales (chez ces enfants dont les troubles de l'image du corps vont présenter des particularités très spécifiques) et des perturbations du langage intérieur. Car l'on aurait pu, à une première réflexion, penser le contraire, en raison de ce que l'on sait de la personnalité et du comportement de l'enfant asthmatique, intellectualisant et rationalisant son univers.

Il est aussi fort intéressant de procéder à l'analyse interne des résultats, pour bien saisir leur signification véritable.

En constituant deux sous-groupes de grandeur égale, de sept à neuf ans, et de dix à douze ans, on met en évidence une notion intéressante :

	7-9 ans	10-12 ans
moyenne des Q.I. verbaux	96,91	93,55
moyenne des Q.I. performance	105,54	111,3

La moyenne des quotients verbaux diminue avec la croissance de l'âge, et la moyenne des quotients de performance augmente avec l'âge, chez les enfants asthmatiques. Alors que dans la population témoin l'on constate le phénomène inverse, amélioration du quotient verbal et très légère diminution du quotient de performance en fonction des âges. Même statistiquement significative, cette inversion de la tendance est à prendre en considération avec beaucoup de circonspection. L'interprétation de ce phénomène est difficile dans l'état actuel des choses et pose un certain nombre de problèmes.

On peut l'interpréter comme la manifestation de l'accroissement des difficultés à s'exprimer par le langage, dans une perturbation de la maturation verbale et de l'inhibition relationnelle. Si l'immaturité relationnelle peut être invoquée, ce phénomène repose le problème d'une autre façon, dans la mesure où nous savons que les enfants asthmatiques présentent de meilleures capacités d'expression en grandissant; leur maturation relationnelle s'améliore et n'est que le témoin d'une structuration de leur personnalité, souvent dans le sens névrotique, nous le montrons dans l'étude clinique approfondie. Nous ne pouvons que constater l'inhibition de l'expression verbale croissant avec l'âge.

Il serait également possible d'interpréter ce phénomène comme le cheminement vers une répression globale et donc vers ce qu'on a décrit de la structure psychosomatique chez l'adulte. Mais cette interprétation ne saurait, elle non plus, concorder avec ce que nous permet de mettre en évidence l'étude de l'évolution des enfants asthmatiques où l'expression évolue avec l'âge.

En fait, ce phénomène nous apparaît correspondre à un certain nombre de réalités cliniques, sans avoir d'explications univoques. Nous retiendrons plusieurs facteurs prépondérants et convergents :

- Le très fort surinvestissement énergétique de l'enfant qui à cet âge de dix-douze ans doit s'adapter, soit à la fin de la scolarité primaire, soit au début de la scolarité secondaire. Nous savons combien cette adaptation peut être génératrice de difficultés scolaires et affectives, même chez des enfants non pathologiques.

- L'aggravation très fréquente de l'asthme à cet âge (dix-douze ans) en raison même des difficultés d'adaptation scolaire soulignées ci-dessus et de toutes les implications affectives de cette période infantile.

- La fréquence de l'organisation névrotique s'exprimant à cet âge d'une manière plus précise ; le bouleversement de la vie imaginaire entraîne un fréquent désengagement de la réalité scolaire et de tout ce qu'elle représente dans le domaine du réel, chez un préadolescent, à un moment où s'éveille la vie affective et où les relations parentales se modifient sensiblement. L'enfant asthmatique commence à cet âge à modifier ses relations avec ses parents et peut désinvestir ainsi l'activité intellectuelle soit inconsciemment — en réaction à l'attitude parentale si dominatrice —, soit plus consciemment dans de réelles difficultés cognitives.

Nous saisissons par là la désorganisation affectivo-cognitive de l'enfant asthmatique en liaison avec une dysharmonie de l'évolution de la structuration de la personnalité à cet âge charnière. Il s'effectue une translation des investissements et des intérêts du monde rationalisé et défensif, et l'émergence d'un univers souvent symbiotique où l'imaginaire peut reprendre une certaine place. Il s'agit bien d'une translation des modalités d'existence de l'univers intérieur de l'enfant. Les modalités expressionnelles se modifient et l'inhibition d'un certain langage relationnel semble aller de pair avec l'élaboration plus précise des capacités d'abstraction et de conceptualisation.

- Nous pouvons aussi relier l'amélioration des moyennes de quotient intellectuel de performances à l'atténuation de ces inhibitions perceptives. L'âge permet en effet à l'enfant asthmatique, de par la maturation générale, de se distancer progressivement de cette angoisse fondamentale, très vive encore à sept-huit ans, et influençant si profondément la structuration de la personnalité dès le plus jeune âge.

L'analyse fine des différents items nous permet cependant d'approcher le phénomène d'une façon plus précise.

• **L'analyse des items verbaux** et leur comparaison avec ceux de la population témoin ne permet pas de mettre en évidence des différences significatives, les comparaisons des différences de moyennes et des différences d'écarts ne révèlent que des nuances effectivement non significatives.

L'item d'information est celui qui obtient le moins bon résultat chez les asthmatiques, comme chez les normaux. Il a en général, pour Wechsler, la meilleure corrélation avec la note totale et avec quelques items de performance.

En fait, deux notions seraient à retenir. Le rôle de l'inhibition dans cette première épreuve, et l'intérêt que l'enfant porte au monde. Ne serait-ce pas le signe du retrécissement de l'univers de l'enfant asthmatique alors que chez l'enfant normal, il existe une amélioration des résultats à cet item qui diminue au contraire avec l'âge chez l'asthmatique.

Nous donnons pour chaque subtest la note moyenne de l'échantillon considéré.

	Asthmatiques	Normaux
	8,24	9,05
7-9 ans	10-12 ans	
8,67	6,93	

L'item d'arithmétique entraîne des résultats qui ne sont pas particulièrement bons, mais on ne relève pas de différence entre les âges. Ils mettent en jeu des réactions émotionnelles réelles, et il n'est pas étonnant de retrouver là la signification de réactions phobiques, face au calcul, notamment, si fréquentes dans les échecs scolaires.

	Asthmatiques	Normaux
	8,88	9,89
7-9 ans	10-12 ans	
8,82	8,92	

L'item de compréhension est au contraire bien réussi chez nos enfants asthmatiques, il correspond pour certains au reflet de l'autonomie du sujet et de l'influence des valeurs sociales. Mais là aussi, on retrouve une détérioration des capacités verbales en fonction de l'âge.

Asthmatiques	Normaux
10,88	10,70

7-9 ans	10-12 ans
12,08	9,77

L'item de similitude apparaît réussi par rapport aux autres items verbaux. Il confronte l'enfant à ses capacités d'abstraction et de catégorisation et les enfants font correctement la distinction entre la ressemblance d'essence et la ressemblance superficielle. Là encore, les plus âgés réussissent moins, sans que la différence soit significative. Le test montre cependant que certains enfants ont une réelle difficulté à conceptualiser, mais l'ensemble montre chez les asthmatiques des qualités correctes d'abstraction et de catégorisation.

Asthmatiques	Normaux
9,52	8,24

7-9 ans	10-12 ans
10,16	8,93

L'item de vocabulaire relève une des caractéristiques de l'enfant asthmatique, la concision de l'expression. Les réponses sont souvent laconiques et nous montrent que le vocabulaire de l'enfant asthmatique ne s'enrichit pas beaucoup au cours de la croissance de l'enfant; les moyennes restent identiques dans les deux sous-groupes d'enfants (8,91 et 8,92).

Cet item a un aspect relationnel, mais il est d'autant plus intéressant à considérer qu'il recherche à objectiver chez l'enfant les possibilités d'abstraction, d'un niveau satisfaisant chez l'enfant asthmatique.

Asthmatiques	Normaux
9	9,52

7-9 ans	10-12 ans
8,91	8,92

- **L'analyse des items de performance**

Elle ne nous confronte pas aux mêmes problèmes de l'enfant, dans le mesure où celui-ci paraît plus à l'aise dans ce type d'épreuve (beaucoup moins de différence des notes entre les deux sous-groupes d'enfants).

Item de complètement d'image

Les résultats sont assez bons, sans différence significative entre les âges. L'enfant asthmatique est capable de voir l'essentiel :

	Asthmatiques	Normaux
	11,6	11,20
7-9 ans	10-12 ans	
12	11,23	

Item d'arrangement d'image

Il est l'item le mieux réussi dans notre population. Il met en évidence chez l'enfant asthmatique l'intelligence sociale, le sens de l'humour et de la nuance, de la sensibilité, et de la temporalité. Il objective une certaine affectivité, toujours présente chez ce type d'enfant, quelles que soient leurs modalités d'expression et leurs difficultés :

	Asthmatiques	Normaux
	12	12,94
7-9 ans	10-12 ans	
12,55	12,07	

Item de cubes et d'assemblages

Il pose un certain nombre de difficultés à l'enfant asthmatique. Les enfants asthmatiques, aux cubes, ont du mal à former un ensemble identique au modèle proposé. Mais les enfants normaux aussi ont des difficultés :

	Asthmatiques	Normaux
	9,72	9,70
7-9 ans	10-12 ans	
11,33	10	

Aux assemblages d'objets, les difficultés sont moindres, l'épreuve étant plus près du réel et du connu :

	Asthmatiques	Normaux
	10,52	10,75
7-9 ans	10-12 ans	
10,58	10,84	

Une certaine difficulté de l'abstraction de l'enfant sera mise en exergue dans ce test; elle pourrait être le résultat d'une perturbation d'une situation de communication première et privilégiée avec l'entourage. Cette réalité pourrait évoquer ce qu'on a dit de la «pensée opératoire» observée chez les adultes présentant une affection psychosomatique, dans la mesure où il s'agit également d'une pensée adhérant au concret.

En fait, un certain nombre de problèmes se posent à propos de cet item de performance.

- Peut-on interpréter ces résultats en terme de perturbation du schéma corporel chez ces enfants asthmatiques? Cela n'apparaît pas à première vue de ce seul élément (car ils font même de légers progrès de dix à douze ans à l'item d'assemblage et c'est d'ailleurs le seul item qui montre un léger progrès). Mais cette hypothèse nous apparaît intéressante à reprendre.

- Peut-on l'interpréter en terme de perturbation de la pensée d'abstraction, si l'on admet qu'une perturbation de la communication peut créer une perturbation des possibilités d'abstraction de la pensée?

- Peut-on l'intrepréter en tant que perturbation des relations sociales, compte tenu de ce que nous connaissons de l'activité relationnelle de l'enfant asthmatique? Cette explication nous apparaît insuffisante.

Il nous paraît important de rattacher ces difficultés d'abstraction aux perturbations affectivo-perceptives primordiales, dans le mesure où les tests de performance révèlent des résultats supérieurs aux tests verbaux. Ces tests de performance nous montrent en effet que dans l'ensemble, l'enfant asthmatique est capable de voir l'essentiel, qu'il a le sens de la temporalité, qu'il a le sens de la compréhension et de la similitude et que ses possibilités d'abstraction sont bonnes également aux tests de vocabulaire (items de compréhension et similitude supérieurs chez les asthmatiques, par rapport aux normaux).

Il nous semble ainsi préférable de dire que l'enfant asthmatique ne présente pas de perturbations notables de l'abstraction, et que les troubles qui pourraient évoquer parfois en secteur ces perturbations, sont plus à rattacher aux distorsions d'un schéma corporel qui «se défend» et cherche à compenser les troubles de l'intégration pyschosomatique de la petite enfance et les perturbations affectivo-cognitives précoces (plus apparentes dans les items verbaux).

Nous pouvons ainsi sythétiser le profil de l'intelligence de l'enfant asthmatique:

1. Arrangement d'images 12
2. Complètement d'images 11,6
3. Compréhension 10,88
4. Assemblages d'objets 10,52

5. Cubes 9,72
6. Similitude 9,52
7. Vocabulaire 9
8. Arithmétique 8,88
9. Information 8,24

Excepté l'item de compréhension, les tests verbaux apparaissent nettement inférieurs; dans la population d'enfants normaux, le profil révèle une association plus désordonnée des différents items et certainement moins caractéristiques:

1. Arrangement d'images 12,94
2. Complètement d'images 11,20
3. Assemblages 10,75
4. Compréhension 10,70
5. Arithmétique 9,89
6. Cubes 9,70
7. Vocabulaire 9,52
8. Information 9,05
9. Similitude 8,34

3. Considérations à partir des données du test de Rorschach

Nous avons cherché à approfondir cette recherche en interrogeant certaines données correspondantes du test de Rorschach. Nous avons en effet orienté une série d'études structurales à la lumière de ce test projectif aux ressources prodigieuses. Simultanément nous poursuivions une série de recherches chez l'asthmatique adulte, chez l'enfant asthmatique, mais aussi nous en verrons plus loin les résultats — chez l'enfant présentant des carences affectives graves, dit «cas social» ainsi que chez l'enfant psychonévrotique, confiés à des établissements de l'Enfance Inadaptée. Nous ne pensons pas nécessaire de développer les problèmes méthodologiques du psycho-diagnostic de Rorschach, réalité projective bien connue et faisant l'objet d'approfondissement constant tout au long d'une pratique maintenant universelle.

Le test de Rorschach est en effet capable de mettre en évidence le *« capital d'images-souvenirs visuelles »* et la *« liberté des associations »* selon les expressions de Rorschach lui-même, ainsi que *« l'énergie dispositionnelle de l'activité associative »*, *« la volonté consciente ou inconsciente de faire des opérations plus compliquées »* et *« la capacité de doser, à peu près régulièrement, les moments affectifs et associatifs »*.

Dans cette première recherche concernant la population d'enfants asthmatiques nous retiendrons les données principales étudiées:

- les modes d'appréhension;
- les types d'appréhension;
- les déterminants;
- le contenu.

Le nombre des réponses est en général faible et traduit la difficulté des capacités projectives d'un imaginaire coarcté mais présent (moyenne des réponses 17,78).

a) Le mode d'appréhension

Il concerne la capacité des mécanismes associatifs et la possibilité d'imaginer des «fantaisies conscientes».

Les enfants asthmatiques utilisent dans l'ensemble le mode d'appréhension global d'une façon assez importante, mais inférieure à une population normale témoin. *« Car plus l'affectivité est vive, plus le nombre des réponses globales est grand. A la richesse des engrammes, doit s'ajouter une activité spéciale effectivement nuancée, une certaine activité du vouloir, soit une volonté d'appréhender l'ensemble qui est souvent lié à une forte aversion pour les détails, soit une inclination de la volonté à combiner tous les détails dans un ensemble, soit une disposition consciente, une volonté de record, soit une tendance habituelle tout à fait inconsciente, ou directement inconsciente, mais toujours une manifestation d'une activité d'association renforcée par une charge affective»* (Rorschach).

La qualité de ces réponses est également à étudier; et si l'on distingue plusieurs types de réponses globales, communément désignées structurales, confabulées, combinées primaires, combinées secondaires, nous en notons quelques conclusions intéressantes.

Les enfants asthmatiques, quel que soit leur âge (petit enfant ou préadolescent) fournissent moins de réponses correspondant à une stabilité émotionnelle (moins de G structurales que les enfants normaux).

Ils ont davantage tendance à confondre dans leur perception la partie et le tout, traduisant ainsi leur impuissance à dissocier (C. Beizman). Ils ont des difficultés à intégrer leur vision à un ensemble cohérent (plus de G confabulées).

Le test traduit ainsi une certaine insuffisance intellectuelle objectivée au test d'intelligence (information) avec une difficulté à reconstruire un ensemble cohérent à partir de la perception des formes (item cubes).

Mais l'angoisse intervient également à ce niveau et il est intéressant de noter que les capacités associatives augmentent avec l'âge (réponses globales combinées meilleures à onze-douze ans qu'à sept-dix ans) comme s'il s'effectuait une certaine désinhibition affective à ces âges, traduction projective de la libération d'une angoisse longtemps contenue.

b) Le type d'appréhension

La comparaison des types d'appréhension nous montre une évidente prééminence du type global. Mais la tendance à la généralisation et à l'abstraction est cependant moins forte que dans une population normale. Les réponses grand détail D, petit détail Dd sont moins nombreuses et rendent compte des tensions internes, de l'anxiété et même du mouvement de défense (Mucchielli), dans la mesure où elles expriment un évitement de l'affrontement global ou partiel de la situation par inhibition ou incapacité.

Mais cette tendance à la généralisation peut être contrecarrée par de légères tendances à des perceptions parcellaires, limitées elles aussi, signe d'inhibition (G amputées, D o).

Les réponses intermaculaires D bl (réponses perçues dans une découpe située dans le blanc de la planche) sont intéressantes à considérer, mais d'interprétation difficile (tendance à l'opposition pour Rorschach, indice d'une charge agressive refoulée ou inhibée pour Raush). Leur présence nous fait évoquer le processus de répression affective plus ou moins évident selon les cas.

La prééminence du type d'appréhension globale sur les autres nous confronte au problème fondamental de la recherche de l'unité psychosomatique chez ces enfants; elle révèle une attitude défensive contre une éventuelle perte d'unité, plus qu'une supériorité conceptuelle. Mais elle vient aussi restreindre les potentialités imaginaires dans la mesure où elle traduit une recherche du réel et l'unification anxieuse du schéma corporel. Car *« l'unité implique peut-être la solidité, comme la dispersion implique la fragilité; l'individu n'est pas sans en percevoir inconsciemment l'importance et d'emblée, il répond à une situation en recherchant l'unité ou en projetant son besoin d'unité »* (Raush de Traubenberg) (91).

c) Les déterminants

On étudie généralement le déterminant formel, le déterminant couleur, le déterminant kinesthétique.

• Le déterminant formel

La perception des formes à partir de l'informel est le processus essentiel et fondamental du test de Rorschach. Il confronte le sujet au processus d'abstraction et à l'activité perceptive intelligente. Il n'est pas étonnant de constater alors que les enfants asthmatiques utilisent le déterminant formel plus que les sujets normaux; ils essaient de contrôler la réalité environnante, ils possèdent une bonne capacité de contrôle des affects. De plus, ce déterminant formel est de bonne qualité (F + % supérieur aux enfants normaux, signant une attitude trop défensive).

Et il est intéressant de comparer ce déterminant à celui des adultes asthmatiques (Gachie) (91) qui présentent un pourcentage de bonnes formes moins élevé que la population de référence. Le recours au rationnel dans la relation au réel serait-il plus insatisfaisant chez l'adulte que chez l'enfant pour aboutir à un contrôle émotionnel et à une stabilité des affects? C'est une question que nous avons à nous poser et qui éclaire notre compréhension des potentialités de l'enfant asthmatique.

• Le déterminant couleur

Il est d'un intérêt considérable et présente des modalités distinctes. Quand la forme prédomine, c'est une réponse forme-couleur; si la couleur l'emporte, c'est une réponse couleur-forme; il peut exister une réponse couleur pure. Les déterminants estompage et clair-obscur diffus peuvent être considérés en même temps.

L'analyse de ces données nous montre qu'il existe une différence entre les enfants normaux et les petits asthmatiques. Le déterminant FC est plus utilisé que les autres; il existe un contrôle actif de la forme sur la couleur.

Les réponses couleur traduisent une certaine extratensivité, et la capacité de relation affective immédiate. Les réponses FC sont l'indice d'une affectivité adaptée et génétiquement évoluée. Elle témoigne d'un état synthétique. Il existe chez les asthmatiques une réduction notable du déterminant couleur par rapport à la population normale; là encore, on perçoit la coartation de l'affectivité et le contrôle permanent de la relation affective spontanée. L'affectivité existe certes, mais elle est inconsciemment éliminée du champ spatio-temporel de l'enfant pour faire place à une apparente désaffection émotionnelle.

Mais il est intéressant de noter qu'il existe une augmentatin importante du déterminant forme-couleur FC à onze-douze ans plus faible chez les plus petits (et aussi de CF et C). Le phénomène rejoint ce que nous avons doté plus haut à propos du test d'intelligence. Le pré-adolescent asthmatique a les potentialités d'ouverture au réel et à l'affectivité; il acquiert la capacité de communiquer dans une émergence émotionnelle et pulsionnelle fragile mais réelle.

- Le déterminant kinesthésique:

Il traduit la sensation de forme et de mouvement, l'efficience mentale, l'intelligence créatrice. Il peut être le signe de deux *« processus associatifs et projectifs »* et *« de la richesse spirituelle »* (Rorschach). Les réponses intéressent les kinesthésies humaines, animales; et pour Rorschach *« les interprétations kinesthésiques laissent pénétrer profondément le regard dans l'inconscient. Elles trahissent la tendance inconsciente du sujet, ses attitudes expectantes fondamentales qu'elles soient actives ou passives »*.

Chez nos enfants asthmatiques, le nombre des réponses kinesthésiques humaines est inférieur à ce que l'on rencontre chez les enfants normaux. Les réponses sont plates et stéréotypées, laconiques dans leur mouvement, par opposition aux images dynamiques que projettent les enfants normaux.

C'est là un élément constant, et même si l'on constate une certaine augmentation de ce déterminant à onze-douze ans, chez les plus grands, l'indice de l'activité imaginative et du niveau créatif (Beck) reste faible. La vie imaginative, fantasmatique et pulsionnelle est rétrécie. Le mouvement ressenti et projeté où vient jouer l'expérience du corps propre est manifestement stabilisé. La somatisation de l'angoisse dans le corps est concomitante aux difficultés de projection; les perturbations de l'image du corps viennent incontestablement figer la capacité projective et les expressions pulsionnelles et affectives.

Les plus jeunes enfants projettent plus volontiers des kinesthésies animales, et moins de kinesthésies humaines. Ils restent infantiles et immatures, mais également très introversifs.

Les kinesthésies d'objet sont par contre plus fréquentes chez les asthmatiques, notamment à la période pubertaire. Elles sont à thème d'explosion, de morcellement, de division sauvage et tragique: impression générale de morcellement de l'enfant asthmatique, recherche de l'unification de son être, de son schéma corporel, de son unité personnelle. Serait-ce aussi la voix de l'inconscient intemporel, comme certains le suggèrent?

De toute façon la prééminence des kinesthésies d'objet et d'animaux représentent un processus de dévitalisation d'ordre défensif. C'est pour l'enfant une autre façon d'expliciter la négation de l'évolution structurale dans une difficile indentification. Tout ce qui pourrait traduire l'intervention de la sensation corporelle (kinesthésie partielle en particulier) est soigneusement détourné de l'univers infantile. L'angoisse de la structuration s'exprime en effet de multiple façon et exige tout un ensemble défensif constamment réitéré.

d) Le contenu

L'étude des contenus est capable de rendre compte de l'activité intellectuelle, *« de l'orientation des intérêts spontanés du sujet, et du degré de richesse ou de variété de sa vie mentale »* (Mucchielli).

Chez nos enfants asthmatiques, le contenu est pauvre et peu varié; le contenu humain, en rapport notamment avec les kinesthésies humaines est faible et correspond à *« une pensée sèche, objective de la réalité, en dehors de toute chaleur affective et de toute spontanéité »* (Raush de Traubenberg). Les réponses animales sont nettement plus importantes et évoquent l'attitude défensive que l'on a décrite à plusieurs reprises.

Nous relevons également une augmentation modérée des réponses animales et humaines en fonction des âges. De sept à dix ans, le nombre des réponses totales est faible et vient retentir sur la richesse du contenu humain et de ses réponses. Mais de onze à douze ans, le nombre moyen des réponses humaines et animales tend à s'accroître. Et même dans ce cas, les réponses traduisent, par la projection de réponses parcellaires, la difficulté d'unification et d'intégration, toujours corrélative à l'angoisse et à la défense. L'ensemble de la projection met en évidence les mécanismes défensifs et régressifs [réponses fragmentaires des contenus humains (Hd supérieur à H)].

Nous noterons également la place des réponses anatomiques, des réponses d'objets et d'éléments naturels (moins variées que chez les enfants normaux).

Les réponses banales sont d'un pourcentage assez fort: 30,33 % contre 25,36 % chez les enfants normaux. Ce pourcentage est plus fort chez les petits enfants que chez les plus âgés (de 14 % à 50 % contre 20 %). Ces éléments peuvent nous apporter quelque lumière sur les capacités d'adaptation sociale réalisée toujours sur un mode défensif, en raison de l'angoisse toujours présente et d'un nécessaire refuge dans un univers limité et protecteur. Nous avons vu en effet, que tant au Wisc qu'au Rorschach, le jeune enfant (dans les items de compréhension) et le préadolescent possédaient de réelles potentialités affectives d'adaptation et de relation; mais on ne saurait trop le répéter, ces potentialités sont fragiles et risquent d'être soumises à rude épreuve si l'évolution psychoaffective n'est pas soutenue. Et ce fait peut rendre compte, à notre avis, de nombreuses difficultés relationnelles de l'asthmatique adulte et de leurs conséquences psychosomatiques et psychopathologiques souvent dramatiques.

Le test de Rorschach nous permet-il enfin d'objectiver quelque originalité créatrice de la pensée ? Les réponses originales sont rares dans l'ensemble; elles existent chez les plus névrosés des petits asthmatiques de sept-dix ans ou de dix-onze ans. Elles expriment un choc perceptif passif. Elles sont empreintes de thèmes dénotant une violente décharge anxieuse alors qu'elles traduisent, chez les enfants normaux, le plaisir décontracté de créer quelque chose d'intéressant dans un processus associatif actif.

Les refus, dont la signification est toujours à considérer avec la plus grande attention, sont fréquents dans nos deux populations (6 sur 25 chez les asthmatiques et 5 sur 24 chez les enfants normaux). Mais le nombre moyen de ces refus est supérieur chez les asthmatiques. Ils sont plus massifs et entraînent une sorte de stupeur difficilement récupérable. Ils se prolongent aux autres planches par des réponses banales, à contenu animal et sont encore le témoin de l'angoisse et de la défense.

Par ailleurs quelques éléments connexes sont à noter. Il existe un certain nombre de réponses persévératives mettant en évidence autant une immaturité de la pensée qu'une inhibition des capacités associatives, en intervenant comme mécanisme de défense. Le type de résonance intime est coarté. Il est exprimé par une formule qui met en évidence le rapport entre le nombre de réponses kinesthésiques (renvoyant à la dimension introversive) et la somme des valeurs couleurs (renvoyant à la dimension extratensive de la personnalité).

Chez les grands asthmatiques de dix-onze ans, le type de résonance intime est cependant plus diversifié que chez les jeunes enfants; quelques types dilatés du côté introversif ou extratensif sont constatés chez les grands, alors que le type coartatif, même parfois avec choc couleur, concerne la majorité des protocoles chez les petits.

Ainsi, l'étude structurelle du développement perceptivo-affectif de l'enfant asthmatique gravement atteint présente un certain nombre de caractères à commenter et à comparer. Elle est d'un intérêt primordial en psychosomatique, car elle nous introduit aux origines même des processus identificatoires et relationnels que le test de Rorschach et les autres tests projectifs nous permettent d'appréhender. Elle nous enseigne combien sont étroitement liés les aspects perceptifs, instinctifs et affectifs de toute la personnalité à la recherche de son unité.

B. Enfants asthmatiques d'atteinte modérée: étude structurelle

Nous avons toujours considéré qu'il était nécessaire en clinique psychosomatique de distinguer les symptômes secondaires et la structure de base. C'est pourquoi nous avons mené la deuxième partie de cette étude chez des petits asthmatiques très nettement moins atteints du point de vue somatique. Sans nous attarder sur cet aspect, nous pouvons cependant affirmer l'incomparable différence de gravité de la maladie. Les crises d'asthme sont moins intenses et beaucoup moins fréquentes; l'enfant n'éprouve pas de gêne respiratoire entre les crises et la maladie n'a pas pour la famille de caractère particulièrement inquiétant. 22 enfants ont été ainsi examinés:
- 9 enfants entre sept et huit ans;
- 13 enfants de huit ans à huit ans onze mois;
- 9 filles, 13 garçons.

Il est également prévu une population de référence et comme dans la précédente étude, il n'a pas été fait de distinction suivant le sexe.

1. Données psychosociologiques

Les modalités d'examen ont été différentes et nous avons:
- Deux enfants hospitalisés pour un bilan.
- Cinq enfants examinés en consultation externe hospitalière, soit en traitement allergologique, soit convoqués pour l'étude (Hôpital X. Arnozan).
- Trois enfants ont été vus dans le cadre des consultations externes de l'Hôpital des Enfants.
- Neuf enfants ont été vus dans le cadre de l'enquête épidémiologique et d'une recherche de l'INSERM réalisée dans le cadre de la Chaire d'Hygiène et de la Clinique de Pneumo-Phtisiologie.
- Trois enfants enfin ont été vus sur les indications de médecins généralistes, en exercice privé et souvent dans le milieu familial même.

Les caractéristiques socioculturelles des familles ont été considérées différemment et d'une façon plus globale:
- professions libérales, cadres supérieurs et cadres moyens: 4 enfants;
- cadres moyens, commerçants, artisans, employés: 7 enfants;
- ouvriers et personnel de service: 11 enfants.

Les conditions de l'étude se sont réalisées dans un climat satisfaisant. La coopération des familles et des médecins fut dans l'ensemble bonne, ainsi que les relations de l'examinatrice avec les parents, avec lesquels un long entretien était habituel. L'examen fut presque toujours fait dans une structure de soin et de consultation (sauf à domicile ou à l'école pour une minorité d'enfants).

Les caractéristiques de la maladie
Age de l'apparition de l'asthme:

Avant 1 an	5 enfants
1 à 2 ans	3 enfants
2 à 3 ans	4 enfants
3 à 4 ans	3 enfants
4 à 5 ans	5 enfants
5 à 6 ans	2 enfants

Eczéma dans la moitié des cas.

Douze enfants ont subi des interventions oto-rhino-laryngologiques (amygdalectomie et ablation des végétations) et parfois d'autres interventions chirurgicales ont été nécessaires.

Les troubles organiques associés ont été notés d'une façon extrêmement fréquente.

2. Considération à partir des résultats obtenus au Wisc

L'étude du niveau intellectuel a été réalisée d'une façon plus synthétique mais nous voulons retenir les points suivants:

Les niveaux intellectuels sont relativement bons; 5 enfants sur 21 ont un quotient intellectuel inférieur à 100, 2 d'entre eux ont des quotients très hétérogènes.

3 enfants, dont 2 de cinq ans, n'ont pas été retenus. Nous notons:
- Normaux faibles (Q.I. 80 à 90): 2 enfants
- Normaux moyens (90 à 110): 12 enfants
- Normaux forts (110 à 120): 5 enfants
- Normaux supérieurs (120 à 130): 2 enfants.

Le nombre relativement important de Q.I. normaux forts est à retenir par rapport à notre population générale.

Certaines enquêtes épidémiologiques ont insisté sur l'élévation des niveaux intellectuels, d'autres sur leur niveau moyen.

Nous relevons une nette prééminence des quotients intellectuels de performance sur les Q.I. verbaux :
- sur 19 enfants, 12 enfants ont des échelles de performance supérieures aux échelles verbales ;
- un seul (fils d'enseignant) présente l'inverse ;
- 8 enfants ont des quotients intellectuels hétérogènes.

Nous pouvons retrouver là les significations précédemment développées : immaturité, inhibition, perturbation de la communication.

Subtests réussis :
- Compréhension : bonne adaptation avec conformisme habituel chez ce type d'enfant. Capacité de considérer des situations concrètes.
- Similitudes : les capacités de conceptualiser sont correctes. L'intelligence abstraite fonctionne.
- Mémoire des chiffres : passive.
- Arrangements d'image et assemblage d'objets.

Les capacités d'analyse et de synthèse sont réelles ainsi que la perception du réel, satisfaisante.

Subtests déficients :
- Informations : inhibition. Egocentrisme.
- Arithmétique : difficultés de concentration.
- Complètement d'image : désintérêt pour le monde. Incapacité et difficulté de perception structurelle.
- Cubes : perturbation de l'organisation spatiale et difficulté de perception structurelle.
- Code : difficultés psychomotrices et d'organisation spatiale, et perturbation de la concentration.

Nous retiendrons en conclusion quelques données primordiales :
- Bon niveau intellectuel (parfois moins élevé).
- Difficulté de concentration et coarctation de la pensée, avec passivité de la mémorisation.
- Perturbations de l'organisation spatiale et structurale.
- Difficultés de communication avec immaturité.
- Présence de bonnes possibilités d'adaptation et de conceptualisation.
- Capacité d'adaptation sociale et concrète satisfaisante.

3. Considérations à partir des données du test de Rorschach

Dans cette population, le nombre des réponses au Rorschach est élevé, surtout chez les enfants de huit ans (44 réponses en moyenne), un peu moins à sept ans (34 réponses en moyenne). Il existe des réponses persévératrices; d'emblée l'anxiété est évoquée.

Les protocoles de cette population ont été classés en trois types:
- des protocoles «infantiles», descriptifs, persévératifs, avec des contenus partiels (Hd, Ad): 7 enfants;
- des protocoles beaucoup plus évolués où la fantasmatique est riche, et parfois le nombre de réponses plus restreint: 7 enfants;
- des protocoles mixtes, avec oscillations entre réponses infantiles et affleurement d'une thématique plus élaborée: 8 enfants.

a) Le mode d'appréhension

Le pourcentage des réponses globales est inférieur à la moyenne, surtout à huit ans. Leur qualité évoque moins la recherche d'unité que le laisser-aller ou le conformisme. La difficulté à percevoir une situation globale renvoie en particulier à la crainte d'exprimer l'imaginaire ou le désir, dans un processus de focalisation et de rétraction, et dans une attitude plus descriptive qu'interprétative.

Nous noterons que chez l'adulte asthmatique le mode d'appréhension globale est prédominant.

b) Le type d'appréhension

La perception des grands détails, dénotant généralement l'efficacité pratique, le bon sens commun et un rapport sécurisant au concret est peu fréquente; l'appréhension est plutôt de mode primaire; on évoque à son propos la difficulté d'accéder à une pensée logique et à reconnaître la réalité.

Les réponses détails Dd sont plus fréquentes à huit ans, avec des écarts à la moyenne importants. Elles font évoquer les tendances obsessionnelles, l'insécurité et le désir de fuite. Et les réponses intermaculaires Dbl ou Ddbl qui ont, nous l'avons vu, des significations multiples, font penser à une difficulté de différenciation perceptive par immaturité ou à une difficulté d'affirmation de soi.

Il est également intéressant de remarquer que des signes évocateurs d'inhibition névrotique comme le sont les réponses détails «oligophéniques» ou inhibitoires Do sont inférieurs à la moyenne à huit ans, alors qu'elles sont supérieures à la moyenne à sept ans (à l'inverse des réponses des enfants normaux).

c) *Les déterminants*

• Le déterminant formel

Dans cette population, la différence entre les réponses de l'enfant asthmatique et celles de l'enfant normal ne serait pas très forte. Mais il existe une dégradation de la qualité formelle de sept ans où elle paraît satisfaisante, à huit ans, alors qu'elle s'améliore chez les sujets normaux.

L'analyse plus fine des différentes associations (déterminant double où la composante formelle intervient FC - FF - Fclob) permet de retrouver ici encore les tendances à contrôler les réactions émotionnelles et les pulsions, ce qui n'apparaît pas d'ailleurs toujours très efficace chez l'enfant asthmatique (en prenant en compte le pourcentage de F + % élargi).

Les déterminants formels sont souvent de qualités communes ou imprécises; et l'analyse de leur signification, du fait même que leur pourcentage est généralement inférieur à la normale, peut autoriser à constater à la fragilité de la fonction consciente rationnelle.

• Le déterminant couleur

Rorschach lui-même attachait beaucoup d'importance à ces déterminants; les réponses Forme Couleur FC seraient indice d'affectivité adaptée, les réponses Couleur Forme CF d'affectivité égocentrique et les réponses Couleur primaire C, d'impulsivité. L'enfant attacherait moins de signification affective à la couleur qu'il perçoit davantage dans une démarche perceptive ou dans un climat émotionnel. Et c'est la raison pour laquelle l'étude de ce déterminant nous paraît très intéressante du point de vue structurel.

Dans les catégories des Formes Couleur FC et Couleur Forme CF, les enfants se répartissent assez également en dessous et au-dessus de la moyenne des enfants normaux. Moins d'enfants asthmatiques donnent des réponses C. On évoque volontiers à ce sujet l'immaturité et l'anxiété, mais aussi l'angoisse (à propos de la présence des CLOB dans une importante proportion — 13 enfants sur 22). L'enfant asthmatique est très sensible aux couleurs achromatiques comme les tout-petits d'une population normale (signe de dysphorie).

• Le déterminant kinésthésique

Il traduit, nous l'avons vu, le désir d'une créativité dans un recours à l'imaginaire; il suppose une implication personnelle et la représentation de soi; il met en jeu l'image du corps vécu. Le déterminant kinésthésique est peu utilisé à sept ans, un peu plus à huit ans, au contraire de la normale (5 enfants n'en donnent pas du tout); la moyenne, dans l'ensemble, est très inférieure à la normale (4 au lieu de 13). Dans cette population d'enfants asthmatiques également, la quasi-absence d'une projection dynamique manifeste les perturbations de la représentation de soi.

d) Le contenu

Les réponses humaines totales sont relativement fréquentes. Il y a plutôt plus d'enfants qui sont au-dessus de la moyenne et pour une bonne proportion, les réponses de fragments de corps humains sont très fréquentes (rapport Hd/H inversé) et manifeste des perturbations du schéma corporel.

Les réponses animales, si répandues chez tout enfant, sont également chez le petit asthmatique d'un pourcentage supérieur à celle de la population normale, et encore très souvent de nature parcellaire (interprétation de parties d'animaux). Notons que chez l'adulte asthmatique, les réponses humaines et animales sont nettement et uniformément inférieures à la moyenne, au bénéfice des réponses anatomiques.

Les réponses banales sont, chez nos petits asthmatiques, inférieures à la normale (et notamment très nettement pour 10 enfants au-dessous de quatre réponses BAN). Si l'on s'accorde à penser que la bonne fréquence de réponses banales évoque un contact correct avec la réalité objective et sociale, on comprendra mieux la projection des difficultés d'adaptation intérieure de notre population (difficulté de participation à la pensée collective).

L'étude des types de résonance est enfin fort intéressante à noter dans cette population : le plus grand nombre d'enfants est extratensif, en général très dilaté, au détriment du type ambiéqual et du type coartatif :

- extratensifs (17 enfants)   77 %   (45 à 55 % normalement)
- introversifs (3 enfants)   14 %   (10 à 20 % normalement)
- ambiéqual dilatés (1 enfant) 4,5 % (15 à 25 % normalement)
- coartatif (1 enfant)   4,5 %   (20 à 10 % normalement)

Il est difficile de tirer des conclusions précises de cet élément. Notons cependant que chez l'adulte, le type extratensif domine également. Chez la femme beaucoup plus que chez l'homme.

Ainsi le test de Rorschach d'une telle population, malgré les difficultés d'interprétations dues à la nature même des protocoles et aux relations internes plus ou moins réalisables selon le nombre et la

qualité des réponses, nous permet de préciser quelques points intéressants :
- l'immaturité perceptive sur un quotient intellectuel élevé, avec difficulté d'analyse logique, rétraction cognitive (différente de l'inhibition névrotique);
- une perturbation du schéma corporel avec difficultés au niveau du corps vécu rejoignant les indices de mauvaise structuration spatiale au Wisc;
- une difficulté, voire une absence d'identification et d'autoreprésentation; ou au contraire une recherche trop intense de celle-ci dans une quête anxieuse de l'affirmation de soi et de son être.

C. Conclusions

De ces études structurelles de la personnalité d'enfants asthmatiques, nous pouvons dégager un certain nombre de traits communs et de caractérisations distinctes :

1. Traits communs

a) **Au niveau du test d'intelligence**, il existe toujours une nette prévalence du quotient intellectuel performance sur le quotient intellectuel verbal, chez des enfants asthmatiques depuis au moins l'âge de trois ans. Parmi les multiples données de ce test, retenons :

- L'item de compréhension est bien réussi dans l'ensemble et traduit une bonne adaptation sociale, comme peut l'évoquer le nombre correct de réponses banales au Rorschach des enfants gravement atteints. Mais cette adaptation défensive est fragilisée à la période pubertaire.

- L'item de similitude est bien réussi dans les deux populations; il traduit des capacités correctes de conceptualisation et d'abstraction.

- L'item de cubes est déficient quelle que soit la situation psychosociale et morbide. Il est le reflet des difficultés perceptives structurelles fondamentales et des perturbations de l'organisation spatiale, comme l'item code traduit dans sa déficience, les difficultés pyschomotrices.

b) **Au niveau du Rorschach** nous relevons également des points intéressants :

- La recherche de l'unité est sous-tendue par la recherche de l'unité corporelle difficile à réaliser (réponses globales confabulées Dd Hd).

- Le dynamique des pulsions inconscientes, relativement fortes parfois, ne leur permet pas cependant d'accéder à la conscience (déterminant kinesthésique déficient dans les deux populations). Les perturbations du schéma corporel s'objectivent chez l'une et chez l'autre et révèlent la fragilité du processus de personnalisation.

- Les mécanismes de défense face à cette angoisse déstructurante vécue au niveau du corps et de l'affectivité primordiale instinctive sont intenses. Il existe une prédilection pour les réponses formelles (surtout chez les enfants plus gravement atteints) avec un type de résonance coartatif et une restriction de l'organisation de l'espace et de la communication. Mais ces défenses réelles et puissantes ne sont pas toujours capables d'être pleinement efficaces, et le sentiment d'insécurité, l'angoisse se projettent malgré tout. La fragilité de la conscience rationnelle perce à travers les désirs de rationalisation.

A propos des enfants plus gravement atteints, un certain nombre de points peuvent être retenus et discutés:

- La prévalence de l'intellectualisme ne correspond pas à la réalité profonde de l'enfant; elle traduit un désir d'adaptation difficile à maintenir. Ces enfants asthmatiques bons élèves et apparemment bien adaptés ne le sont qu'au prix d'une difficile surcompensation.

- La pauvreté de la vie mentale et fantasmatique de l'enfant asthmatique ne correspond qu'à une appréciation extérieure, et behavioriste des faits profonds. Ce qui est réel chez l'adulte par suite de mécanismes — sur lesquels nous n'avons pas à nous prononcer actuellement — ne l'est certainement pas chez l'enfant. L'affectivité, l'émotion, la capacité affectivo-perceptive sont profondément vives mais voilées et bouleversées dans leur expression par le processus de somatisation où interviennent des éléments de destructuration.

- La somatisation est intégrée dans un ensemble de mécanismes de défense, mais il n'existe pas à proprement parler de processus de refoulement. Il existe un conflit, dont nous avons situé la place chez l'enfant, mais un conflit interne au moi et à la personnalité. Le surinvestissement énergétique profond de l'enfant entraîne une répression de l'activité imaginaire, souffrante et douloureuse, mais présente.

- Enfin l'angoisse est chez ces enfants la réalité fondamentale à comprendre. Elle peut s'associer aux perturbations de l'image de soi, au sentiment d'irréalité et d'étrangeté, au sentiment de scission de son être, aux difficultés de la représentation de soi, ainsi qu'à tous les types de perturbation de l'identité comme à tous les types de frustration affective (images parentales angoissantes, etc...). Nous saisissons ainsi les rapports entre l'organisation structurelle de l'affectivité et les perturbations des relations et des images parentales.

Enfin, certaines données retenues dans cette étude nous permettent de saisir les possibilités d'évolution structurale et affective de l'enfant vers onze-douze ans, au moment des modifications dynamiques objectives autant du point de vue formel que pulsionnel.

2. Caractéristiques distinctes

Certaines caractéristiques distinctes nous paraissent intéressantes à préciser à partir de ces deux études comparatives que nous avons voulu réaliser sur des populations d'enfants d'atteinte somatique distincte également :

- La différence des niveaux intellectuels est évidente; elle ne tient pas au milieu. En effet, les milieux psychosociaux des enfants plus gravement atteints sont de type moyen et moyen inférieur (majorité de travailleurs manuels et d'employés dans cet échantillon). Les enfants présentant un asthme modéré sont également de milieu moyen et moyen inférieur (18 sur 22). La différence des quotients intellectuels compte tenu de la similitude des milieux est à relever et doit être rapportée, très certainement selon nous, à des perturbations de nature structurale. Le Q.I. verbal et de performance moyen est inférieur dans ces échantillons à celui d'enfants normaux; et dans le deuxième échantillon plus de 50 % des enfants ont un quotient intellectuel global supérieur à 110. Chez les premiers, la scolarité est satisfaisante dans un tiers des cas environ, alors que chez les seconds les difficultés scolaires sont nettement moins fréquentes. Le rôle des différences d'efficience dans la scolarité est aussi à prendre en compte dans cette comparaison.

- Du point de vue de l'étude structurale et formelle, nous retiendrons quelques différences intéressantes pour la compréhension du processus psychosomatique :
- le nombre des réponses au test de Rorschach est nettement plus élevé dans le deuxième échantillon d'enfants moins atteints du point de vue somatique;
- le pourcentage des réponses globales semble inférieur à la moyenne chez les enfants d'asthme modéré par rapport aux autres, chez lesquels le mode d'appréhension globale apparaît plus fréquent;
- l'étude des enfants de sept à huit ans d'atteinte modérée montre qu'il s'effectue une évolution de la personnalité vers l'apparition de tendances névrotiques plus accentuées à huit ans qu'à sept ans (Do notamment);
- si les enfants présentant un asthme grave semblent posséder une bonne capacité de contrôle des affects, comme nous le montre la

première étude, ce contrôle apparaît de toute façon très fragile, comme cette notion ressort de la deuxième étude.

- Les réponses couleurs seraient relativement plus élevées et plus nombreuses chez les enfants d'atteintes modérées; il existe une notable réduction de ce déterminant chez les enfants gravement atteints. Et si l'on admet avec Loosli-Usteri qu'elles correspondent à un bon état synthétique et qu'elles sont la mesure de l'extratensivité, de la capacité à sortir de soi et à communiquer avec autrui, nous pouvons facilement en déduire des différences dans nos deux échantillons.

- Les réponses humaines sont de fréquence inférieure à la normale chez les enfants gravement atteints; elles sont d'une fréquence bien supérieure chez les autres.

- Enfin, les réponses banales présentent aussi quelques différences: leur pourcentage est supérieur à la normale chez les enfants dont l'asthme est grave; il est très nettement inférieur à la normale dans le deuxième échantillon d'enfants moins atteints. Nous pouvons alors remarquer une différence réelle et nuancée des capacités d'adaptation chez ces deux types d'enfants.

De toute façon, quelles que soient les restrictions que l'on puisse apporter à la valeur de ces constatations comparées, un certain nombre de nuances nous paraissent intéressant à relever. Celles-ci nous ouvrent des perspectives sur les différences structurelles des enfants selon l'intensité de leur maladie.

Dans l'un de ces échantillons, le processus de somatisation apparaît plus intense et entraîne des mécanismes de défense plus forts en manifestant des capacités d'adaptation correcte mais beaucoup plus dommageable sur l'équilibre psychosomatique et l'unité de la personne des enfants. Dans l'autre, les capacités d'adaptation apparaissent plus fragiles; ainsi, nous voyons émerger davantage quelques processus névrotiques associés; la défense contre la désorganisation psychosomatique est moins intense; elle menace moins l'être de l'enfant d'une scission psychosomatique prononcée.

A partir de ces données structurelles nous allons pouvoir poursuivre le cheminement de notre recherche en précisant d'abord les types de structures psychopathologiques que nous rencontrons chez les enfants asthmatiques. Nous considérerons pour ce faire un autre échantillon d'enfants très voisin des précédents dans la mesure où nous avons réalisé cette étude chez des enfants atteints également d'asthme grave. Nous pourrons ainsi mieux préciser les études structurales en comparant quelques données projectives chez les enfants asthmatiques d'atteintes sévères et chez les enfants présentant des carences affectives sérieuses et des troubles névrotiques douloureux. Notons que les échantillons d'enfants asthmatiques font tous partie intégrante de notre population totale considérée précédemment.

Nous nous proposons donc de considérer l'étude projective de la frustration à travers le test de Rosenzweig, et de la relation affective à l'aide du test de L. Düss; cette recherche nous amènera à des comparaisons avec les enfants cas sociaux et les enfants névrotiques. Nous aborderons enfin l'évolution des structures psychopathologiques selon les âges chez nos enfants asthmatiques.

2. LA FRUSTRATION CHEZ L'ENFANT : ETUDE COMPAREE

A ce niveau de notre recherche, nous constatons que nous abordons une instance psychologique d'intérêt primordial en clinique psychosomatique, **la force du moi**. Nous l'avons rencontrée dans notre étude des processus intellectuels, du monde imaginaire et de l'angoisse. Et avant d'approfondir les caractéristiques structurelles de ces données cliniques, nous voudrions aborder plus précisément l'étude de la force du moi et de ses réactions à la frustration.

Dès les débuts de notre expérience clinique et de nos recherches, nous nous sommes intéressés à étudier la tolérance à la frustration et l'agressivité de l'enfant asthmatique. Les aspects psychosociologiques nous incitaient à approfondir cet aspect clinique, ainsi que les situations relationnelles et les conflits intrapsychiques de cet enfant. Le test de Rosenzweig nous a paru représenter une approche intéressante, et après l'étude de plusieurs populations successives d'enfants asthmatiques, nous avons également souhaité réaliser une étude comparative.

C'est la raison pour laquelle nous avons considéré la comparaison d'une population d'enfants asthmatiques et d'enfants en échec scolaire, par rapport à une population normale de référence. Nous voudrions ainsi retenir les principaux éléments de cette recherche.

L'échec scolaire, tout comme l'asthme, représente un symptôme de difficultés génétiques de la personnalité de l'enfant. Lorsqu'il est prolongé, il correspond à des difficultés d'intégration de la fonction du réel qui trouve souvent ses racines dans des perturbations affectives plus ou moins inconscientes. Ceci est un fait actuellement bien admis, et compte tenu des difficultés d'intégration structurelle, l'enfant en échec scolaire vit une accumulation de frustrations susceptibles d'entretenir les perturbations affectives.

A. Le test

Le test de Rosenzweig consiste à proposer à l'enfant une série de 24 dessins représentant un échantillonnage de situations frustrantes coutumières de la vie d'un enfant. Les dessins mettent en jeu un personnage frustré (enfant) et un personnage frustrant (enfant ou adulte). L'enfant est invité à donner une réponse devant la situation frustrante correspondant au sujet frustré. On distingue généralement des situations d'obstacle au moi et des situations d'obstacle au surmoi où le sujet est mis en cause par une autre personne. Chaque réponse est analysée sous deux aspects essentiels, la direction de l'agression et le type de réaction. Les méthodes de cotation font intervenir des données statistiques permettant une analyse des tendances et la détermination de la significativité de ces tendances.

Nous considérons les résultats et les enseignements de cette étude projective d'une façon synthétique, en insistant sur l'étude comparative nous permettant comme toujours une réflexion et une approche critique des données expérimentales.

B. Les enfants asthmatiques

Dans notre population globale de 250 enfants, nous avons considéré un échantillon particulier à cette étude. L'échantillon est composé de 22 enfants entre sept ou neuf ans, dont 13 garçons et 9 filles. Il s'agit d'enfants asthmatiques suivis en consultation externe. L'intensité de la maladie est modérée et n'a pas justifié d'hospitalisation, ce qui représente une réalité clinique et existentielle importante à considérer ainsi qu'un critère incontestable.

Le niveau socioculturel est représentatif de la population normale :

- Niveau supérieur : 4
- Niveau moyen : 7
- Niveau inférieur : 11

Le niveau intellectuel présente des caractéristiques sensiblement identiques à celles des enfants précédemment étudiés au Wisc.

Le quotient intellectuel performance (110,6 en moyenne) est supérieur au niveau verbal (94,20 de moyenne); et nous pouvons constater deux éléments: comme chez les enfants en échec scolaire, les épreuves «information» et «arithmétique» donnent des résultats inférieurs à la moyenne; les scores concernant les «similitudes», le «vocabulaire» et le «code» sont égaux ou supérieurs à la moyenne.

L'échantillon de référence a été emprunté pour les deux populations à celui qui a servi à l'étalonnage de la version française du test de Rosenzweig, soit 96 sujets, 52 garçons et 44 filles. Nous pourrons retenir les caractéristiques essentielles suivantes:

- L'enfant asthmatique apparaît socialement adapté. L'étude de l'indice de conformité nous montre qu'il n'y a pas de différence significative entre les enfants asthmatiques et les enfants du groupe de référence; ils donnent ainsi souvent des réactions qualifiées de banales, du fait de leur fréquence dans la population.

- Il n'existe pas davantage de différence significative en ce qui concerne la direction générale de l'agression; l'étude nous fait cependant relever que l'enfant asthmatique manifeste une agressivité un peu plus extrapunitive (l'agression est dirigée vers l'extérieur), un peu moins intropunitive (dirigée vers le sujet lui-même) et aussi impunitive que le sujet de référence (l'agression est minimisée et évitée).

- Ils ont tendance à attribuer la frustration à des personnes ou à des éléments extérieurs; ils se défendent contre la tension provoquée par la frustration en minimisant l'objet frustrant plutôt qu'en cherchant des solutions adaptées à la satisfaction du besoin frustré: ils ne cherchent guère à résoudre le problème par eux-mêmes et ils ne font que peu confiance au temps et aux circonstances pour apporter une solution à la satisfaction de leur besoin.

- L'indice de résistance de la personnalité qui selon Rosenzweig rend compte de la force ou de la faiblesse du moi, nous montre ici qu'il est en augmentation; il indique un **moi faible**. Il diffère significativement de l'enfant du groupe de référence. L'enfant asthmatique se défend en exprimant son hostilité contre la personne ou l'objet frustrant, et en évitant la culpabilité en considérant la situation comme inévitable. Devant la frustration, le petit asthmatique recherche nettement moins de solutions personnelles que le sujet de référence; il attend moins d'aide d'autrui, mais il est aussi moins patient, il se soumet moins facilement aux restrictions imposées par le milieu et en fait peut moins assumer personnellement la responsabilité de ses réactions.

- Lorsqu'il existe une accumulation de frustrations, l'enfant asthmatique a tendance à retourner davantage l'agression contre lui-même.

Il est capable de passer des réponses extra-punitives plus nombreuses à des réponses impunitives significativement aussi plus nombreuses. Nous percevons là le mécanisme de répression de l'agressivité dans cette évolution des réactions punitives capables de se retourner contre le sujet lui-même.

- Nous voyons par ailleurs que l'enfant présente une légère tendance à se culpabiliser dans le cas d'accumulation des frustrations; il endosse la responsabilité de la frustration et se soumet davantage que l'enfant du groupe de référence.

En conclusion nous pouvons retenir des caractéristiques significatives :

- Il présente un moi faible dans la mesure où la défense du moi est plus forte — de manière significative — que celle des enfants normaux du groupe de référence.

- Il tient compte de la réalité, mais il réagit globalement par une décharge extra-punitive plus importante que le sujet de référence ou bien fuit toute expression d'agressivité en minimisant la situation frustrante. Il cherche à dégager sa responsabilité et à rejeter sur autrui tout en attendant moins d'aide des autres. Il se culpabilise davantage en cherchant à atténuer ses responsabilités et à se disculper. Il a moins tendance à nier ses torts avec agressivité, mais face à des frustrations répétées, il est beaucoup plus agressif, mais d'une façon passagère, et il est capable de devenir alors beaucoup plus conciliant que le sujet normal.

C. Les enfants en échec scolaire

L'échantillon est composé de 24 enfants de sept à neuf ans, dont 16 garçons et 8 filles. Il est constitué d'anfants d'une école à pédagogie active, en fin de cours préparatoire et pour lesquels il est souhaité une admission *«en classe d'adaptation en raison de l'impossiblité de suivre un cours élémentaire en grand groupe»*.

Ce sont des enfants manquant *«d'autonomie, de confiance en eux, se décourageant vite et dépendant de leur maîtresse, oscillant entre un comportement de demande et de retrait»*.

Le niveau socioculturel est plus élevé en raison du recrutement de l'école dans les classes moyennes et supérieures de la population :

- Niveau supérieur : 9
- Niveau moyen : 15
- Niveau inférieur : 0

Le niveau intellectuel montre un quotient intellectuel global de 99,87. Le niveau verbal est inférieur au niveau de performance (niveau verbal 92,87, niveau de performance 105,5). Les épreuves concernant l'investissement de la scolarité : information, arithmétique, vocabulaire et code ont les résultats les plus faibles, avec l'épreuve de similitude qui est un reflet intéressant des capacités d'abstraction de l'enfant. Les épreuves de performance sont plus satisfaisantes également.

Le groupe de référence est composé de la même population, 96 enfants (52 garçons et 44 filles).

D'un point de vue synthétique, nous retiendrons quelques éléments primordiaux de cette étude :

- L'enfant en échec scolaire apparaît adapté socialement; l'indice de conformité est peu différent de celui du sujet de référence.

- La direction de l'agression ne présente pas de différence significative par rapport aux réponses de la population de référence. Cet enfant en échec scolaire manifeste une agressivité un peu moins extra-punitive, un peu moins intropunitive et plus impunitive que le sujet de référence.

- L'indice d'appréciation de la résistance du moi ne diffère pas significativement; le moi est cependant plus faible. Mais cet enfant est davantage dominé par la frustration et par l'obstacle frustrant; il manque d'aptitude à résoudre les problèmes posés par les situations de frustration. Lorsqu'il est l'objet d'une accusation ou mis en cause, il se culpabilise davantage. Lorsque les frustrations sont répétées, il répond à peu près comme l'enfant de référence : au début par une agression extra-punitive, puis avec culpabilisation et a tendance à retourner l'agression contre lui-même. Cette tendance considérée comme normale est cependant ici plus accentuée que chez les autres enfants. Il se défend d'abord contre la menace incluse dans la frustration, puis il parvient à rechercher des solutions plus adaptées, malgré des réactions de blocage et de désarroi.

Nous voyons que d'un point de vue général la sensibilisation à la frustration est exagérée et entraîne une augmentation de tension capable de s'exprimer par l'accroissement d'une réaction extra-punitive, voire même par la recherche de solutions adaptées. Si les frustrations se répètent, il défend son moi d'abord par des réactions extra-punitives et impunitives en évitant l'agression. Il existe également la culpabilité et l'agressivité à l'égard d'autrui et ce type de réaction nous paraît important à relever; il appelle à l'aide ou essaie d'assumer lui-même la recherche d'une solution avec plus ou moins forte culpabilité. L'enfant en échec scolaire tolère mal les frustrations multiples, et, devant l'accroissement de tension qu'elles provoquent chez lui, il choisit souvent d'éviter l'agression et l'agressivité. Il ne peut assumer l'agressivité, ce qui est manifestement un signe de faiblesse du moi.

Très sensible au jugement d'autrui, si l'image qu'il voudrait donner de lui-même est atteinte, il ne peut éviter la culpabilité. Il semble cependant capable de dépasser son inadaptation temporaire pour s'adapter à la situation. Mais la personnalité de l'enfant en échec scolaire semble être souvent en conflit entre l'expression de ses pulsions agressives, l'idéal de lui-même et la réalité, à laquelle il lui est difficile de d'adapter, faute de pouvoir la considérer d'une manière objective.

D. Etude comparative des deux populations

L'étude comparative de ces deux populations d'enfants asthmatiques et d'enfants en échec scolaire nous a paru intéressante à réaliser à l'aide du test de Rosenzweig. L'élaboration statistique classiquement nécessaire dans une telle recherche permet de préciser un certain nombre d'éléments. Nous pouvons d'une manière synthétique mettre en évidence plusieurs aspects comparatifs, précisément à partir des travaux statistiques aidant à situer les ressemblances et les différences. Mais nous ne retiendrons que les données qualitatives de ces travaux et les conclusions qu'ils nous permettent d'avancer.

Les ressemblances

Les résultats quantitatifs et leur traduction graphique nous aident en effet à constater quelques ressemblances chez ces deux groupes d'enfants :

- Les indices de conformité sont très proches et ces enfants s'adaptent de façon satisfaisante dans les réactions conformes au groupe social.

- Il n'existe pas de différences significatives dans la direction de l'agression : les enfants asthmatiques comme les enfants en échec scolaire sont aussi extra-punitifs, intropunitifs et impunitifs que les sujets normaux de leur âge.

- Tous ces enfants ont la même incapacité, face à la frustration, à trouver des solutions adaptées susceptibles de satisfaire le besoin frustré; ils ne se soumettent pas aux restrictions imposées par le milieu pour intégrer la tension engendrée par la frustration.

- Ils ne sont pas plus agressifs que les enfants normaux; ils tendraient même à l'être moins, ils ont tendance à être plus culpabilisés que le groupe de référence, lorsqu'ils sont accusés d'une faute, mais la différence à ce niveau de la culpabilité n'est pas significative.

- Lorsqu'ils sont soumis à l'accumulation de frustrations, ils ont tendance dans les deux groupes à endosser la responsabilité de la résolution du problème, mais avec une nuance de culpabilité, à l'inverse des enfants du groupe de référence, cette fois.

- Les enfants asthmatiques et les enfants en échec scolaire, comme le groupe de référence, se défendent devant la frustration par des réponses extra-punitives dans un premier temps; puis ils répondent en fonction du problème lui-même, c'est-à-dire par *« des réponses de dominance de l'obstacle »* qui sont selon Rosenzweig la traduction d'une incapacité à défendre son ego ou de poursuivre le but original, et l'expression du désarroi et de l'inhibition.

Les différences

Les différences apparaissent en fait très nuancées. Les deux types d'enfants se défendent plus fortement que la normale au niveau de leur moi; mais l'asthmatique se défend plus fortement que l'enfant en échec scolaire.

L'asthmatique se défend par des réponses extra-punitives; l'enfant en échec scolaire s'exprime davantage par des réponses impunitives; il réponde à la frustration par des réactions de blocage et de désarroi plus intenses que chez l'enfant asthmatique.

L'asthmatique a davantage tendance à se culpabiliser que celui qui présente des échecs scolaires. Ceux-ci par ailleurs demanderont de l'aide à autrui plus facilement au contraire des asthmatiques, lorsque les frustrations s'accumulent en eux. Mais l'asthmatique apparaît plus soumis et plus patient dans la même situation.

Enfin, l'enfant en échec scolaire apparaît plus capable de récupérer des possibilités d'adaptation que l'enfant asthmatique qui semble beaucoup moins s'adapter face à l'accumulation de situations frustrantes.

Ainsi l'étude de la tolérance à la frustration à l'aide du test de Rosenzweig nous a paru objectiver un certain nombre de conduites intéressantes chez l'enfant, afin de cerner notre recherche d'ordre structurel. La théorie de la frustration considère en effet trois niveaux de défense de l'organisme concernés en clinique psychosomatique. Elle distingue en effet le niveau cellulaire ou immunologique; le niveau autonome ou d'urgence; et le niveau cortical, de défense du moi, concernant précisément la défense de la personnalité contre les agressions psychologiques et intéressé par la théorie de frustration, selon les travaux de Rosenzweig.

Il nous paraît important de le remarquer, face à la frustration, l'enfant asthmatique réagit dans un premier temps par une forte décharge extra-punitive. Les réactions sont faites d'impulsivité primaire incontrolée dans une première phase; la répression des pulsions agressives intervient dans un deuxième temps, l'agressivité chute, la frustration est évitée et minimisée. Notons une différence fondamentale de ce mouvement avec l'enfant en échec scolaire qui se bloque immédiatement dans la même situation, réprime son agressivité et a besoin d'une longue période pour s'adapter et retrouver des énergies adaptatives.

Mais dans les deux cas, et tout spécialement chez l'enfant asthmatique, la force du moi est déficiente, incapable d'intégrer l'excès de tension consécutif à la frustration.

L'enfant en échec scolaire réprime manifestement son agressivité en fonction d'une inhibition générale; et cette inhibition est sans conteste liée à l'angoisse fondamentale de cet enfant plus ou moins carencé au niveau de ses potentialités affectives ou instrumentales; l'échec scolaire représente le symptôme de ces déficiences et les réactions sont souvent de type régressif.

Mais l'angoisse de l'enfant asthmatique n'en est pas moins une réalité prégnante, nous l'avons démontré; et se pose alors une question fondamentale. D'où vient que, avec des déficiences similaires parfois, l'enfant asthmatique module son agressivité différemment et en tout cas, ne l'inhibe pas de la même façon, puisqu'en fait il la laisse jaillir vers autrui d'une façon impulsive et primaire ? Au lieu d'une inhibition, comme chez l'enfant en échec scolaire, c'est une stimulation qui survient alors que l'angoisse est souvent aussi forte.

Au milieu de son angoisse, l'enfant asthmatique nous paraît en effet vivre un certain nombre de dynamismes défensifs.

Sa dynamique affective est capable, au milieu des frustrations, de rester un appel à l'autre, et un mode de communication, précisément parce que l'angoisse vient concerner la liaison psychosomatique et mettre en cause ses capacités relationnelles.

Elle conserve une liaison avec la réalité, précisément parce que le réel existentiel est mis en cause au niveau de l'atteinte et de l'angoisse pyschosomatiques. L'unité intégratrice de l'être est concernée, alors que chez beaucoup d'autres types d'enfant, ce sont les capacités expressionnelles qui sont atteintes seulement.

Il existe dans ce dynamisme un surinvestissement de la fonction adaptative qui conditionne par ailleurs des attitudes d'hyperadaptation que nous avons relevées à un niveau plus net chez l'adulte, avec l'aide du même test de Rosenzweig (91). Mais même chez l'enfant, ce dynamisme est précoce.

Enfin, l'angoisse de l'enfant asthmatique est généralement plus précoce et primaire. C'est brutalement que l'être de l'enfant dans les premiers mois de son existence est confronté avec le risque de dépersonnalisation et d'atteinte à l'unité de son moi. C'est bien ce qui nous fait comprendre qu'au-delà de ses réactions adaptatives, l'enfant asthmatique présente une faiblesse de son moi.

Nous aborderons ici le problème de l'intégration des agressions chez l'enfant. C'est à ce niveau que nous apparaît la problématique fondamentale des troubles psychosomatiques. Car si les carences de l'environnement peuvent avoir un rôle, souvent essentiel, elles ne sont pas constamment générales et omniprésentes. Elles ne sauraient expliquer d'une manière satisfaisante le conflit intrapsychique que vit inconsciemment l'enfant, et le tout petit, à partir de ses déficiences structurales où les émotions, les caresses, les maternages sont intégrés d'une manière anxiogène dans un vécu d'agression de son unité psychosomatique. Nous verrons comment les frustrations affectives répétées peuvent entretenir et susciter les réactions dysharmoniques que le tout petit enfant développe en lui, au milieu de son angoisse dont les racines structurelles sont toujours à comprendre.

3. LA RELATION AFFECTIVE :
ETUDE PROJECTIVE COMPAREE

Nous pouvons maintenant considérer la relation affective dont nous avons pu réaliser l'étude dans le même cadre, en comparant trois populations d'enfants : enfants asthmatiques, enfants cas sociaux et enfants normaux. L'approche expérimentale est réalisée cette fois à l'aide du test projectif des fables de Louisa Düss qui permet d'objectiver d'une façon intéressante la qualité des relations de l'enfant avec sa famille, le niveau de sa maturation affective, et la nature de son imaginaire (désirs, craintes, peurs, etc...).

A. Le test projectif

Le test de Düss se présente sous la forme de petites histoires au nombre de dix. Elles mettent en scène un enfant ou un animal se trouvant dans une situation relationnelle particulière : on propose à l'enfant chacune de ces histoires et on lui demande de compléter la fable après la lui avoir racontée.

Par exemple la fable de l'oiseau :

Un papa et une maman oiseaux et leur petit oiseau dorment le nez sur une branche. Mais voilà qu'un grand vent arrive, il secoue l'arbre et le nid tombe par terre. Les trois oiseaux se réveillent brusquement; le papa vole vite sur un sapin, la maman sur un autre sapin, que fera le petit oiseau ? Il sait déjà un peu voler.

On distingue en général trois groupes de fables :

a) Quatre fables mettent en évidence le niveau de maturation affective et les principaux complexes de l'enfant, selon la perspective psychanalytique (sevrage, possession, castration, œdipe).

b) Quatre fables mettent en évidence la qualité des relations dites objectales à travers les rapports avec les parents et la fratrie :
- fixation ou indépendance;
- tolérance à l'égard de l'union des parents;
- agressivité et angoisse;
- rivalité fraternelle.

c) Trois fables essayent de faire émerger les désirs et de comprendre la nature de l'imaginaire :
- l'angoisse vis-à-vis du monde extérieur;
- les désirs et les craintes;
- la projection des angoisses à travers un mauvais rêve.

Nous n'insisterons pas sur la qualité et la chaleur de la relation avec l'enfant, absolument nécessaires au cours de la passation, ce texte s'utilisant volontiers chez le tout petit enfant; et cette exigence est fondamentale dans la pratique. D'ailleurs le contenu des fables est suffisamment étudié pour ne pas susciter chez l'enfant l'évocation de situations réelles, familiales, scolaires ou affectives susceptibles de le traumatiser ou de le culpabiliser.

B. Les populations d'enfants

L'étude a été réalisée chez des enfants asthmatiques suivis en consultation externe hospitalière ou placés dans une institution sanitaire (Arcachon) et également dans une institution scolaire privée :

- Hôpital : 7 garçons
  1 fille
- Institution 7 garçons
  sanitaire : 2 filles
- Ecole privée : 4 garçons

La majorité des enfants est de sexe masculin.

Les âges de situent entre six et onze ans.

Le niveau socio-économique de la famille est extrêmement différent selon les lieux d'examens :
- bas à l'hôpital ;
- très bas dans l'institution sanitaire ;
- très élevé dans l'école privée.

Deux autres populations d'enfants ont été considérées :

- **Enfants cas sociaux** : 24 enfants : 12 garçons et 12 filles de sept à onze ans et demi.

Il s'agit d'enfants d'un centre aéré où l'on compte une forte proportion d'enfants dits «caractériels» (30 %).

Le niveau socio-économique des familles est, comme on peut s'y attendre, très bas (émigrés souvent).

Le nombre d'enfants par famille est élevé.

- **Enfant normaux** : 25 sujets normaux de huit à dix ans, tous de sexe masculin.

Scolarisés dans une école publique.

De comportement scolaire normal.

De situation familiale sans perturbations.

(66 % de milieu ouvrier).

C. Les résultats comparés

L'étude des résultats fut réalisée selon les indications classiques de depouillement précisées par l'auteur Louisa Düss. Nous ne nous étendrons pas sur les modalités pratiques pour noter simplement que le nombre de refus fut faible (les asthmatiques notamment refusent plus souvent les fables de l'enterrement et de la promenade, les cas sociaux, les fables de la promenade et du mauvais rêve).

L'étude statistique — calcul du X2 — a été régulièrement effectuée par la même personne ayant réalisé cette étude auprès des enfants.

a) Le niveau de maturation affective est étudié à travers la projection dans trois fables:

- Le sevrage ne paraît pas avoir été vécu d'une manière conflictuelle dans aucune des populations. Il n'existe pas de différence significative entre les trois populations.

- La capacité de possessité en liaison avec le caractère anal est étudiée et les réponses entre les trois populations ne sont pas significativement différentes.

C'est surtout chez les cas sociaux que l'appel à la mère est le plus net (par le don d'un objet); ils n'entrent pas en conflit avec elle.

Pratiquement seuls les asthmatiques entrent en conflit avec la mère, et «ils donnent» souvent avec réticence. Ils détruisent les objets, évitent la culpabilité et projettent leur propre agressivité sur la mère. Cet élément est intéressant à noter dans la mesure où l'on sait combien l'enfant asthmatique de cet âge est strictement incapable de s'opposer dans la réalité à sa mère et à ses attitudes relationnelles, quelles qu'elles soient.

Chez les asthmatiques les réponses apparaissent plus pathologiques et plus conflictuelles que chez les enfants «cas sociaux» et normaux.

L'étude du sentiment de castration et de l'œdipe nous montre qu'il n'existe pas là non plus de différence significative entre les trois populations d'enfants.

Il existe quelques refus traduisant des difficultés complexuelles:
- 12 % des asthmatiques;
- 8 % des cas sociaux.

Les problèmes œdipiens sont plus marqués chez les asthmatiques, mais beaucoup d'entre eux ne semblent pas être encore parvenus au conflit œdipien; ce conflit œdipien est assez marqué et précis chez les cas sociaux, qui par ailleurs manifestent très peu le besoin d'être avec leurs parents et sont capables de maîtriser ou d'assumer leurs besoins affectifs, alors que l'asthmatique est capable de toujours espérer être materné (d'où les éléments fréquents de régression).

b) La qualité relationnelle

La fable de l'oiseau nous permet d'objectiver les possibilités d'indépendance de l'enfant et sa fixation à l'un ou l'autre des parents.

Les asthmatiques apparaissent ici les plus insécures, et avec les cas sociaux ils sont les moins indépendants. **Les asthmatiques sont attachés aux parents en général**, alors que les cas sociaux et les enfants normaux manifestent spécifiquement leur attachement à la mère. Les cas sociaux ont davantage le sentiment de l'indépendance, d'ailleurs plus souvent totale, lorsqu'elle est acquise.

L'attitude face à la situation triangulaire et à l'union des parents est intéressante à étudier à travers la fable intitulée: anniversaire de mariage. Il existe ici des différences significatives:

- Les enfants asthmatiques supportent mal la situation triangulaire (68 %). Les réponses se situent dans la catégorie «frustration de l'amour parental». C'est certainement ici la projection de leur angoisse d'exclusion.

- Les enfants cas sociaux et normaux n'éprouvent pas un plaisir très vif devant la joie des parents; ils restent souvent neutres et indifférents face à elle (60 % pour les normaux, 35 % pour les cas sociaux).

La projection des attitudes face à l'intrusion d'un petit rival éventuel et à toutes les conséquences affectives qu'elle peut entraîner est étudiée à travers la fable de l'agneau:

- Il n'existe pas de différence significative à ce niveau dans les réactions d'adaptation, majoritaires chez tous les enfants.

- Les asthmatiques s'adaptent avec réticence et leurs réactions apparaissent de plus hyper-adaptée, avec toutefois une certaine ambivalence vis-à-vis de la mère.

- Les enfants normaux sont les seuls à s'adapter avec joie; et lorsque s'exprime l'agressivité, elle est chez les cas sociaux davantage exprimée vis-à-vis de la mère que de l'intrus.

La fable de l'enterrement vise à rechercher l'agressivité et la projection de désirs de mort ainsi que l'attitude de l'enfant vis-à-vis de ces désirs inconscients:

- Il existe ici des différences significatives.

- Les réponses des enfants asthmatiques concernent surtout les parents et des personnes étrangères (en raison même de l'attachement aux parents, ce élément ne nous étonne pas) et le plus souvent un homme (et jamais leur mère) (17 % de refus).

- Les réponses des enfants cas sociaux n'évoquent que deux thèmes : la mort des grands-parents et des parents, et surtout du père (42 %) avec souvent une vive agressivité vis-à-vis des parents.

- Les réponses des enfants normaux concernent surtout des personnes étrangères, en déplaçant sensiblement leur projection, sans trop d'apparence conflictuelle.

c) La nature de l'imaginaire

L'étude des désirs et des craintes, dans leur contexte imaginaire peut être approchée d'une manière parcellaire mais intéressante dans ce test :

- **L'angoisse vis-à-vis du monde extérieur** est approchée par la confrontation consciente de l'enfant avec la peur, dans la fable de la peur. Il n'existe aucune différence significative et il est à noter qu'aucun des enfants n'a manifesté de peur d'ordre scolaire ou d'accident ou de maladie. Les thèmes évoqués sont les mêmes dans les trois catégories. Les asthmatiques ont des craintes diffuses, comme la peur de l'orage ou de l'obscurité. Les cas sociaux projettent des craintes imaginaires et ils ont peur des fantômes. Les enfants normaux manifestent la peur de se perdre, d'être emportés ou d'être tués, avec parfois une angoisse marquée. Les peurs d'animaux et du loup en particulier sont partout très fréquentes.

- **Les désirs et les craintes** sont plus directement interrogés dans une fable proposant une nouvelle.

Il n'existe là non plus pas de différence significative. La majorité des enfants souhaitent des nouvelles favorables et projettent davantage leurs désirs que leurs craintes.

Les asthmatiques ne sont pas concernés par des nouvelles d'ordre scolaire.

Les normaux et les cas sociaux manifestent surtout le désir de recevoir un cadeau. Les enfants cas sociaux espèrent l'annonce d'un départ (les vacances) et sont les seuls à n'avoir pas annoncé la nouvelle d'une naissance (d'un frère ou d'une sœur). Il est aisé de rattacher ce point à leur situation familiale (famille nombreuse souvent) et à une certaine indifférence vis-à-vis des événements familiaux.

De même dans la fable du mauvais rêve où il est proposé à l'enfant de s'exprimer dans ce domaine; et là les différences sont significatives :

- Les asthmatiques n'évoquent pas les problèmes scolaires, mais expriment leurs craintes et leurs préoccupations. Les craintes de type imaginatif sont exprimées avec la même fréquence que dans la fable de la peur, mais légèrement plus que chez les cas sociaux. **Ils sont les seuls à ne pas souhaiter être avec leurs parents.** Le quart d'entre eux évoque des thèmes de mort : ils ont peur surtout de leur propre mort, et craignent autant de perdre leur mère que leur père.

- Les enfants cas sociaux n'ont pas de préoccupations scolaires mais ont le plus fort pourcentage de rêve de mort (28,5 %). D'une manière significativement très différente par rapport aux précédents, ils souhaitent une situation relationnelle précise avec leurs parents et expriment le désir d'une situation différente de celle qu'ils vivent actuellement. Ils craignent avec une certaine culpabilité la mort du père qu'ils ont d'ailleurs évoquée souvent à la fable de l'enterrement.

- Les enfants normaux sont les seuls à ne pas faire de rêves de mort. Ils ont un très fort pourcentage de rêves de type imaginatif (animaux effrayants, sorcières) (36 %).

D. Conclusions et commentaires

Nous avons considéré cette étude du test projectif des fables de Louisa Düss en fonction même de ses rapports et de ses limites dans le cadre même de notre travail. En effet, les aspects psychologiques qu'elle met en évidence ne sont pas dans l'ensemble spécifiques de l'enfant psychosomatique et ces résultats méritent d'être discutés et explicités.

D'un point de vue synthétique, il n'existe que très peu de différence entre les expressions projectives de ces trois catégories d'enfants. Les différences sont significatives dans trois domaines particulièrement démonstratifs sur lesquels nous voulons insister :

a) L'attitude face à la situation triangulaire et à l'union des parents. L'enfant asthmatique manifeste beaucoup plus que les autres une **angoisse d'exclusion** et une frustration affective par rapport à l'union affectivo-sexuelle de ses parents. Nous rejoignons ici les difficultés œdipiennes plus marquées dans d'autres épreuves de ce test.

b) L'imagination de ces enfants est également de façon très significative nourrie de l'angoisse de mort; elle concerne d'une façon très précise la mort du parent du même sexe, mais aussi leur propre mort, et cette réalité nous apparaît d'un intérêt considérable. En effet, nous devons le noter d'une façon très précise, c'est à ce niveau que les différences entre les diverses catégories d'enfant sont significatives, tant du point de vue statistique que qualitatif. L'imaginaire de l'enfant asthmatique est souvent dominé par les thèmes de mort, de celle de ses parents et de la sienne propre. Alors qu'il les réprime d'une façon très fréquente et très forte en beaucoup d'autres occasions, nous voyons qu'une situation privilégiée, comme des fables suscitant la projection, permet à l'enfant d'exprimer ce qu'il vit profondément dans un imaginaire proche et conscient.

Certes l'étude analytique présentée plus haut nous a montré qu'il pouvait exister quelques différences entre ces trois catégories d'enfants. Ce sont là des diversifications qualitatives nuancées qui nous révèlent certaines particularités de l'affectivité de ces enfants vivant des situations affectives très différentes. Quelle différence fondamentale entre la situation d'un enfant cas social, souffrant de carences affectives où la frustration domine, et celle d'un enfant asthmatique où l'hyperprotection voisine avec la frustration, mais où les modalités relationnelles sont fondamentalement différentes!

c) Au milieu de ces différences existentielles, nous constatons à travers un tel test projectif que les niveaux de maturation du développement libidinal (selon l'hypothèse psychanalytique constituant la référence dans l'interprétation du Düss) et les relations dites objectales ne sont pas fondamentalement différentes.

Compte tenu des limites inhérentes à cette étude d'échantillons différents — qu'il serait intéressant d'approcher par des méthodes analytiques et statistiques plus fines — nous pouvons cependant évoquer quelques hypothèses susceptibles d'aider notre recherche :

- Le test projectif de Louisa Düss, dans la mesure où il s'intéresse à la maturation et au développement libidinal ainsi qu'aux relations dites objectales, ne permet pas d'objectiver quelque spécificité dans des échantillons différents. Il concerne les instances relationnelles de l'enfant qui ne présentent pas de spécificité distincte, en particulier chez l'enfant psychosomatique. Il ne s'adresse pas aux modalités d'organisation psychosomatique de l'enfant mais à son univers relationnel, particulier et personnel. Il permet l'approche de l'affectivité de l'enfant à un niveau plus relationnel que structural. La référence psychanalytique qu'il utilise introduit à la projection d'un univers relationnel, intéressant à considérer, mais insuffisant à expliciter le développement structural de la personnalité de l'enfant. Nous rejoignons là les considérations générales sur les conceptions psychanalytiques. Mais une autre question est à considérer: ce niveau de projection intéresse-t-il le test?

- Par contre le test nous apparaît intéressant en permettant d'approcher dans la projection même l'univers imaginaire de l'enfant. Il nous permet en effet de préciser l'existence d'un imaginaire distinct et spécifique de l'enfant asthmatique. Il nous aide à mieux saisir la réalité d'une vie imaginaire où l'angoisse et l'angoisse de mort sont très présentes, comme nous le montrent les résultats de cette étude. Il nous restera alors à préciser la nature et la structure de cette angoisse concernant autant l'enfant que ses parents, et qui ne sauraient être une conséquence extrinsèque d'une atteinte corporelle. Ici nous ne saisissons pas une hypothèse désireuse d'interpréter des mécanismes, mais une réalité existentielle et clinique. Et c'est à ce niveau même que la technique projective nous apporte des données diversifées de l'univers des enfants de catégories différentes. Là où les modalités relationnelles peuvent ne pas être fondamentalement différentes, les instances structurelles apparaissent plus spécifiques.

Cette étude, au milieu de ses limites, nous interroge incontestablement d'une façon intéressante sur une distinction toujours nécessaire en psychologie clinique entre la structure et la relation, compte tenu des interférences possibles entre elles. Comme de nombreuses études l'ont toujours constaté, la spécificité de la psychologie de l'enfant psychosomatique ne se situe ni au niveau de la relation ni au niveau de la personnalité, mais davantage au niveau même de la structure et de son organisation existentielle, temporelle et ontologique.

4. TROUBLES DE LA STRUCTURATION ET DONNEES PROJECTIVES

Dans l'approche structurelle de l'enfant malade et des troubles psychosomatiques, nous avons cherché simultanément à réaliser une étude comparée et approfondie de la structure de l'enfant dit «cas social» et de l'enfant névrotique chez les populations d'enfants placés en établissements spécialisés. Elle voulait compléter l'étude comparative de l'affectivité d'enfants carencés et d'enfants asthmatiques. Les études de la première série ont porté essentiellement sur la dynamique familiale et l'investigation de l'intelligence et de l'affectivité.

Elles ont intéressé deux types de populations : d'une part, des enfants séparés de leur famille après de nombreuses tentatives d'assistance et de guidance, et d'autre part des enfants d'âge similaire (neuf-quatorze ans) placés en Centre d'Observation et de Rééducation pour des troubles du caractère et du comportement s'insérant dans des structures psychopathologiques caractérisées. A partir de l'étude des différences psychosociologiques, socio-économiques et écologiques, il est possible de mieux comprendre les similitudes et les différenciations dans la structure de ces personnalités.

Le terme de cas social est, nous le savons, lourd de signification, mais aussi d'ambiguïté et de polymorphismes ; et, si nous l'avons conservé dans cette étude, nous savons aussi combien il rejoint la réalité pathogène de l'enfant séparé de sa famille, du point de vue social et affectif.

Nous nous sommes d'abord attachés à l'étude d'une population d'enfants séparés de leur famille par des mesures autoritaires entraînant un placement en internat dans un établissement recevant des garçons de dix à dix-huit ans, soit de l'autorité judiciaire, soit de services de prévention de la Direction de l'Action Sanitaire et Sociale. Nous nous sommes tout particulièrement intéressés à l'étude psychosociologique dans la mesure où nous avons considéré les enfants à leur premier placement en internat, environ vers dix ans et bien entendu à l'étude psychologique de la personnalité : étude de l'intelligence, de sa structure et de son niveau, analyse de l'affectivité et de la structure de la personnalité à l'aide de tests projectifs, Rorschach essentiellement.

Mais nous avons voulu enrichir notre travail d'une série d'études comparées avec une population d'enfants d'âge similaire placés en Centre d'Observation et de Rééducation pour troubles du caractère et du comportement s'insérant dans des structures déviantes, névrotiques, prépsychologiques, voire même psychotiques. Nous avons réalisé la même approche psychosociologique, puis la même étude de l'intelligence et de l'affectivité selon le même schéma que précédemment. Nous nous sommes actuellement limités à ce type d'étude structurale, sachant très bien combien les études de comportement et de séméiologies diverses (scolaire, etc...) peuvent avoir d'intérêt du point de vue comparatif.

Cet aspect de notre travail s'inscrit dans le courant actuel de recherches sur les Maisons d'enfants à caractère social présentant un certain nombre d'étapes de compréhension. Mais depuis longtemps et avec beaucoup d'autres auteurs, notre expérience nous faisait souvent poser le problème essentiel rejoignant les interrogations sur les structures de personnalité. Les perturbations chez l'enfant cas social sont-elles d'ordre structural et concernent-elles la structure de l'être de l'enfant? Nous nous sommes donc attachés à préciser cette expérience clinique par l'étude de deux populations distinctes d'enfants d'âge similaire dans deux établissements distincts. Ces deux établissements représentent en effet en tant qu'internat, chacun selon son type et sa spécialité, l'aboutissement thérapeutique et institutionnel de longues évolutions psychopathologiques et comportementales au cours desquelles les enfants ont bénéficié de diverses mesures thérapeutiques se révélant à un moment donné insuffisantes pour de nombreuses raisons. Pour l'un, il s'agit de l'aboutissement des longues et douloureuses histoires où s'intriquent sociopathies et troubles du caractère des enfants confiés après des mesures d'assistance de type varié (milieu ouvert, secteur hygiène mentale, etc...). Pour l'autre, il s'agit de l'aboutissement d'une longue évolution, le plus souvent déstructurante, après de nombreuses tentatives de rééducation et de thérapies en milieu naturel dont toute région dispose actuellement. Chacun dans sa catégorie représente effectivement un type défini et reçoit des enfants de neuf-dix ans, à l'âge où peuvent se révéler ou s'aggraver les troubles de la personnalité, du comportement et de la scolarité.

Nous constatons dans l'ensemble que les caractères fondamentaux de la personnalité de l'enfant dit cas social et de l'enfant dit caractériel névrotique participent de la psychopathologie de la structuration, de degrés différents, mais de nature comparable.

1. **Chez l'enfant cas social**, il s'agit des degrés de **l'astructuration** constituée d'un vécu d'insécurité, de menace de solitude, d'avidité affective, de sentiments d'infériorité et de désir de retrait par rapport au monde. Il existe un vécu d'inconsistance et un sentiment d'incomplétude se traduisant aux tests projectifs par tout un ensemble de thèmes d'anxiété, d'agressivité réactionnelle aux mesures d'assistance, d'abandon, des thèmes de chaleur et d'oralité, de désinsertion du monde extérieur.

Les dominantes dysphoriques sont très importantes, et notre étude a pu mettre en évidence la prégnance d'une vision pessimiste du monde, la recherche anxieuse de l'adaptation plutôt que l'adaptation réussie, l'incapacité à mobiliser ses forces de défense, et en fait la péjoration dans la passivité.

Nous voyons que l'angoisse — dont les racines remontent aux toutes premières expériences de l'enfance — est devenue une force centrale dans la personnalité; elle mine l'énergie de celle-ci, et paralyse le sujet dans toutes les difficultés même les plus minimes de son existence (réponse clair-obscur au Rorschach).

C'est en fait l'insécurité qui domine la personnalité de cet enfant capable de projeter au premier chef sa *«sensibilisation à ce qui est caché, au mystère, à l'inconnaissable, à l'insaisissable»* (Mucchielli à propos des réponses clob).

C'est l'insécurité fondamentale qui entoure l'enfant dans un halo d'angoisse et d'anxiété venant bloquer ses capacités relationnelles. Il n'est pas étonnant de constater la faiblesse et la tonalité anxieuse des images parentales que projette l'enfant, avec sentiment d'écrasement, d'indifférence, de nostalgie et d'agressivité. Et sachant combien ces images parentales sont en étroites relations avec l'image de soi, nous pouvons encore mieux saisir la problématique du sujet face à lui-même, face à son avenir, face à son être corporel et psychosomatique et face à ses frustrations antérieures.

2. Chez l'enfant névrotique ou prépsychotique, dit aussi caractériel tel que nous le comprenons dans cette étude, **c'est un processus de déstructuration** qui domine; c'est l'angoisse profonde, l'angoisse de mort qui, en liaison avec le vécu douloureux d'abandon et de néantisation, sera tellement prégnante qu'elle est une force d'appel à la communication, un désir pulsionnel de l'autre: ici la déstructuration est très profonde, la dévitalisation est beaucoup plus accentuée.

Mais nous pouvons aussi relever un certain nombre de caractères communs aux enfants cas sociaux et enfants névrotiques:

- Insuffisance de structuration du moi et des mécanismes de défense. Et dans l'ensemble de notre population d'enfants cas sociaux, nous retrouvons cette même faiblesse du Moi: impossibilité d'identification au père; vécu magique du monde (F % bas), insuffisance des forces de contrôle, affectivité pulsionnelle et explosive.

- Fragilité émotionnelle, labilité face aux frustrations, impulsivité restée primaire sont retrouvées chez les deux types d'enfants. Chez le cas social, les mécanismes de défense s'expriment dans une impulsivité agressive, tandis que chez le caractériel névrotique ou pré-psychotique, ils se vivent dans une dynamique de combat perdu et dans un climat de mort.

Mais l'angoisse est beaucoup plus prégnante, vécue et ressentie sur un mode dramatique; elle fait partie intégrante de la personnalité. Cette personnalité est tantôt totalement instructurée, à la limite de type prépsychotique ou psychotique, tantôt structurée sur le mode névrotique, ce qui entraîne alors une relative solidité des mécanismes de défense. Mais le plus souvent ces mécanismes de défense sont très faibles, la vie pulsionnelle et fantasmatique n'est que très faiblement contrôlée. Plus que l'agressivité, il s'agit d'une impulsivité majeure et explosive; il s'agit d'une réaction massive, globale et primaire à tout stimulus pouvant ressembler à une frustration. L'agressivité n'est pas élaborée, elle n'est que la manifestation volcanique de cette impulsivité. Les thèmes de mort et de destruction sont particulièrement prégnants et traduisent une très grande vulnérabilité.

Mais si le monde est vécu comme menaçant et anxiogène, on constate cependant une très grande avidité relationnelle; la demande de rencontre et d'affection est massive. Parfois dévorante. Il ne s'agit pas là d'un investissement fusionnel, comme chez le psychotique, mais d'un appel à l'adulte, d'un appel à la relation sécurisante et reconstructive. Souvent au contraire l'enfant dit cas social se méfie du monde extérieur et ne demande pas son aide, bien qu'il la souhaite ardemment en lui-même.

En fait, chez ces deux types d'enfants, nous rencontrons des traits névrotiques incontestables:
- angoisse liée au vécu d'abandon;
- agressivité réactionnelle et mal intégrée;
- dévalorisation de soi-même liée à l'insécurité ou à l'angoisse dans une impossibilité de vraie rencontre de l'autre.

Mais très souvent les degrés des troubles diffèrent d'une façon précise. Et là où l'enfant dit cas social se défend de son insécurité dans le repliement et l'immaturité, l'enfant caractéropathe vit son angoisse dans la déstructuration et la régression. Dans les deux cas, les processus sont névrotiques, mais la différence de degrés des perturbations ne saurait annuler les similitudes de leur nature.

3. Commentaires

Au terme de ces considérations issues de nos études cliniques et projectives, nous voudrions souligner quelques notions paraissant fondamentales dans le cadre de ce travail comparé.

Nous ne ferons que relever, sans nous attarder davantage, les profondes différences entre nos deux types cliniques d'enfants, du point de vue psychosociologique, socio-économique, écologique, familial où dans l'une des populations la structure familiale souffre profondément et où dans l'autre elle reste disloquée.

Mais nous retiendrons aussi combien l'étude de deux populations d'enfants dits cas sociaux et d'enfants dits caractériels nous permet de mieux saisir le problème de la relation de l'enfant avec sa famille, la problématique des conséquences de la séparation, de sa prévention et de son traitement, et le problème général de la structuration psychosomatique et psychoaffective.

Nous constatons en effet que l'intelligence des enfants dits cas sociaux possède un fonctionnement différent par rapport à une population normale : le profil intellectuel de l'enfant cas social revêt la même allure et la même morphologie que celui de l'enfant névrotique. Les chutes et les supériorités apparaissent aux mêmes endroits dans les tests.

Nous constatons que l'affectivité de ces enfants présente un ensemble de caractères où dominent l'immaturité, le retard de maturation, la fixation à un vécu magique du monde. Leur insécurité se rattache aux carences de dialogue avec les parents, les perturbations des images parentales, la dévalorisation de l'image de soi : l'insuffisance de structuration du Moi est évidente.

Mais nous avons rencontré de nombreux traits communs avec les enfants caractériels névrotiques ou prépsychotiques placés au Centre de Rééducation : au niveau de la faiblesse du Moi et des capacités de contrôle, au niveau des difficultés de communication, du vécu angoissé de la réalité, au niveau d'une intense insécurité par manque de repères affectifs suffisants, ce qui n'est certes pas l'apanage de l'enfant cas social. Et si le mot cas social peut paraître imprécis et flottant, nous constatons par l'étude comparative d'enfants placés en internat qu'il correspond à une réalité diversifiée, si nous prenons bien entendu en compte tous les antécédents de frustration de ces enfants.

Nous nous poserons pour conclure deux sortes de problèmes, du point de vue clinique et thérapeutique et du point de vue préventif :

- Du point de vue clinique et thérapeutique, nous distinguerons trois types de séparation :

• La séparation subie par l'enfant et la famille, intervenant dans un climat de frustrations sociales, économiques et familiales. L'enfant souffre profondément et a besoin d'un milieu déconditionnant venant amortir ses réactions et soulager son insécurité. C'est le rôle de l'internat et des structures thérapeutiques souples. Et c'est ce que nous constatons dans la population que nous avons étudiée, où il faut beaucoup d'investissement affectif et nuancé pour aider l'enfant à émerger de ses difficultés passées.

• La séparation active, aboutissement d'une longue démarche de la famille; il existe alors une progressivité dans le projet thérapeutique, il existe une attente de la famille, un désir convergent parfois de l'enfant et de la famille, quels que soient les ambivalences et les refus momentanés. Elle représente un ensemble thérapeutique, nécessaire à un moment donné de l'évolution de l'enfant; elle s'insère dans le contexte de la vie sociale, scolaire et familiale de l'enfant en tant qu'étape évolutive vers une adaptation plus intense du point de vue personnel et relationnel.

• La séparation intégrée, momentanée, dont l'ensemble reste l'hospitalisation de l'enfant, où généralement l'espoir vient structurer la conscience de l'enfant et du milieu familial; cette dynamique vient alors atténuer les conséquences psychologiques dramatiques qu'on ne saurait que trop souligner.

- **Du point de vue préventif,** nous pensons qu'il est utile et nécessaire de retenir certaines constatations précédemment relevées. Si donc à neuf-dix ans les enfants cas sociaux et les enfants caractériels présentent tant de caractéristiques communes en dépit des efforts réalisés, il est indispensable de prévenir des troubles qui ne sauraient s'expliquer uniquement par les carences psychosociologiques, compte tenu des perturbations du milieu familial. Et s'il est vrai que l'enfant cas social est un inadapté en puissance, il faut convenir et constater que cette inadaptation est en réalité très précoce. L'organisation de ces troubles est en fait très précoce dans la genèse de la personnalité. Et si l'on veut les éviter ou y remédier d'une façon profonde et efficace, il s'agit de répondre à ces organisations psychopathologiques primaires par des méthodes très diversifiées, peut-être parfois institutionnalisées, mais dont les premiers objectifs se doivent être avant tout **structurants** et psychothérapiques au sens fort du terme, en mettant en œuvre tous les moyens nécessaires susceptibles d'éviter effectivement beaucoup de troubles de la structuration de la personnalité. Nous avons vu dans une étude comparée de l'affectivité de l'enfant cas social et de l'enfant asthmatique comment se pose le problème de la structuration psychosomatique par rapport à la relation affective et à son intégration, ainsi qu'à ses perturbations diversifiées.

Les carences affectives, les perturbations névrotiques et les troubles de la structuration pyschosomatique concernent la problématique de l'angoisse infantile. Il nous paraît nécessaire maintenant de considérer les perturbations structurelles dans le temps.

VI. L'évolution structurale et le développement de l'enfant

1. L'EVOLUTION DES EXPRESSIONS PSYCHOPATHOLOGIQUES SELON LES AGES

Les différentes études considérées d'un point de vue projectif et objectif nous ont permis, à travers les différents tests analysés, de situer les niveaux des perturbations de l'enfant malade d'asthme. Nous constatons que chez l'enfant, la maladie psychosomatique s'insère au cœur même du développement de son être; elle s'intrique à son évolution structurelle pour interférer constamment dans la croissance somatique et psychique de l'enfant. De même que le substrat immunologique est susceptible de rester en équilibre longtemps et se décompenser à un certain moment de l'évolution de l'enfant, de même l'organisation structurale de la personnalité est capable de constituer un équilibre susceptible lui aussi de se détruire lorsque l'enfant devient incapable d'intégration, dans un affaiblissement de son moi, toujours possible en raison de sa faiblesse, comme nous l'avons étudié à travers le test de Rosenzweig.

Mais parallèlement à l'évolution de l'enfant, l'organisation structurelle évolue avec l'âge et déjà les données des tests d'intelligence et du test de Rorschach nous l'avaient fait pressentir. Elles ont objectivé certians aspects, notamment l'augmentation des capacités associatives avec l'âge, comme s'il s'effectuait une certaine désinhibition affective, une certaine libération de l'angoisse désintégratrice.

Mais l'étude clinique d'une population d'enfants asthmatiques déterminée, d'âge croissant, nous permet de mieux préciser les différents phénomènes. Nous devons en effet nous poser une question toujours actuelle pour le clinicien comme pour le chercheur :

Quelle est l'évolution de la personnalité des enfants malades en fonction de leur âge et de leur genèse physique, intellectuelle, affective et pathologique ? Dans l'intrication psychosomatique permanente intervenant de la naissance à l'adolescence, à quel niveau se situe l'évolution structurelle fondamentale, compte tenu de ce que nous savons déjà du processus psychosomatique et de ses rapports avec l'angoisse et l'imaginaire, les relations affectives et le surinvestissement de la fonction adaptatrice où l'énergétique est une donnée primordiale ? Il s'agit beaucoup moins d'une répression, et encore moins d'un refoulement. L'étude longitudinale de l'évolution d'enfants traités ou non est un élément intéressant et nous en verrons les incidences. Mais l'étude différenciée d'une population d'enfants d'âge croissant nous permettra d'une façon intéressante de saisir le phénomène dans son expression spontanée.

De notre population comportant 250 enfants de 245 familles nous avons considéré un groupe de 60 enfants dont nous avons étudié les expressions pychopathologiques et la structure de la personnalité (structure prédominante).

Il s'agit de 60 enfants, de trois à dix-huit ans, tous hospitalisés pour un asthme d'intensité sévère, tantôt grave, tantôt rebelle aux thérapeutiques somatiques habituelles. La gravité de la maladie est surtout réelle à partir de dix ans.

Nous avons la répartition suivante :

- De 2 à 5 ans :   14 cas   10 filles, 4 garçons
- De 6 à 10 ans :   16 cas   4 filles, 12 garçons
- De 11 à 14 ans :   20 cas   6 filles, 14 garçons
- De 15 à 18 ans :   10 cas   4 filles, 6 garçons

Nous remarquons la forte proportion de petites filles dans la tranche d'âge de deux à cinq ans, où les enfants présentent une maladie d'intensité plus modérée, sans être bénigne.

Le nombre de garçons est cependant dans l'ensemble supérieur (36/60) avec une nette prédominance entre dix et quatorze ans (26/60).

Les circonstances d'apparition de la maladie nous permettent de retenir des faits très prégnants dans l'existence de l'enfant :

- La très grande fréquence de la séparation d'avec la mère, entrée à l'école maternelle, placement ou séjour chez les grands-parents, début du travail de la mère; l'asthme est manifestement ici un symptôme survenant dans un contexte général de régression, avec l'association d'anorexie, d'énurésie, de troubles du sommeil, etc.

- Les facteurs infecticux sont également très fréquents (bronchite asthmatiforme).

La situation familiale

- Le couple parental: La situation familiale est le reflet des troubles que nous avons signalés dans notre étude psychosociologique générale. Il existe toujours une histoire complexe et perturbée du couple parental. 23 sur 60 sont pathologiques, 9 sont dissociés, 7 sont dysharmonieux, 6 enfants sont orphelins. Un seul couple est uni. On retrouve les pères asthmatiques, lombalgiques, éthyliques, effacés, ou bien les pères affairés et lointains. Il existe là souvent dans l'éloignement du mari une compensation de la dysharmonie conjugale. D'un point de vue caricatural on retrouve l'expression imagée de *« mère phallique et de père fallot »*...

- L'attitude des parents: Nous ne l'avons jamais trouvée adéquate. Nous relevons dix mères présentant des troubles psychopathologiques sévères et même une pathologie psychique caractérisée: hystérophobie, états dépressifs, teinte paranoïaque, et même structure prépsychotique.

L'anxiété est constante, la rigidité du couple parental est manifeste dans 30 %; et dans 20 % nous retrouvons le profil de la mère ambivalente, à la fois hyperprotectrice et détachée. L'indifférence et la démission ne se retrouvent que dans un seul cas sur 60.

On retrouve dans un exemple intéressant le profil proche de la mère de schizophrène chez deux enfants, frère et sœur, vivant une relation parentale très différente, tantôt c'est la mère anxieuse favorisant la régression et la réaction hystérique chez la petite fille très aimée et très désirée *« qui veut encore rentrer en moi, et dort sur mon ventre »*, et tantôt c'est la mère culpabilisante, agressive et distanciatrice vis-à-vis d'un garçon eczémateux et asthmatique, de structure obsessionnelle.

- Les relations fraternelles: Les relations fraternelles sont caractérisées par une rivalité fréquente à l'égard du cadet souvent considéré dans la famille non pas comme le cadet mais comme le petit enfant. Dans le dessin de la famille ou dans le test de Patte Noire, on retrouve ces éléments, avec notamment l'identification au bébé. Il existe aussi souvent une rivalité de compétition avec l'aîné, ou d'affirmation: désir d'affirmation personnelle survenant dans le cadre d'une évolution caractérielle et d'une séparation de la dyade avec la mère, ce qui n'est pas sans poser de difficultés aux parents, même si ces phénomènes représentent une phase processuelle positive et favorable.

Le niveau intellectuel

Nous retrouvons dans ce groupe partiel les caractéristiques que nous avons développées. Chez ces 60 enfants, le Quotient Intellectuel est égal ou supérieur à 110 dans 10 % des cas (population normale: 25):

- 25 %: Q.I.: 90-100
- 45 %: Q.I.: 90-80

La dysharmonie entre l'échelle verbale et l'échelle de performance est générale, en faveur des épreuves de performance et de compréhension: 20 %: débilité intellectuelle franche.

Dans l'ensemble, il y a peu d'enfants doués et la proportion est très inférieure à la proportion générale d'enfants très doués. La proportion des niveaux intellectuels bas, de l'ordre de la débilité est supérieure à la normale. Les perturbations sont représentatives de celles que nous avons constaté dans notre étude analytique de la structure affectivo-cognitive de l'enfant asthmatique. Il existe une insuffisance du facteur verbal et spatio-temporel; la chute aux épreuves verbales est déjà visible chez les jeunes enfants. C'est le profil de l'enfant inadapté psycho-affectif avec immaturité; les épreuves de compréhension, arrangement d'images sont bonnes, celles de vocabulaire, d'information et des cubes sont pauvres.

Nous pouvons maintenant réfléchir sur les données cliniques en fonction des âges:

1. Premier groupe: de deux à six ans: 14 enfants: 10 filles, 4 garçons

Nous relevons:

- un enfant psychotique;
- deux graves dysharmonies d'évolution;
- deux petits immatures très jeunes;
- deux enfants immatures caractériels;
- six petites filles immatures avec conduite hystérique;
- un petit garçon pré-obsessionnel.

Chez l'enfant psychotique, la crise d'asthme paraît être l'expression du désarroi de l'enfant dans une relation dyadique avec une mère elle-même prépsychotique, au désir mortifère; c'est un cri d'angoisse compréhensible dans le contexte, mais que la mère entend mal; c'est une défense de l'enfant contre ce désir mortifère.

Chez les deux garçons présentant une grave dysharmonie d'évolution, l'angoisse est également envahissante, diffuse et criante, pendant les crises et en dehors des crises, mais les mères sont moins pathologiques; l'une est une grande hystéro-phobique, l'autre est une grande dépressive. Elles entendent le cri d'angoisse, mais ne savent y répondre, ni comment assumer l'angoisse de leur enfant; et l'indifférenciation psychopathologique entre la mère et l'enfant vient se prolonger dans les perturbations de l'unité psychosomatique.

Chez les deux très jeunes enfants immatures, les relations entre le symptôme et la pathologie de la mère sont étroites et directes. L'un, à deux ans, est le symptôme de la mère dépressive; l'autre, à trois ans, celui de la grand-mère qui l'élève seule, alors que la mère est d'un déséquilibre psychique flagrant avec prostitution.

Chez les deux enfants immatures caractériels, le désarroi paraît entretenu par la dysharmonie du couple. Les tendances obsessionnelles et phobiques émergent, les défenses contre l'agression maternelle s'organisent dans une identification au père. L'un entre eux, instable et opposant a été placé à quatre ans, avec un père éthylique et une mère traitée en hôpital psychiatrique.

Les six petites filles immatures présentent toutes des conduites hystériques manifestes. L'une a une mère elle-même névrotique, hystérique, ayant trouvé un certain équilibre dans sa vie conjugale; l'autre a une mère anxieuse en conflit conjugal; le couple est dominé par les parents et l'enfant représente le symptôme de ces difficultés conjugales.

Deux de ces petites filles sont très entourées par une famille très nombreuse et développent certaines tendances régressives dans ce contexte; l'une est très captatrice envers une mère anxieuse et la dernière enfin vit un détachement affectif en cherchant une distanciation sur un mode névrotique vis-à-vis d'une mère profondément névrotique dans sa propre existence.

Enfin, *un petit garçon présente, outre un très bon niveau intellectuel des tendances préobsessionnelles* au milieu d'un couple parental très névrotique de tendance interprétative, où le père apparaît le plus névropathe avec des traits de paranoïa sensitive.

Chez ces petits enfants, nous pouvons approcher la signification de l'asthme et distinguer dans cet ordre d'idée, trois formes :

- L'asthme a le sens d'un cri d'angoisse et d'une tentative de défense vis-à-vis d'une situation agressante et génératrice de morcellement de la personnalité. C'est ce que nous retrouvons au milieu de l'agitation nocturne chez l'enfant psychotique et dans les dysharmonies d'évolution.

- L'asthme apparaît prendre le sens d'une protestation, chez les immatures caractériels en particulier. Fabienne, mutique, refuse de s'exprimer avec un père éthylique et violent, et une mère dépressive, souvent hospitalisée en milieu psychiatrique. C'est la protestation de Jean-Paul qui s'adresse à sa mère agressive et néantisante, essaye de s'identifier à son père malheureusement faible et inexistant, il vit en caractériel une phobie scolaire à l'adresse de la mère, et sait aussi être trè indépendant.

- L'asthme-appel est fréquent chez nos petites filles hystériques, dans un contexte le plus souvent très régressif. Florence commence sa maladie le jour de Noël, Emmanuelle quand elle est séparée des grands-parents dominateurs qui l'ont élevée, en associant phobie scolaire et vomissements. Laurence très entourée par sa famille associe des tendances régressives à des troubles du langage dans un contexte de dysharmonie conjugale, d'anxiété parternele et de dépression maternelle. Valérie est l'enfant unique de parents et de grands-parents d'une hyperprotection massive; les tendances régressives s'inscrivent dans des traits phobiques où la solitude de l'enfant est en fait réelle au milieu de l'affection dévorante.

Dans l'ensemble l'asthme est un langage précis chez tous ces enfants et on a l'impression qu'il pourrait être entendu. Il est même perçu parfois par les parents, mais la signification de ce langage s'inscrit à partir de troubles structuraux intenses où la désorganisation psychosomatique est intensivement intriquée aux caractères psychopathologiques, qu'il s'agisse de dysharmonie d'évolution, de traits hystériques ou obsessionnels, et même d'immaturité affective primaire. Chez tous ces enfants, on retrouve des signes projectifs d'une angoisse destructurante, avec un envahissement dysphorique et un jaillissement pulsionnel désorganisé. Les signes de destructuration de la personnalité voisinent avec l'émergence de défenses difficiles à mettre en place. Et en fait dans la période aiguë de la maladie, chez ces enfants présentant un asthme précoce d'évolution sévère dans un contexte psycho-affectif carencé ou perturbé, l'angoisse est constamment jaillissante.

Elle s'associe à des traits névrotiques plus précis, mais la structure de la personnalité est dominée par un processus d'indifférenciation. L'enfant vit l'absence de continuité dans une menace d'agression permanente; le sentiment de matérialité est constamment interrogé par les bouleversements affectifs; la temporalité est incohérente et fragmentaire, car le risque d'être néantisé est vécu fortement au milieu de son angoisse diffuse. La personnalisation est constamment mise en cause au milieu de décharges émotionnelles multipliées, dont les origines sont autant de l'intériorité que de l'extériorité. Au-delà de l'indifférenciation primitive de tout enfant, l'intégration des affects internes et externes est douloureuse et désorganisée.

2. **Deuxième groupe: de six à dix ans: 12 garçons, 4 filles**

Nous relevons dans ce groupe les formes cliniques suivantes:

- *Un garçon présente une très grave dysharmonie d'évolution* associée à un asthme d'intensité modérée. La mère est une grave névropathe agressive, le père est effacé et somnambule; le retard psychomoteur est important, un frère tousse quand il est frustré, une sœur a des terreurs nocturnes.

- *Quatre enfants sont des immatures, pauvres et rétractés.* Les mères sont agressives et ambivalentes. Les enfants s'adaptent au prix d'un rétrécissement des investissements intellectuels et affectifs. Chez l'un la crise d'asthme a la signification d'une protestation larvée et timorée. Chez les autres, on retrouve l'utilisation d'une revendication affective auprès d'une mère culpabilisante ou angoissée.

- *Un garçon présente des traits névrotiques phobiques*: chaque changement entraîne crises d'asthme et angoisse; l'image humaine est dévalorisée chez cet enfant introversif pur, anxieux, dont la mère a présenté un état dépressif quand il avait deux ans.

- *Sept enfants présentent des défenses obsessionnelles plus ou moins nettes et plus ou moins efficaces.* Il y a souvent de l'eczéma à la petite enfance; la rationalisation voisine avec l'ambiguïté des processus d'identification; le couple parental est stable, mais l'affectivité des parents est pleine de contradictions: l'enfant a souvent vécu une séparation dans la petite enfance; l'inhibition est souvent forte.

- *Un garçon affirme des traits hystériques et caractériels.* Les crises d'asthme sont spectaculaires, la maladie présente une certaine gravité avec un eczéma précoce. L'insatisfaction affective est associée à des défenses caractérielles et il existe un retard de maturation des fonctions instrumentales.

- Enfin, *deux enfants n'ont pas de troubles névrotiques particuliers.* L'un a perdu sa mère quand l'asthme s'aggrave; et l'autre, introversive, à vu l'asthme apparaître après la naissance du frère cadet et s'aggraver au moment du conflit relationnel avec la mère. Les éléments apparaissent ici nettement réactionnels.

Dun point de vue général dans ce groupe d'enfants, nous constatons l'élaboration des organisations névrotiques selon certaine spécificité. Chez les uns la relation entre l'asthme et les difficultés psychologiques n'est pas immédiatement évidente; chez d'autres au contraire, elle apparaît démonstrative.

Mais dans tous les cas, c'est la problématique structurelle et existentielle de l'enfant qui apparaît en liaison avec la maladie asthmatique; la mort d'une petite sœur ou d'un des parents d'une part; et d'autre part l'intrication de traits névrotiques en voie de constitution vient concerner l'évolution de l'asthme dont l'intensité est alors très variable. Il semble que dans ces cas l'asthme entre en concurrence avec l'organisation des traits névrotiques. Son intensité est d'autant plus forte que surgissent des événements insupportables pour l'enfant qui les vit (conflits, deuils, séparation, agressivité familiale, dissociation parentale, etc...). Les modulations de l'asthme s'intriquent à la constitution des traits névrotiques dont on saisit davantage l'élaboration dans ce groupe d'enfants, en raison même de l'âge.

3. Troisième groupe : de onze à quatorze ans

Nous retiendrons 20 enfants dans ce groupe : 14 garçons et 6 filles.

- *Un garçon présente une grave dysharmonie d'évolution* avec dysthymie et troubles du comportement dans un milieu familial douloureux.

- *Trois enfants sont des immatures « rétractés pauvres ».* Il s'agit de deux filles et d'un garçon ou l'asthme s'associe à l'énurésie et à d'autres perturbations psychosomatiques; ces trois enfants sont coartés et culpabilisés par la maladie et le rejet familial.

- *Sept enfants ont des défenses obsessionnelles précises* : 6 garçons et une fille. L'un à un quotient intellectuel élevé, tous les autres vivent un contexte éducatif hyperprotecteur et survalorisant, où l'investissement énergétique et les exigences personnelles et parentales tiennent une grande place.

- *Quatre enfants sont de structures hystérophobique très accusée* (2 garçons, 2 filles). L'hyperémotivité, l'inhibition de l'affectivité, la dépendance à l'égard de la mère s'associent au déclenchement émotionnel des crises d'asthme dans un contexte de revendication, voire même d'utilisation de la maladie à des réalisations affectives inconscientes.

- *Cinq enfants enfin sont des personnalités caractérielles avec abandonisme;* dans un seul cas, les parents sont nettement démissionnaires; l'un de ces garçons subit les sarcasmes du père. Chez deux autres garçons, le père ou la mère sont agressifs et brutalisants et chez le dernier de ces enfants, le comportement caractériel apparaît nettement réactionnel à une ambivalence culpabilisante des parents.

Chez ces enfants entre douze et treize ans, l'asthme a souvent la signification de recherche de bénéfices secondaires, dont le sens reste en fait ambivalent; l'opposition caractérielle se comprend dans une recherche masochiste de rejet; et les crises, souvent liées à une asthme sévère, représentent la possibilité d'atténuation de ce sentiment d'exclusion et d'abandon. Mais compte tenu de la fragilité structurelle des personnalités, ces enfants ne réussissent pas à se faire entendre par leurs expressions psychosomatiques alternant ou s'associant à leur conduites caractérielles; ces deux portes de sorties supputées sont en fait toutes les deux des impasses. L'asthme et le trouble caractériel s'inscrivent dans un contexte de conflit intrapsychique difficile à assumer par l'enfant et incapable de s'expliciter auprès des parents autrement que sur un mode ambivalent, compte tenu de la situation abandonique de départ. Certains de ces enfants ont en plus une situation familiale et personnelle très semblable à celle des enfants cas sociaux.

Gérard par exemple est un enfant de douze ans, immature à réactions caractérielles. Sa mère s'est suicidée quand il avait quatre ans; il est élevé par sa grand-mère jusqu'à huit ans, et le père, funambule de son métier, se remarie. La belle-mère le décrit comme un immature indiscipliné *« cossard, mythomane et brouillon »*, méchant avec les animaux, brutal avec les objets. Le comportement social est phobique, il existe une forte inadaptation avec dysorthographie. Le père voudrait que son garçon puisse faire le même métier que lui; mais au milieu de cette souffrance, Gérard en fait se pose des questions métaphysiques.

Ainsi nous voyons que dans ce groupe d'enfants de onze à quatorze ans, l'asthme est en général d'intensité sévère. Généralement c'est la première fois qu'à cet âge on aborde les difficultés psychosociales et psychologiques en raison de plusieurs facteurs : la gravité de l'asthme nécessitant une hospitalisation, l'importance des difficultés scolaires ou sociales. Et de fait, dans un tel contexte, les troubles affectifs sont graves, souvent beaucoup plus que dans l'échantillon précédent. Les perturbations névrotiques sont plus accusées et la souffrance de l'enfant est beaucoup plus aiguë. Les perturbations de la structure de la personnalité sont nettement plus intenses: complaisance masochique, hystéro-phobie, traits obsessionnels fort défensifs, angoisse précoce (effective ou latente) vis-à-vis de la dissociation parentale, insécurité permanente, abandonisme et blocage de la revendication affective, sentiment d'infériorisation, coartation affective et fixation archaïque à la mère. Ce groupe d'enfants apparaît ainsi caractérisé par l'existence entre onze et quatorze ans d'un processus conflictuel intense au milieu duquel l'enfant est incapable de se ressaisir dans un ensemble psychopathologique où domine l'inefficacité des mécanismes de défense vis-à-vis d'une angoisse suractivée. Ainsi au milieu de ces mécanismes de défense fragiles, l'imaginaire de ces enfants déborde d'angoisse, et ne peut être contrôlée, car le chaos est trop grand.

Jean-Michel est à onze ans un enfant qui a vu apparaître son asthme à neuf ans, après un eczéma; instable, anxieux, angoissé et phobique, il est violent à l'école et avec sa sœur; encoprésique jusqu'à quatre ans et demi, l'énurésie persiste; il dort toujours avec sa mère, et voici dix ans que les parents sont séparés. Dysthymique avec des phases dépressives; il vit une dépendance orale, et une angoisse de mort au milieu d'un père sans autorité, plus lointain, et d'une mère autoritaire et anxieuse, surmenée et affichant le masque de l'agressivité. L'angoisse de mort s'associe à des signes de dépersonnalisation évidents, avec une angoisse de morcellement.

4. Quatrième groupe: de quinze à dix-huit ans

Nous trouvons 10 cas dans ce groupe:

- *Cinq adolescents, hystériques phobiques,* 3 filles et 2 garçons. Les caractéristiques structurelles et familiales sont ici plus nettes et plus démonstratives. L'asthme a nettement la signification d'une protestation vis-à-vis des attitudes oppressives de la mère, de la famille ou de l'école.

Les filles présentent des comportements phobiques avec repliement social, immaturité, et parodie d'une facilité relationnelle masquant des tendances à la coartation. On peut ainsi parler chez ces adolescents d'un style faussement social masquant une personnalité en rétraction sur le mode d'une hystérie répressive. Les garçons vivent de même sur des modalités hystériques, mais avec plus d'agressivité à l'égard de leurs parents «étouffants» et des carences affectives qu'ils ressentent à travers ces conduites parentales ambivalentes. De toute manière la culpabilité vis-à-vis de cette agressivité vient également, comme chez les filles, entraîner un processus répressif, dans un contexte d'insatisfaction douloureuse névrotique, et de perturbations de l'identification.

Deux adolescents, tous deux des garçons de quinze ans, présentent des traits névrotiques obsessionnels associés à une grave dysharmonie d'évolution. Cette défense obsessionnelle apparaît peu efficace vis-à-vis de bouffée confusionnelle ou d'anxiété morbide intense. Chez l'un, il s'agit d'un couple en dissociation où la mère est nettement mortifère dans ses attitudes et son langage et le père objet calamiteux; chez l'autre il est question, au milieu de traits obsessionnels, de la certitude d'atteinte grave entretenue chez l'adolescent par la complaisance des parents dans la maladie. On retrouve ici la tendance à la dépersonnalisation, en alternance avec des phénomènes psychomoteurs de conversion somatique, dans un contexte conflictuel où l'angoisse n'est plus contrôlée; celle-ci reste susceptible d'entretenir de multiples formes psychopathologiques chez l'adolescent comme chez les parents.

- Trois adolescents présentent des structures de personnalité à peu près normale avec quelques défenses obsessionnelles efficaces. Les niveaux intellectuels sont bons, voire élevés.

Ces adolescents présentent tous au moment où on les connaît un état dysthymique, réactionnel à la mort d'un de leurs parents. Pour deux d'entre eux, une fille de quatorze ans a perdu sa mère, un garçon de dix-sept ans, son père. Le troisième, à quatorze ans, supporte mal l'anxiété de sa mère et le caractère répressif des attitudes parentales. Quelques traits phobo-obsessionnels émergent au milieu d'un vécu dysthymique réactionnel. Nous n'avons observé dans ce quatrième groupe, ni sujets normaux, ni sujets surcompensés; les sujets se rapprochant de la normale étaient en fait décompensés dans le cadre d'un traumatisme affectif. Chez tous ces adolescents, l'asthme est grave, parfois invalidant; il évolue depuis la petite enfance et a débuté entre trois et cinq ans; il a souvent été précédé d'un eczéma. Il existe constamment chez tous ces adolescents des traumatismes affectifs personnels (décès, abandon, viol dans l'enfance) et familiaux (milieu familial dissocié et agité). L'angoisse est constamment présente au cœur même du développement psychologique et psychosomatique : angoisse de morcellement, de néantissement, de castration, angoisse de mort, dépersonnalisation en voie d'évolution ou de régression; les perturbations de l'identification continuent d'évoluer au milieu de mécanismes de défense à dominance obsessionnelle plus ou moins efficace, et dans le cadre d'organisaiton hystérique fragile et répressive. Mais derrière ces mécanismes de défense, l'imaginaire vit douloureusement l'angoisse, là encore, dans un processus où domine la dépersonnalisation et la dysthymie.

5. Commentaires

Ainsi, sur une population de 60 enfants asthmatiques hospitalisés, de trois à dix-huit ans, nous avons essayé de saisir les modalités d'expression psychosomatique et psychopathologique en fonction des âges. Nous pouvons retenir les caractéristiques suivantes :

- Chez les tout petits, il existe une pathologie de déstructuration forte et intense ; c'est aussi une astructuration, et chez d'autres enfants, une immaturité ; notons un cas d'hystérie du tout petit, malgré les réserves que l'on peut faire à propos de cette notion ; nous pensons qu'elle existe et peut se rencontrer ; elle est expressionnelle, avec tout un cortège symptomatique signifiant et audible.

- De six à dix ans, on ne rencontre ni structure caractérielle, ni trait hystérique ; dans 50 % des cas, des traits phobo-obsessionnels et une immaturité affective réelle dans 25 %.

- De onze à quatorze ans, les traits psychopathologiques sont plus diversifiés : dysharmonie d'évolution, immaturité, défenses obsessionnelles, structure hystéro-phobique, personnalités caractérielles.

Peut-être cette diversification tient-elle, dans notre échantillon, au plus grand nombre d'enfants dans ce groupe ? Mais nous savons qu'à cet âge l'évolution psychologique est encore labile ; l'enfant est confronté à sa problématique psychosomatique d'une façon plus aiguë, et l'asthme est ici effectivement très sérieux.

- De quinze à dix-huit ans, nous constatons une névrotisation plus précise. La dimension caractérielle tend à disparaître ; les traits névrotiques s'inscrivent, comme on peut s'y attendre, dans la trame de la personnalité hystéro-phobique ou obsessionnelle : les troubles dysthymiques interviennent également, et la dynamique de l'imaginaire — ouverte à la période précédente — vient subir les assauts de l'inhibition et de la répression au milieu d'un intense tumulte de l'intériorité.

2. REFLEXIONS SUR LA DYNAMIQUE PSYCHOTHERAPIQUE CHEZ L'ENFANT ASTHMATIQUE

Les aspects thérapeutiques concernant l'enfant asthmatique soulèvent un certain nombre de problèmes théoriques et pratiques difficiles et parfois discutés. Nous voudrions aborder cette question à partir des considérations cliniques nous permettant une réflexion sur le processus psychothérapique et ses rapports avec le développement structural. Dans ce domaine également les études comparées nous ont paru d'un grand intérêt.

C'est ainsi que dans un premier temps, il nous a paru intéressant d'aborder l'aspect thérapeutique en confrontant **processus, structure et développement en psychothérapie** dans une étude comparée.

Les modalités du processus psychothérapique sont très polymorphes et concernent de nombreuses instances de la personnalité. Et c'est à partir d'une étude sur l'évolution de la structure infantile en psychothérapie que nous voudrions souligner quelques éléments de réflexion sur ce thème, en considérant deux populations d'enfants de cinq à quatorze ans et deux types cliniques distincts.

D'une part, des enfants asthmatiques, et d'autre part des enfants présentant une dysharmonie évolutive au sens actuel du terme.

L'étude du développement structural de l'enfant s'inscrit, nous l'avons vu tout au long de ce travail, dans une problématique psychosomatique générale, et c'est là semble-t-il un point bien admis actuellement. Elle nous amène à considérer le rôle des différents processus intervenant dans l'intégration psychosomatique générale. Dans une perspective de recherche, nous avons tenté de dégager quelques éléments dynamiques constitutifs d'un processus psychothérapique en confrontant nos expériences à partir de deux types de pathologie de l'enfant.

Nous considérons dans cette perspective le processus psychothérapique davantage en terme d'organisation de la personnalité de l'enfant qu'en terme de modalités d'intervention. Et c'est pourquoi, nous nous situerons davantage dans une perspective de compréhension structurelle que de compréhension subjective ou intersubjective. En étudiant l'évolution des perturbations psychoaffectives de l'enfant asthmatique et des troubles instrumentaux, psychomoteurs et psychoaffectifs de l'enfant dysharmonique, nous voudrions approcher trois aspects dynamiques nous paraissant significatifs dans une évolution thérapeutique :

- la signification des relations parentales;
- l'élaboration imaginaire;
- l'intégration des conflits.

A. La signification des relations parentales

L'évolution psychothérapique d'un enfant est bien entendu — ceci est bien connu — très influencée par l'attitude des parents et la démarche de l'enfant par rapport à ses parents ou ses substituts.

Dans la maladie psychosomatique, la démarche de l'enfant nous apparaît très souvent symbiotique à celle des parents. Lorsque la mère et le père ont compris et intégré la nécessité d'une évolution psychoaffective, le symptôme n'est pas encore signifiant chez l'enfant. Les troubles n'interrogent pas directement les intéressés, car on se trouve généralement dans le registre de l'inhibition et de la régression; et c'est à partir d'une indétermination de base que l'enfant aura progressivement et douloureusement à prendre conscience du sens de ses symptômes, de ses modalités d'expression et de ses relations avec ses parents.

Dans l'autre type clinique, l'enfant nous apparaît plus souvent renvoyé à un langage signifiant, et le trouble interroge plus directement la famille. Dans la désorganisation psychosomatique que représente la dysharmonie, l'enfant peut accéder plus clairement à la conscience du trouble qu'il crée en lui-même et dans sa famille; et la résonance des symptômes et des troubles affectifs chez les parents apparaît de toute façon très différente. Dans la maladie psychosomatique, il existe souvent derrière des relations symbiotiques un profond décalage de signification entre le vécu de l'enfant — passif et régressif — et celui des parents — agressifs et narcissiques. L'enfant asthmatique saisit difficilement les motivations possibles de sa démarche comme ses parents neutralisent constamment leur angoisse à partir de cette démarche. L'enfant présentant une dysharmonie évolutive laisse la porte ouverte à des interrogations, de la même façon que ses troubles interrogent davantage les parents. Et ces réalités profondes viennent constamment concerner l'évolution de la dynamique psychothérapique.

B. L'élaboration imaginaire

L'imaginaire de l'enfant présentant une maladie psychosomatique pose une série de problèmes très importants du fait en particulier de la répression psychoaffective si caractéristique. Et l'on peut dire que les difficultés, et aussi parfois les réserves, concernant les psychothérapies de ces enfants ont été déterminées par cette réalité. Or en fait, l'évolution psychothérapique nous montre qu'il existe chez ces enfants un monde imaginaire rétréci et enfoui secondairement. La situation psychothérapique est capable de favoriser l'expression et la libération de cet imaginaire enfoui et réprimé. L'expression psychothérapique s'effectue à partir du registre de la régression, mais elle est capable de faciliter l'émergence de la vie affective et la prise de conscience ultérieure du sens de ses symptômes et de ses difficultés psychoaffectives. Mais là comme ailleurs, l'émergence de l'imaginaire n'est pas toujours parallèle à celle de l'expression et de la modification des comportements de l'enfant.

Dans les dysharmonies d'évolution, l'élaboration imaginaire apparaît au contraire très variée. Mais cette plasticité très réelle peut masquer une certaine stéréotypie non moins réelle. Les projections ont des difficultés à sortir de la ritualisation et l'angoisse de néantisation ou de dévoration s'exprime souvent longtemps de la même façon. L'enfant façonne longtemps dans la pâte à modeler par exemple, le même objet qui l'intéresse, susceptible alors de devenir toutes sortes de réalités tronquées, dans une transmutation constante de la matière. L'indistinction du réel et de l'imaginaire paraît à son comble chez ces enfants, alors que l'enfant asthmatique privilégie le réel et semble être capable de distinguer plus précocement le réel et l'imaginaire.

Mais cette élaboration s'associe par ailleurs volontiers à une fuite relationnelle où les désirs d'expression et d'expansion sont présents, alors que chez l'enfant psychosomatique il s'agirait d'avantage d'une annulation relationnelle venant concerner constamment le processus psychothérapique. Dans un cas comme dans l'autre, l'angoisse vient constamment concerner le temps et l'être de l'enfant. Chez l'un le temps figé évoluera vers le discontinu, alors que le temps fragmenté de l'impulsivité incontrôlée cherchera chez l'autre à évoluer dans un processus plus continu de structuration de la personnalité de l'enfant. Et l'on pourrait aisément retrouver ces caractéristiques que nous venons de signaler au niveau du jeu, de l'imitation et du rêve.

C. L'intégration des conflits

L'intégration des conflits est certainement un élément essentiel de la dynamique psychothérapique. Elle est bien entendu fonction de la problématique affective et inconsciente de ceux-ci.

Nous avons été particulièrement intéressé par l'existence fréquente d'un négativisme venant oblitérer la dynamique psychothérapique chez l'enfant psychosomatique. Incapable de supporter l'indépendance possible et future vis-à-vis de ses parents et des propres désirs d'affirmation personnelle, incapable de pouvoir concerner les parents de façon nette et lucide, cet enfant chemine souvent et longtemps dans un «clair-obscur» conflictuel intéressant la psychothérapie tout au long de son évolution et de sa réalisation.

Chez l'enfant dysharmonique, nous avons remarqué qu'il existe souvent un positivisme en miroir par lequel les conflits sont plus directement abordés tout au long de la thérapie. Au milieu de la fuite relationnelle et du morcellement de son temps, l'enfant arrive de façon variable mais parfois nette à saisir les conflits possibles et réels: (mon entourage est insatisfait pour moi, etc...).

Mais il est bien entendu très vrai de dire que l'intégration des conflits intrapsychiques et relationnels reste un processus lourd, riche d'angoisse et de refus. Il nous semble cependant que cette intégration s'effectue selon un mouvement plus continu et régulier chez l'enfant psychosomatique, alors que dans la dysharmonie d'évolution elle apparaît très discontinue et constituée de séquences très irrégulières.

Mais au-delà de ces trois aspects dynamiques qu'il nous a paru intéressant de considérer, au-delà de l'intégration des conflits participant à la structuration de l'enfant en psychothérapie, c'est l'organisation de son identité que nous rejoignons en profondeur. L'intégration de l'image de soi et de l'autre nous apparaît constituée d'un processus continu chez l'enfant psychosomatique. Et cet aspect est intéressant à souligner dans la mesure où il intervient dans un vécu corporel scindé, où la scission est souvent telle qu'elle vient faire obstacle longtemps à la prise de conscience des conflits et de l'expérience de l'unité psychosomatique. Mais l'identification physique, corporelle et affective apparaît très déterminée par les perturbations d'une personnalité ayant constitué très tôt des mécanismes de défense psychosomatique très précoces face à l'angoisse et à la désorganisation de son être psychosomatique. Et nous pouvons alors constater dans la dysharmonie évolutive la fragilité et la labilité des mécanismes de défense qu'il s'agit d'accompagner dans le processus psychothérapique lui-même. Du point de vue de la dynamique inconsciente, dans le premier type clinique, les mouvements des pulsions, des attractions et des aspirations, des mécanismes de coordination et des virtualités de l'enfant émergent progressivement dans une ouverture de l'être et de son identité. Dans le deuxième type, l'on saisit progressivement tous ces mouvements de la vie psychique profonde cherchant à se coordonner et à s'organiser au milieu de leur désarticulation intéressant les domaines psychomoteur, psychomatique et affectif de l'enfant. Mais entre ce qui se passe chez Denis dont l'univers est fait — au milieu de son instabilité et de son intense recherche d'affection — d'aigles, d'animaux malades et d'intérieurs d'organes du corps, et ce qui se passe chez Laure — qui s'enferme dans le placard, retient sa respiration à la vue du petit frère et retrouve avec peine le regard de ses parents — quelle est la signification de l'expérience corporelle et de la recherche d'unité dans la psychothérapie?

C'est dans l'expérience corporelle subjective, dans la difficile représentation de la structure corporelle que chemine l'organisation du processus de restructuration de la personnalité. C'est dans le réalisme d'une prise de conscience du moi et d'une rupture avec le monde extérieur que l'enfant pourra mieux assumer sa réalité et son identité.

Et c'est certainement dans l'organisation de relations affectives vivantes et authentiques avec lui-même et avec autrui que l'enfant, dans la dysharmonie ou l'inhibition de son évolution, pourra faire l'expérience de l'apaisement et de la structuration de son identité perturbée dans sa corporéité, ses potentialités, sa créativité et son affectivité.

D. Laurent ou l'enfant au clair-obscur

L'histoire de Laurent comporte des phénomènes d'évolution fort spécifique. Nous le voyons à dix ans et onze mois dans le cadre d'un bilan général pour un asthme modéré, mais rebelle aux thérapeutiques habituelles.

1. L'histoire psychosomatique

Laurent a vu son asthme s'installer à quatre ans; il a dû être hospitalisé à cet âge à l'Hôpital des Enfants pour de violentes crises paroxystiques. L'asthme s'atténua dans l'enfance et resta modéré, mais toujours présent; un bilan allergologique avait montré une sensibilisation aux poussières, pollen et graminées; et le traitement avait été fait d'une désensibilisation pendant trois ans; la maladie évoluait d'une façon intermittente, mais toujours un peu sournoise. Les crises d'asthme se sont nettement espacées; mais l'été précédant la consultation, Laurent fit de nouveau une recrudescence de crises au contact de l'avoine. Au moment où il consulte, en hiver 1975, les crises sont moins fréquentes, mais encore fortes.

Laurent est décrit par sa mère comme un grand timide qui n'ose parler et se manifester. Il ne demande rien, s'amuse seul, et parfois explose dans des colères subites, impulsives et disproportionnées. Il existe une énurésie mal contrôlée et quelques légers troubles psychomoteurs. Laurent vit donc assez replié dans un milieu familial somme toute assez banal. Il est assez dépendant d'un frère de treize ans. Ce frère pose un certain nombre de problèmes à sa famille en raison d'une opposition nette à son père. Les parents ont un comportement différent face à la maladie de leur enfant : la mère minimise les problèmes; elle réagit avec ambivalence devant les dimensions psychologiques de l'affection de Laurent. Et cependant, elle est bien consciente, au fond d'elle-même, des retentissements possibles d'une évolution difficile, pendant la petite enfance de Laurent. Elle tolère mal les velléités d'expression des enfants, surtout quand elles prennent les voies de l'impulsivité et de la colère. Elle contrôle encore assez bien une anxiété qui s'extériorisera les années suivantes, face aux problèmes de caractère et d'orientation.

Le père est, aux dires de son épouse, un homme anxieux *« tranchant et autoritaire »*. Il existe de son côté familial une tendance nette aux perturbations thymiques et affectives. On apprendra au bout de plusieurs mois qu'il est un ancien traumatisé du crâne et ancien éthylique. Très nerveux et impulsif, on ne peut compter sur lui à cette époque : il ne s'est jamais occupé des enfants, et la mère de Laurent reste seule face à des adolescents grandissant et interpellant leurs parents chacun à sa manière.

Ce père dramatise toutes les situations aux dires de Laurent. Il existe une belle-mère aussi dépressive, une sœur du père s'est suicidée.

La petite enfance est vécue dans un climat de relations conjugales et familiales somme toute assez ternes. Cette petite enfance ne semble pas avoir présenté d'événements très saillants, les parents tissant autour d'elle un certain écran de protection et d'indifférence à la fois; et les difficultés scolaires, les troubles du langage sont apparus dès le cours préparatoire, symptômes évocateurs traités comme tels à cette époque. La mère note cependant que les troubles du langage et de l'expression sont survenus dans sa toute petite enfance. Il bénéficia d'une rééducation orthophonique pendant un an et demi (C.P. et C.E. 1); on lui fait redoubler cette classe, et nous verrons qu'il reste chez cet enfant des troubles structuraux en 1975, période des premières consultations; Laurent suit avec difficulté au début de C.M. 2 et finit sa dixième année.

2. La personnalité

Ainsi nous nous trouvons devant un enfant présentant un asthme modéré depuis l'âge de quatre ans, à évolution paroxystique récente, associé à des troubles de l'expression à type d'inhibition et à des perturbations précoces du langage. L'ensemble survient dans un milieu familial feutré, où il existe quelques difficultés de communication au niveau conjugal et parental. Aussi Laurent est un enfant inhibé à l'école et en famille, mais tout à fait capable des relations nécessaires à la vie ordinaire.

En octobre 1975, Laurent avait dix ans onze mois. L'échelle d'intelligence de Wechsler pour enfants révélait un quotient intellectuel global de 94 avec 93 aux tests verbaux, et 96 aux tests de performance.

Les sub-tests sont faibles en information et mémoire, ils sont corrects en compréhension et très moyens en similitude et vocabulaire. Les sub-tests de performance sont hétérogènes, très faibles à l'assemblage d'objets et corrects au code et au complètement d'images.

Devant la tache du dessin d'une famille, Laurent s'est refusé à y répondre, en exécutant une série de ronds dans le coin de la page. Son dessin libre nous révèle un enfant écartelé entre une maison sécurisante dans un jardin de rêve, mais entourée de lumière et une *« maison des courants d'air »*, la sienne, qui l'expose à tous les dangers parce que sans toit.

Chez un enfant dont l'intelligence semble normale, nous relevons aux tests projectifs d'importants troubles de l'affectivité. On note une mauvaise résolution de la situation œdipienne. La mère est vécue de façon ambivalente. C'est elle qui fait peur et qui attire, le père ne semble pas représenter l'autorité et la puissance.

L'angoisse est très importante et mal contrôlée. Laurent a le désir de réagir à toutes les incitations contrariantes, mais son agressivité associée au désir de mort est fortement culpabilisée et inhibée.

Les mécanismes de défense sont très faibles face à cette angoisse, et la personnalité apparaît au bord de la destructuration. Les projections d'un vécu de morcellement sont nettes et déterminantes. Laurent ne semble résoudre ses difficultés qu'entre deux alternatives: ou dans la maladie, ou dans une vie faite d'essais infructueux pour résister et résoudre les agressions intérieures et extérieures.

Nous constatons néanmoins, au Rorschach, un certain nombre de bonnes formes (80 %) mais aussi des chocs au rouge (planches 2 et 3), des chocs aux planches 6 et 7.

On relève une certaine attirance pour les planches couleur, mais avec des reprises plus ou moins adaptées; celles-ci laissent apparaître les difficultés d'adaptation au fur et à mesure des planches, avec un envahissement de la couleur à la planche 10, et une dernière réponse frappante «*un faisan tué, un squelette moisi, tué et pas retrouvé, c'est tout*». On relève une résonance intime de type extratensif mixte.

Ainsi Laurent est un garçon qui présente, derrière ses difficultés asthmatiques et ses troubles du langage, des perturbations structurales et relationnelles. Les troubles sont faits de culpabilité, avec pétrification de la chose vivante, où la vie fait peur, où la mère est à la fois mort et vie, où la structure est envahie d'une tendance à la dévitalisation et au morcellement.

Devant un tel ensemble psychopathologique peu apparent extérieurement, en dépit des troubles de l'expression, nous proposions aux médecins de Laurent et à ses parents une psychothérapie et une guidance parentale.

3. Evolution sous traitement

L'entretien de synthèse avec la mère seule, malheureusement, nous permit de préciser certains aspects de la personnalité de Laurent; à demi réticente, à demi consciente des difficultés affectives de son fils, dans une intuition feutrée de toutes les implications familiales qu'elle ne connaît que trop, elle accepte la proposition de psychothérapie.

Pour des raisons de commodité pratique et financière, il est convenu que nous adresserons cet enfant à la Consultation du Centre de guidance infantile du secteur public. Il est proche du domicile familial, et Laurent pourra s'y rendre seul. Il est à noter que — comme le demandait le principe du fonctionnement de cet organisme et comme nous-mêmes le souhaitons constamment — la famille, en l'occurrence la mère, fit la démarche directement auprès du Centre de guidance infantile.

Ainsi Laurent suivit une psychothérapie d'une façon coopérante, rencontrant son psychothérapeute une fois par semaine.

Et au bout de deux ans, nous voyons revenir Laurent et sa mère à notre consultation. L'asthme est très amélioré, l'évolution est spectaculaire, nous dira la mère. Il fut suivi régulièrement pour la désensibilisation progressivement espacée, comme à l'ordinaire. Le motif de la consultation est double:

— Laurent devient de plus en plus opposant depuis six mois, et les demandes d'explication de la mère n'ont pas trouvé l'écho qu'elle en attendait auprès de l'entourage du psychothérapeute.

— La scolarité est de plus en plus difficile, la classe de cinquième s'effectue dans de déplorables conditions pour Laurent; et l'avenir est menaçant et incertain; Laurent doit être proposé pour la quatrième pratique, et la mère vit dans une certaine hantise cette éventualité qu'elle a connue pour son aîné.

Laurent est maintenant un adolescent, mais il n'a pas beaucoup grandi. Moins inhibé, on le sent moins dépendant des avis et des paroles de sa mère. Mais il persiste encore chez lui quelques troubles relationnels. Nous proposons de faire un nouveau bilan psychologique, en fin d'année scolaire, soit à deux ans et demi d'intervalle.

On perçoit bien l'intelligence de type pratique, de niveau normal. Il n'a pas été pratiqué de quotient intellectuel de comparaison. Mais on perçoit bien que cette intelligence subit une limitation d'ordre émotionnel, permettant ainsi à Laurent de s'adapter à la situation. On constate la persistance d'un contrôle précis et sévère sur l'activité perceptivo-cognitive et sur l'expression de l'affectivité. Ce contrôle vise à restreindre l'expression trop brutale des pulsions, l'impulsivité affective pouvant ainsi être un peu dominée.

L'affectivité est de type extratensif et impulsif, à la recherche d'objets sur lesquels se fixer; cette affectivité ne peut s'exprimer librement sans être source d'angoisse pour le moi qui exerce, là encore, un contrôle sévère, afin d'éviter la confrontation avec les pulsions et l'affect. Face à l'image maternelle, s'exprime une importante agressivité inconsciente; cette image suscite une ambivalence et une angoisse exprimée en réponse à la propre angoisse maternelle. On retrouve certains traits de type sadique oral mis déjà en évidence dans le premier protocole. Parallèlement à ces relations de type prégénital, s'exprime un désir d'indépendance si fréquent chez ce type de personnalité; ce désir est allié à un besoin de relations plus évoluée et plus distantes avec la mère; mais ces désirs suscitent culpabilité et sentiment dépressif chez cet adolescent, lorsqu'ils sont confrontés à la demande maternelle et à son angoisse.

On met aussi en évidence des difficultés dans l'élaboration d'une image du corps sexué. Les identifications aux images parentales sont conflictuelles; l'image paternelle virile est angoissante; il existe des interrogations relatives à la sexualité exprimées par rapport à l'image féminine.

Ainsi Laurent présente des traits névrotiques plus précis. La limitation de ses aptitudes est associée au conflit psycho-affectif et relationnel avec les images parentales. Il vit ainsi angoisse, agressivité inconsciente, difficulté d'identification et interrogation face à la sexualité.

La comparaison des deux protocoles projectifs à deux ans et demi d'intervalle est des plus intéressante. Il convient bien entendu, d'y introduire toujours les facteurs de pondération liés à l'évolution de l'enfant, en fonction de sa croissance psychophysiologique et psychologique. Mais nous retiendrons quelques points particuliers toujours à considérer dans une perspective globale. Les protocoles du Rorschach apparaissent en voie de structuration. Il existe une diminution du nombre des réponses, un accroissement des réponses globales, une évolution dans l'émergence des kinesthésies et des réponses couleur. L'évolution nous apparaît intéressante à deux niveaux :

- Les signes de dévitalisation et de destructuration — dépersonnalisation avec la traduction d'un morcellement de l'unification psychosomatique — sont très atténués. L'image de soi s'organise et se consolide nettement. Les images parentales sont tout de même moins génératrices d'angoisse.

- La personnalité évolue davantage vers l'organisation d'une structure névrotique, propre à beaucoup de situations d'adolescents en difficulté. Mais les troubles de la structuration, extrêmement nets à dix ans et demi, et fort inquiétants, ont évolué d'une façon plus intéressante en deux ans et demi de croissance et de psychothérapie. L'angoisse ne présente plus les caractéristiques déstructurantes que l'on notait chez Laurent au premier bilan; et s'il persiste des éléments névrotiques indiscutables, ils restent dans la logique de l'évolution que nous avons étudiée à partir de notre population d'enfants.

A partir de cette période, les événements vont se succéder d'une façon moins pathologique. Nous revoyons Laurent tous les trois mois. Les séances de psychothérapie sont espacées, et dans la troisième année de traitement, Laurent va voir son psychothérapeute quand il le souhaite. La désensibilisation est arrêtée, et il existe quelques crises d'asthme au retour des vacances, au moment de l'entrée en quatrième pratique, si redoutée de la famille. Laurent paraît moins inhibé, et s'exprime davantage et explicite mieux sa relation avec son psychothérapeute et sa manière de la comprendre. Les troubles relationnels avec le milieu scolaire ou adolescent sont nettement améliorés. Mais il vit encore au présent; il se projette peu dans l'avenir : il pense à la mécanique ou à la gendarmerie, au gré des circonstaces.

Simultanément, la mère s'exprime mieux, notamment sur ses antécédents et ceux de son mari. Elle reste dominatrice, mais elle comprend aussi que Laurent a besoin de temps d'expression et elle assouplit ses attitudes. La mère d'ailleurs s'est d'autant plus adressée à notre consultation qu'elle sentait les séances de psychothérapie s'espacer. Et cette situation d'anxiété a permis en fait la réalisation d'une guidance maternelle redoutée au début de la prise en charge.

La psychothérapie est le domaine réservé de Laurent, sa mère le comprend mieux au fil des entretiens. Dans la recherche de son orientation, elle fait davantage participer cet adolescent encore un peut passif, d'ailleurs. Mais les relations avec le père sont meilleures, et Laurent en convient comme sa mère, mais d'une façon autonome et plus authentique. L'asthme fait peu parler de lui, il y a très peu de crises, nous dit-on, à la fin de la quatrième année de traitement. Après avoir abandonné le football au moment de l'entrée en quatrième pratique, Laurent le reprend, et même il fait beaucoup d'efforts. Il est maintenant motivé pour ces activités; il retrouve le groupe de «copains» avec plaisir. Il est prévu de lui proposer un préapprentissage en mécanique auto; et la mère qui à une certaine époque ne le voyait pas dans ce métier, accepte cette éventualité.

Certes tous ces éléments sont vécus sous des couleurs un peu ternes, mais non sans dynamisme. L'évolution de la structuration de la personnalité nous fait considérer le chemin parcouru au milieu de nombreux facteurs structurants: évolution psycho-affective, psychothérapie, modification des attitudes parentales, amélioration consciente et inconsciente de l'expression somatique de la maladie, etc...

Laurent a maintenant les possibilités de maîtriser certains aspects de son identité personnelle au moment où son angoisse fondamentale s'atténue. Il est capable de rencontrer l'univers de l'adolescence dans une élaboration adaptée de l'imaginaire et du réel, au milieu de composantes névrotiques et d'une structure de personnalité ouverte et consolidée.

VII. Considérations théoriques et commentaires
Propositions pour une conception structurale de la maladie psychosomatique

1. COMMENTAIRES

De l'ensemble de ces études cliniques et projectives, nous pourrons retenir un certain nombre d'orientations fondamentales. Nous voudrions mettre en évidence les principaux éléments permettant une argumentation et une synthèse. Nous aborderons ces considérations après avoir réfléchi sur quelques concepts traduisant en clinique psychosomatique des réalités permanentes: le schéma corporel, l'image du corps, et la structure de l'être. Ce sont des notions utilisées dans le langage pragmatique dans deux sens parfois très proches, alors qu'elles sous-tendent des perspectives distinctes.

A. Le schéma corporel

Le schéma corporel est un concept d'origine neurologique, ainsi nommé par Bonnier en 1893. C'est à partir de la notion de cénesthésie que se précise le mode de perception et d'organisation du *«corps propre»* (Gantheret) (94). Il est d'abord conçu comme un appareil sensoriel spécifique (Krishaber, Taine et Ribot) puis comme composante *«somato-psychique»* de la perception (Wernike, Denis et Camus). Il est alors conçu *«comme représentation permanente, figuration spatiale du corps et corrélativement des objets»* (Head puis Lhermitte).

Le schéma corporel est un *« standard auquel sont rapportées perception et intentions motrices, garantie de la situation spatiale précise des premières et de l'efficacité des secondes »* (94).

Ajuriaguerra élargit la problématique en considérant comme notions approchées schéma postural ou corporel, image du corps, image de soi, somatopsyché, moi corporel, somatognosie; le corps de l'enfant à la naissance est *« imprégnation corporelle végétativo-musculaire et subit l'expérimentation d'autrui, l'autre ne pouvant être ni perçu, ni conçu comme totalité, mais par fragments avec lesquels il se confond lors de la relation, objets qui ne sont partiels que pour les théoriciens qui les voient désinsérés, alors que pour l'enfant, ces objets sont en eux-mêmes totalité »* (2).

Mais la psychologie clinique, préoccupée de chercher le sens des conduites et des relations entre le sujet et l'autre, confond souvent deux notions pourtant essentielles. N'a-t-on pas en effet souligné que le champ de cette discipline était fait du lien de constitution du symbole, d'un mouvement pendulaire ente le fantasme et la réalité, c'est-à-dire entre schéma corporel et image du corps, par exemple dans le domaine du corps. Et un auteur comme Gantheret voit dans la reprise de la réalité neurologique en réalité psychique l'élément constitutif des processus de symbolisation et le champ de la psychologie clinique.

Une définition précise peut être apportée : le schéma corporel est la représentation que chacun se fait de son corps et qui lui sert de repère dans l'espace (Pieron). Cette représentation est fondée sur des données sensorielles et sensitives multiples, proprioceptives et extéroceptives; elle se manifeste constamment et elle est nécessaire à la vie normale. Elle exige une structure neurologique sous-jacente; les lésions du lobe temporal interviennent dans les troubles du schéma corporel.

A Porot le présente comme *« l'image que nous nous faisons de notre propre corps, image totale ou segmentaire, à l'état statique ou à l'état dynamique, dans le rapport de ses parties constitutives entre elles et surtout dans des rapports avec l'espace et les objets qui nous environnent »*.

Schilder le définit comme *« un double processus psychophysiologique qui, à partir de données sensorielles nous donne à tout instant la conscience subliminale de la connaissance et de l'orientation de notre corps dans l'espace »*. Il est fait de la synthèse d'afférences proprioceptives, visuelles, tactiles, kinesthésiques, vestibulaires, myoarthrocinétiques et labyrinthiques.

Les recherches neurologiques ont précisé tout au long de ces décades les structures intervenant dans ces processus. Le rôle du lobe pariétal est considéré comme capital dans l'élaboration du schéma corporel. *« Il assure en propre l'intégration spatio-temporelle des afférences proprioceptives et vestibulaires qui fondent le schéma postural statique et kinétique; ses connexions postérieures avec les structures occipitales et temporales permettent la synthèse unifiée de l'image du corps et l'inscrivent dans le champ de la conscience expérientielle et notionnelle »* (Schott) (197). Ce rôle apparaît à travers les différentes expressions du syndrome pariétal en liaison avec différentes atteintes de ce cortex : asomatognosie; expériences illusionnelles et hallucinations corporelles transitoires, oubli et négligence durable d'un hémicorps, agnosie digitale et autotopoagnosie (incapacité de localiser les parties du corps), anolognosies (asymbolie à la douleur, hémiagnosie douloureuse); apraxies; troubles du langage, de l'écriture, de la lecture et du calcul, troubles de la spatialité; syndromes hémisphériques complexes à dominance pariétale (apraxie visuo-constructive, apraxie d'habillage, dyscalculie de type spatial et dyslexie, agnosie spatiale des physionomies, altération du langage et de l'écriture).

Ainsi le lobe pariétal assure l'intégration somesthésique conduisant par ses liaisons sensori-motrices à la fonction stéréognosique. Ses connections corticales lui donnent un rôle important dans *« l'intégration polysensorielle somato-sensitive, vestibulaire, visuelle, permettant l'élaboration de la somatognosie et intervenant aussi bien dans la perception de l'image du corps que dans l'établissement des activités praxiques issues du corps et dirigées sur le corps ou vers l'espace »* (197). Et la présence des structures de langage dans l'hémisphère majeur assure aux afférences pariétales gauches toutes les possibilités d'intégration symbolique et verbale parcimonieusement accordées à l'hémisphère droit; cependant les travaux neurophysiologiques ont tendu à rehabiliter l'hémisphère mineur en attribuant au lobe pariétal droit un rôle important dans les activités d'identification et de discrimination des formes non familières et non signifiantes, dans leur apprentissage et leur mémorisation.

Les travaux neurologiques de ces dix dernières années ont permis d'approfondir beaucoup de mécanismes à partir d'une vision neurologique renouvelée par les techniques et les réflexions critiques. Les nombreux rapports des Congrès de Psychiatrie et de Neurologie de Langue Française se sont intéressés à ces aspects et sont les témoins de cet approfondissement permettant d'apporter parfois quelques corrections à certaines notions classiques. Par exemple dans *« le monde de l'hémiplégique gauche »*, *« on situe le carrefour pariéto-temporo-occi-*

pital susceptible d'entraîner des troubles de la représentation posturale de l'ensemble du corps » (1972). En 1979, le rapport sur les apraxies gestuelles (Signoret et North) donne l'occasion aux auteurs de situer cette question par rapport à la psychologie génétique et aux conceptions de Wallon et Piaget (notamment par rapport à la définition des praxies et au rôle majeur de la représentation et de la manipulation de l'espace). Nous voyons ainsi que les mises au point de ces dernières années insistent beaucoup, au-delà des connaissances spécialisées de plus en plus précises, sur la notion d'intégration et de corrélations globales en neurologie et en neuropsychologie.

Ainsi, en même temps que les travaux neurologiques précisent de plus en plus finement les modalités du substrat neurophysiologique, nous voyons que l'essentiel est constitué de l'intégration de toutes les afférences au niveau du cortex, après relais dans la région diencéphalique. Il s'agit de l'intégration des rapports entre la gnosie spéciale de notre corps et les autres gnosies visuelles et les praxies, dont la perturbation entraîne des syndromes neurologiques complexes comportant notamment des perturbations du schéma corporel.

La pathologie du schéma corporel est en effet constituée de deux champs présentant d'étroites connections entre eux: le champ neurologique dont nous venons d'évoquer les principaux aspects et le champ psychiatrique: idées de négation corporelle (négation d'organes, insensibilité des mélancoliques), impressions de modifications corporelles et dépersonnalisation dans les états névrotiques de structure psychasthénique, troubles de la représentation statique et du schéma corporel dans l'hystérie; syndrome de dépersonnalisation avec sentiment de destruction et dislocation corporelle des psychoses dissociatives, phénomène de l'image du double, ou héautoscopie (perception par le sujet de son propre corps en dehors de lui, dans un vécu de dédoublement où le sujet aperçoit son corps comme reflété dans un miroir).

Si les troubles du schéma corporel nous aident à mieux comprendre cette notion située à un carrefour de la psychologie, il est essentiel de bien considérer, dans notre perspective, les racines de cette conscience corporelle. Ajuriaguerra insiste d'ailleurs beaucoup sur la nécessité de ne pas comparer les phases d'étrangeté fantasmatiques et les périodes ineffables de l'enfant au cours des premières phases de son évolution à celles de l'adulte.

Ces racines sont faites de la symbiose physiologique et affective de la mère, participation affective dans laquelle, selon H. Wallon, va se dégager le processus d'imitation s'inscrivant entre deux termes concrets: fusion - aliénation de soi dans la chose ou participation à l'objet, et différenciation de l'acte par rapport au modèle.

Les travaux de Ajuriaguerra ont en effet permis de relier quelques-unes des notions psychogénétiques fondamentales: *« c'est dans ce que nous appelons 'le dialogue tonique' que l'enfant entre dans la communion affective du 'corps donnant' ou du 'corps refusant', phase de dialogue dans laquelle l'action propre et celle d'autrui sont vécues comme des attitudes interchangeables; mais la conscience d'être un corps qui agit, d'être à la fois une unité physique et mentale, ne devient possible qu'après identification à son semblable, 'l'autre' vers lequel il dirige toutes ses puissances affectives, cet autre dans lequel se confondent sa haine et son amour. L'introjection, l'imitation, l'identification et la projection permettront à l'enfant de devenir objet dans le champ des relations »* (2).

Ainsi l'enfant prendra conscience des éléments de son corps et de la personne de sa mère dans un mouvement de la présence et de l'absence, grâce à la construction des champs pratiques d'espace, de temps et de causalité, comme les travaux de Piaget l'ont mis en évidence.

Le système du moi commence en tant que moi-corps, selon R. Spitz, au troisième mois de la vie, dans une interférence entre la conscience et la coordination neuro-musculaire naissante. La véritable conscience du soi, en tant que conscience du propre corps, n'apparaît que vers quinze mois, pour cet auteur.

Ainsi vont se constituer différents processus déterminants:
- passage de l'image du corps morcelé à la compréhension de l'unité corporelle comme un tout organisé, par le stade du miroir (Lacan);
- verbalisation des parties du corps grâce au perfectionnement du langage, permettant une conceptualisation logique ou opératoire du corps;
- personnalisation de sa propre image du corps résultant de ses expériences corporelles et relationnelles. La représentation graphique nous montre en effet que l'influence de l'image du corps d'autrui l'emporte d'abord dans la conscience de l'enfant; et ce n'est que dans un deuxième temps d'évolution, qu'il sera capable de projeter, à travers le dessin, ses conflits et sa propre vision de lui-même.

Hécaen et Ajuriaguerra ont bien montré que l'appréhension de l'espace et la conscience du corps ne sont pas des fonctions isolées, abstraites et juxtaposées. Elles s'influencent constamment l'une l'autre; la dynamique du corps a besoin d'un espace orienté par rapport au corps; et l'espace extérieur *«possède le pouvoir élémentaire de donner un sens»* (Grünbaum); c'est à partir de la motricité que *«s'engendrent toutes les significations dans le domaine de l'espace représenté»* (Ajuriaguerra) (2).

Ainsi, nous le voyons, le concept de schéma corporel que nous appréhendons dans la clinique quotidienne, notamment à travers les tests, renvoie à diverses notions qu'il s'agit de bien différencier, malgré leurs étroites relations. Elles reprennent des significations voisines, en déplaçant les perspectives. Woodbury, par exemple distingue trois formes de schéma corporel : le schéma corporel tridimensionnel, intermédiaire et viscéral. Le premier concerne l'organisation de l'espace, la distinction des frontières du corps et du monde extérieur. Le troisième intéresse le *«moyen perceptif dominant»* (l'oralité par exemple dans la schizophrénie). Le schéma corporel intermédiaire concerne les phénomènes de dépersonnalisation ou d'hallucination, le langage, la logique et les troubles de la symbolisation; il s'agirait pour cet auteur *«d'un désinvestissement régressif du schéma corporel tridimensionnel, dont les frontières du moi se détachent progressivement pour s'unir au schéma corporel viscéral»* (94). Ne peut-on pas évoquer, avec Gantheret, dans cette troisième forme de schéma corporel viscéral, ce que l'on peut saisir chez les psychotiques de projection d'une image du corps? Il est intéressant de considérer les processus de symbolisation en liaison avec une substructure corporelle (schéma corporel ou image du corps, à la fois de nature neurologique et de structure affective), ou bien en liaison avec une dynamique dialectique entre ces deux concepts (qui représenterait pour cet auteur un exemple privilégié des rapports entre le corps réel et le corps dans le fantasme).

B. L'image du corps

La problématique de cette question ne semble pas se résoudre si clairement, même en spécifiant le concept d'image du corps. Les travaux de Schilder sur ce point nous le démontrent bien. Cet auteur en effet, s'efforce de préciser cette notion d'une façon qui reste toujours actuelle. Schilder nous propose une modèle susceptible de concevoir la représentation mentale du corps, en s'efforçant de dépasser la contradiction apparente des deux perspectives évoquées plus haut. Il pose quelques principes fondamentaux présidant à la conception même de l'image du corps. Angelergues devait les situer d'une façon synthétique et très intéressante dans ses interprétations (11):

- Le premier principe est le caractère actif de la génèse de l'image du corps. Sa nature est motrice. La connaissance et la perception sont acquises par un processus très actif. Les structures perceptives fonctionnent et s'édifient dans l'action et par l'action. L'image du corps est fondée sur des associations, la mémoire, l'expérience et aussi sur des intentions, des buts volontaires et des tendances, car le mouvement unifie les différentes parties du corps.

- L'image du corps est de structure psychologique; elle naît d'une activité significative où interviennent l'émotion, l'amour, le narcissisme, les attitudes affectives de l'individu à l'égard de son corps, les courants érotiques qui y sont répandus. Mais ces processus psychiques sont en même temps des processus organiques, nous dit Schilder.

- La conception de l'image du corps s'exprime dans la mobilité et la plasticité du modèle. Mais les changements dans les fonctions sont compatibles avec une organisation structurale de l'enfance à l'adulte, *« l'image du corps est cet arrière-plan stable sur lequel les changements dans les fonctions viennent se graver ».*

La conception de la représentation du corps peut être ainsi argumentée par Schilder selon trois champs développés dans son œuvre :
- le fondement physiologique de l'image du corps ;
- la structure libidinale de l'image du corps ;
- la sociologie de l'image du corps.

1. Le fondement physiologique de l'image du corps

L'étude des différentes fonctions neurologiques que nous évoquions plus haut l'amène à considérer notamment les fonctions posturales, vestibulaires, etc... La notion originale de *« refoulement organique focal »* en association aux processus psychiques l'amène à introduire dès ce niveau le problème de l'investissement libidinal du corps. Dans ces fondements neurologiques, Schilder maintient la distinction entre *« dissolution globale »* et *« dissolution focale »* développée par H. Ey. Ce sont les niveaux qui sont différents dans les désordres organiques et psychogènes, ainsi que les structures ; mais ils sont régis les uns et les autres par les mêmes principes fondamentaux.

2. La structure libidinale de l'image du corps

Pour Schilder, le niveau d'intégration de l'image du corps se situe dans les structures psychiques. L'image du corps est faite d'une genèse libidinale tournant autour du problème du narcissisme, avec la distinction classique d'un narcissisme primaire et secondaire. L'image du corps est constituée d'une représentation devenant objet de la libido narcissique qui *«s'attache successivement à des parties différentes de l'image du corps et aux différents stades du développement libidinal»* (11), le modèle du corps change continuellement. A ce niveau interviennent pour cet auteur : zones érogènes, douleur, plaisir et déplaisir, dysesthésie, intervention de la main ou des autres sur le corps, irritations dues au fonctionnement organique, etc...

Outre ces forces inconscientes, Schilder insiste aussi sur le rôle du développement des perceptions de la pensée et des relations objectales. Il arrive ainsi à systématiser les principes de l'organisation libidinale de l'image du corps : valeur relative de ses différentes parties en fonction des tendances libidinales, changements perceptifs, transfert d'une partie à une autre selon un mode de substitution symbolique, rôle de l'intérêt de l'entourage pour certaines partie du corps, maladies, incorporations ou isolement de certaines parties, etc... Il peut ainsi conclure à une analogie frappante entre les éléments de la structure libidinale de l'image du corps et les éléments de sa structure physiologique. Elle est plus une structuration qu'une structure.

Les problèmes psychosomatiques sont abordés à partir de la liaison étroite entre l'image du corps et les phénomènes végétatifs. Il faut surtout retenir l'expression d'un conflit psychique dans la sphère du corps, en tant qu'événement se passant dans le modèle postural du corps. Il critique la formulation célèbre *«saut du psychique dans l'organique»* et il propose, commente Angelergues, la notion de *«représentation clé»* susceptible de modifier fonctionnellement des organes qui ne sont pas directement représentés dans l'image du corps (représentation d'une situation dangereuse pour le cœur par exemple). Les symptômes sont aussi distincts des signes, et ils sont *«purement des changements dans l'image ou dans les sensations et représentations»* (11).

3. La sociologie de l'image du corps

Elle concerne, comme on l'a dit, des aspects relationnels de la fantasmatique inconsciente. Le problème de l'image du corps ne peut être posé pour cet auteur que dans le cadre d'une relation ; les tendances libidinales comme les aspects narcissiques concernent toujours le monde extérieur. Et de plus, la relation interpersonnelle est aussi une relation entre deux corps : *«une image du corps n'est jamais isolée, elle est toujours encerclée par les images du corps des autres»*. Dans un courant d'échanges permanents, il souligne la genèse relationnelle fondamentale de l'image du corps.

Nous retiendrons à la suite d'Angelergues quelques points fondamentaux :
- Différence entre Freud et Schilder dont la conception de l'identification devenant *« une véritable appropriation du corps de l'autre ou de ses parties »* (11) et imposant la qualité d'une structure libidinale harmonieuse.
- Distinction par niveaux au sein de la structure de l'image du corps : *« niveau physiologique périphérique, niveau des activités focales cérébrales, niveau des activités organiques générales liées à la région corticale, niveau des processus psychiques exerçant une influence dans la sphère somatique »* (11).

Il tend à s'opposer à toute réduction du physiologique et vise à intégrer *« la pensée psychanalytique dans la substance concrète et pesante de la matière humaine »*.

Nous avons retrouvé, tout au long de l'exploration de ces conceptions, des notions jalonnant certaines théories psychosomatiques. Mais cette notion d'image du corps peut-elle être individualisée comme on a voulu le faire ? N'est-elle pas le fruit d'une abstraction conceptualisante ? Beaucoup d'auteurs se sont interrogés sur ce point.

L'image du corps nous paraît en fait une notion intéressante à partir du moment où l'on vient compléter cette conception d'autres éclairages, indispensables à notre sens. L'image du corps en tant que représentation devient-elle seulement objet de la libido narcissique ?

La représentation, dans le domaine du corps, concerne le vécu corporel, l'expérience du plaisir, l'émotion, la durée vécue selon des rythmes, et bien entendu la sexualité. C'est selon l'expression reprise par Chirpaz, le lieu d'actualisation du rapport au monde (56). La représentation du corps est faite aussi de l'expérience immédiate de la faille et de la maîtrise, comme le développe cet auteur. Elle est faite de l'opacité et de l'épaisseur, du mouvement entre le désir et la corporéité.

C. La structure de l'être

Ces considérations cherchent à enrichir la notion de représentation corporelle ; elles nous amènent tout naturellement à préciser le concept de structure de l'être, très fréquemment utilisé en clinique psychosomatique. La perspective génétique nous paraît indispensable à reprendre à ce niveau de la compréhension de l'enfant.

« Le développement ne peut se faire en effet, comme le souligne Ajuriaguerra, *qu'à partir d'un certain nombre de structures anatomiques et d'organisations physiologiques qu'il apporte à la naissance. Il a le pouvoir d'être en vie par un ensemble d'organisation corporelle et viscérale, endocrinienne et nerveuse constituant le fondement biofonctionnel essentiel au développement et à la vie relationnelle »* (2).

Nous en distinguerons les principaux éléments, dans la perspective de M. Ajuriaguerra qui distingue certaines données fondamentales que nous ne ferons que situer dans notre réflexion.

1. Les bases morphofonctionnelles du développement

Elles sont constituée de :
- la philogenèse qui insiste sur les modifications structurelles dans l'évolution;
- l'histogenèse qui s'intéresse à la maturation du système nerveux et des différents tissus;
- la morphogenèse qui concerne l'aspect évolutif des modifications morphologiques et des fonctions, pour un individu donné. On décrit de nombreuses phases et elle concerne notamment les fonctions d'intégration dont on connaît le rôle considérable;
- l'électrogenèse concerne l'évolution du tracé électroencéphalographie et les rapports avec des stades enzymatiques au cours de la maturation cérébrale;
- les influences maturatives et du milieu. Elles interviennent dans l'adaptabilité du développement comportemental.

2. Les modalités du développement de l'enfant

Ajuriaguerra distingue trois éléments :

a) Les phases du développement psychomoteur : on décrit trois phases au cours de la première année présentant chacune un triple aspect biologique, pulsionnel et relationnel.

Celle du nouveau-né, entre deux et six mois, de six moix à un an.

b) L'évolution fonctionnelle : elle est faite de l'apparition et de la disposition de certains fonctionnements. Il s'agit essentiellement de :
- l'élargissement du champ spatial dans la motricité, la vision, la marche;
- la différenciation du monde où interviennent des processus essentiels tels que identification et imitation analysées à travers deux concepts :

l'image du moi corporel avec les données fondamentales de Piaget ; la relation d'objet, avec l'apport essentiel de Spitz.

c) **Les facteurs dynamiques et structuraux du développement :**
Sous l'angle des pulsions et des besoins libidinaux, c'est la formation des relations d'objet.

Sous l'angle des processus cognitifs et perceptifs, c'est la formation du moi.

C'est à ce niveau de la réflexion que l'on discute parfois la nature du moi. Dans certaines perspectives, peut-il être appareil de synthèse survenant à un moment de la maturation ? Peut-il être addition de simples mécanismes animés par une certaine quantité d'énergie ? Pour Freud, il est la *« forme même de l'organisation des forces pulsionnelles et contre-pulsionnelles dans la relation d'objet »* (2). Il s'agit donc d'une structuration dans le temps relié au passé, et à un système constitué des autres instances du ça et du Surmoi.

Mais ces facteurs dynamiques ont des racines primitives essentielles à considérer à partir de la notion de structure primitive d'une profonde fécondité.

3. Les processus structuraux

Les enchaînements des processus structuraux sont ainsi à considérer, tels que de nombreux travaux les ont individualisés chez le petit enfant :

- L'organisation des sensations, perceptions et mouvements propres de l'enfant en schèmes d'action est la dynamique fondamentale : sensations, images, tendances, toutes les informations apparaissent reçues dans un ensemble souvent appelé *« analyseur de forme »* capable de coder selon certaines catégories tout ce que l'enfant perçoit à tout moment de son existence.

- L'incorporation des nouveaux objets perçus à des schèmes d'action permet le développement de cette dynamique où *« l'organisme joue un rôle actif dans l'élaboration des stimuli »* (Meili) (153) et où l'excitation est déjà une *« élaboration de ces influences par les normes de l'organisme »*. Ainsi les différents travaux expérimentaux (même en psychologie animale) et cliniques permettent de bien insister sur le caractère global de la perception où la sensation et l'alaboration s'effectuent simultanément et de façon inconsciente, dans l'activité même des analyses externes et internes, capable de sérier l'information. En suivant les positions de Merleau-Ponty, nous voyons que les analyseurs (entendons par là les organes des sens ou les récepteurs) sont capables d'enregistrer les caractéristiques formelles de l'information, conditionnant elle-même le style des réactions.

- L'assimilation des schèmes puis leur transformation dans le sens de l'accommodation sont des modules dynamiques indispensables à ces processus. La répétition est une réalité vivante qu'il s'agit de prendre en compte dès les premiers jours de la vie, avec la satisfaction et le plaisir émanant des expériences psychomotrices de base.

- C'est dans le prolongement même de ces dynamiques que va s'effectuer la coordination ultérieure, facilitant l'émergence des catégories. Le codage génétique, la catégorisation par genre, la mémorisation des formes et la configuration des rapports sont des activités de conceptualisation. Elles participent de la faculté d'abstraire sensoriellement, amenant ainsi à l'élaboration des catégories d'objets, d'espace, de temps et de causalité. Ces notions sont directement concernées dans l'élaboration du schéma corporel et dans l'approche de l'image du corps, nous l'avons souligné précédemment. Ainsi s'effectue l'objectivation du monde extérieur par rapport au corps propre; la dynamique dialectique entre le monde extérieur et le vécu corporel apparaît soustendue par des capacités perceptives immanentes, enracinées dans l'être et dans l'inconscient; et celles-ci sont susceptibles d'analyser le réel en l'objectivant. La perception est capable de catégoriser le perçu dans une dynamique signifiante et globalisante.

On comprend bien alors l'intérêt si souvent souligné d'un niveau précognitif de la perception, en tant que stade perceptuel précognitif. Selon les données de la psychologie structurale, les attitudes d'un sujet envers le monde, la vie et les autres sont étroitement liées aux constantes affectives. Il existe chez tout individu des constantes affectives personnelles, déterminant les tendances et les motivations. Mais il s'agit davantage de structures élémentaires préperceptives permettant d'appréhender le monde extérieur dans une connotation affective des perceptions. Le niveau précognitif de la perception est pénétré de substance affective donatrice de sens. C'est ainsi que dans une perspective structurelle, nous pouvons appréhender les divers niveaux exigeant une intégration permanente : structure préperceptive, perception et représentation, image et catégorie conceptuelle. Les racines des processus structuraux fonctionnant tout au long de la petite enfance sont ainsi constituées de la dynamique d'analyseur de perception et de l'organisation intégratrice de la représentation où l'image prend une place prépondérante.

C'est à partir de la compréhension de ces processus structuraux que les conceptions du développement peuvent différer; ils sont absolument nécessaires à toute élaboration ultérieure, quelles qu'en soient les correspondances ou les oppositions. On a voulu, par exemple, considérer le niveau précognitif de la perception comme le domaine du «ça», dans les topiques proposées à partir du freudisme. Si les correspondances sont intéressantes, elles ne sauraient se substituer aux distinctions fondamentales qui font des processus structuraux primaires une indispensable référence.

Ainsi, nous pouvons considérer, dans le prolongement de ces données, ce que Winnicott nous dit du développement du moi. A plusieurs réprises il insiste sur trois dynamiques fondamentales à ses yeux:

1. *«Dans le processus de maturation, la tendance principale peut s'exprimer par les différentes significations du mot intégration»* (229). C'est là une notion qu'il développe souvent. L'intégration part de matériaux que l'on peut décrire en termes d'éléments moteurs et sensoriels, *«ils constituent le narcissisme primaire auquel viendrait s'ajouter une tendance aboutissant au sentiment d'exister»* (229). Ce processus tend à l'organisation d'un «self» unitaire, où la continuité de l'existence est essentielle, où les carences chez le nourrisson vont instaurer *«une structure de fragmentation de l'existence, constituant la psychopathologie chez le nourrisson»*.

2. *«Le moi se fonde sur un moi corporel»*. Cet auteur développe à ce propos le terme de personnalisation, en miroir de la dépersonnalisation, signifiant *«la perte d'une union solide entre le moi et le corps, y compris les pulsions du ça et les plaisirs instinctuels»* (il ne s'agit pas de la dépersonnalisation au sens psychiatrique du terme) (229).

3. *«Le moi instaure la relation d'objet»*. Nous retrouverons à ce niveau l'importance des soins maternels du début de la vie et de l'attitude qui laisse au nourrisson le soin de le laisser trouver l'objet et de s'en accommoder (sein-biberon).

Winnicott résume ainsi certaines correspondances: l'intégration correspond à la façon de porter, de maintenir (holding); la personnalisation à la façon de soigner (handling); la relation d'objet à la présentation des objets.

Nous voyons ici l'intérêt de la notion d'objet dans l'étude du processus organisateur psychosomatique. Nous ne développerons pas les distinctions maintenant bien connues entre les notions d'objet, selon Spitz et Piaget en particulier. Kobliner a bien étudié les analogies et les dissemblances entre l'école genevoise de psychologie génétique et l'école de Spitz, dans l'ouvrage de cet auteur (204). L'objet permanent de Piaget et l'objet libidinal doivent se compléter dans une conception du développement de l'enfant. Il s'agit comme le souligne Ajuriaguerra, de distinguer la permanence objective et la permanence affective; la première est faite d'expériences sensori-motrices cumulatives permettant *« l'accroissement des éléments ontogéniques dans le psychisme »* (2); la deuxième est constituée de l'interaction des images d'expériences affectives, sujettes à variations fréquentes. Mais comme le souligne Ajuriaguerra en référence à Th. Gouin et Decasie *« faute de distinction entre permanence affective et permanence objective, le chapitre de la représentation serait une des faiblesses de la théorie psychanalytique »* (2). La notion d'objet, quelle qu'en soit la conception théorique, ne nous renvoit-elle pas constamment à la perception, dans la clinique de tous les jours, comme dans la conceptualisation des phénomènes ? : perception situationnelle, perception affective, stade perceptuel précognitif, niveau précognitif de la perception. La représentation porte en elle-même une dynamique cognitive — et — affective susceptible de se répandre dans l'inconscient, dans ses connotations affectives et instinctuelles, intellectuelles et imaginaires.

2. PROPOSITIONS ET SYNTHESES

Nous voudrions maintenant retenir un certain nombres d'axes primordiaux à partir des données expérimentales, cliniques et théoriques considérées tout au long de ce travail. Nous nous proposons de préciser d'un point de vue synthétique les aspects suivants :

A. L'angoisse de l'enfant.
B. L'imaginaire de l'enfant.
C. Les processus primaires d'indifférenciation.

Nous pourrons ainsi mieux saisir la problématique de l'identité de l'enfant et de ses diverses réactions défensives.

Beaucoup d'auteurs ont proposé des schémas dynamiques d'interprétation de la genèse de l'asthme chez l'enfant. Ils se regroupent autour de deux tendances : l'une insistant sur l'angoisse de séparation, l'autre sur l'inhibition de l'expression. Parmi d'autres, Melitta Sperling (1968) proposait un type d'hypothèse cherchant à réunir divers aspects complémentaires. Elle devait insister, selon P. Drapeau :

1. Sur la relation de type psychosomatique entre la mère et son enfant dans une dynamique du rejet et de la gratification.

2. Sur le rôle de l'agressivité au niveau même du symptôme, expression d'impulsions dangereuses et défendues.
3. Sur l'alternance entre crises d'asthme et comportement agressif et répréhensible.
4. Sur l'importance de la phase anale, au moment où «*l'enfant abandonne le rôle passif-dépendant et commence à s'affirmer et à s'affranchir*», lorsque l'enfant vit la répression de son conflit personnel (besoin de s'accrocher: besoin de se séparer).
5. Sur la préoccupation inconsciente de la mère vis-à-vis de la fonction physiologique respiratoire, orientant ce qu'on appelé — d'une façon d'ailleurs très ambiguë — le choix de l'organe et la spécificité du symptôme.

Cette interprétation correspond à une perception des symptômes n'évacuant pas la tendance dualiste, où les aspects relationnels sont privilégiés sans rendre totalement compte de l'organisation psychosomatique. La notion de choix de l'organe est de plus en plus controversée dans cette acception et correspond trop à une vision scindée des phénomènes conscients et inconscients.

L'ensemble des études cliniques et projectives présentées tout au long de ce travail doit toujours être considéré sous les éclairages diversifiés que nous proposent les données scientifiques contemporaines. Nous avons constamment cherché tout au long de notre recherche à les situer dans une perspective holistique. Elles nous amènent à retenir un certain nombre d'orientations fondamentales.

A. L'angoisse de l'enfant asthmatique est une constante essentielle de la maladie et de la structure sous-jacente. Cette angoisse est une réalité fondamentale, bien que certaines interprétations aient voulu la nier ou la minimiser, nous l'avons vu plus haut (cf. p. 121). Cette angoisse est de nature intrinsèque, et non seulement extrinsèque. C'est-à-dire, elle n'est pas uniquement la conséquence de l'atteinte corporelle; elle réside plus profondément dans le vécu de la dislocation partielle de l'unité psychosomatique, dans l'expérience existentielle des perturbations de la mutuelle inhérence du corps et du psychisme. L'angoisse est liée de façon structurelle au vécu de la scission entre le corps et le psychisme, dans une incapacité primaire d'unification psychosomatique au cours du développement de l'enfant. Elle est constituée d'une perturbation de l'harmonisation des fonctions instrumentales, pulsionnelles et noétiques de l'enfant.

Nous avons rencontré l'angoisse de l'enfant tout au long de notre cheminement: dans les expressions cliniques, où elle prend souvent des visages névrotiques; nous l'avons vu dans notre étude des populations d'enfants, les circonstances psychosociologiques sont génératrices d'anxiété plus ou moins intense; les modalités de la maladie sont anxiogènes en elles-mêmes, comme l'est toute atteinte de l'harmonie du souffle. La fonction respiratoire est étroitement liée au bouleversement existentiel de la naissance, de nombreux auteurs ont insisté sur cette notion (Freud, Racamier, Ribble, Greenacre); la respiration, comme les cris, constitue chez le nouveau-né la forme essentielle de communication, et sa régulation nerveuse est primordiale dès les premières minutes de la vie. La respiration est une fonction d'expression sensible à toute émotion et à toute modulation affective. Le souffle reste la réalité signifiante de la vie la plus profonde et la plus expressive; il nous introduit aux domaines existentiels où *« l'air et les songes »* sont conviés, comme les travaux de Bachelard l'ont si bien analysé. Mais les conceptions pathologiques de l'angoisse ne sauraient être rattachées à des mécanismes mettant en œuvre uniquement des systèmes énergétiques (tension libidinale, inhibition-excitation, désorganisation pulsionnelle, irradiation diffuse d'excitation), et il y a toujours lieu de distinguer chez l'enfant les racines et les conséquences de l'angoisse.

Le test de Rosenzweig nous l'a bien montré (cf. p. 128 et seq.), les enfants asthmatiques répondent en fonction du problème lui-même, en fonction de ce que Rosenzweig a appelé *« des réponses de dominance de l'obstacle »*: traduction d'une incapacité à défendre son moi et expression du désarroi et de l'inhibition. Cette angoisse survient souvent au milieu d'une stimulation des capacités d'adaptation, objectivées dans des attitudes d'hyperadaptation dépassant même leur finalité et devenant pathogène par là même. L'angoisse vient concerner la liaison psychosomatique et mettre ainsi en cause les capacités relationnelles. Ceci nous permet de comprendre, nous en avons vu les raisons (cf. p. 121), pourquoi la dynamique affective de l'enfant est capable de rester un appel à l'autre. Cette angoisse conserve une liaison avec la réalité, car le réel existentiel est mis en cause au niveau même de l'unité psychosomatique et de son destin.

L'angoisse de l'enfant a une traduction très polymorphe au niveau même des fonctions intellectuelles, verbales et instrumentales. Celle-ci s'explicite dans les données de l'échelle de performance du quotient intellectuel dont nous avons vu l'intérêt évolutif. L'angoisse concerne dans le test de Rorschach de multiples formes projectives, les capacités associatives, les déterminants et les contenus où les réponses de contenu sont empreintes de thèmes dénotant souvent de violentes décharges anxieuses.

Il s'agit parfois d'une angoisse de séparation plus ou moins fantasmée. Le test de Düss nous a permis d'objectiver l'importance de l'angoisse dans le contexte des frustrations affectives très souvent projetées. L'angoisse de mort est aussi fréquente dans ces projections. Ce test met en évidence l'importance du conflit œdipien chez l'enfant asthmatique qui garde cependant l'espérance de toujours pouvoir être materné, contrairement à certains autres enfants (cas sociaux en particulier). De toute façon, ce conflit œdipien apparaît moins marqué que chez les enfants névrotiques ou carencés d'affection.

Nous avons toujours intérêt à distinguer, selon la pensée de M. Bergouignan *« les significations permanentes »* de l'angoisse et de ses formes (19) en en distinguant trois types fondamentaux: l'angoisse de destruction, l'angoisse de dévalorisation, l'angoisse de frustration affective. Chacune de ces modalités permanentes sous-tendent des manifestations cliniques différentes et interrogent l'existence et l'être à des niveaux distincts.

La problématique fondamentale de l'angoisse de l'enfant asthmatique est constituée du sentiment de menace de son unité psychosomatique. Nous avons constaté tout au long de notre étude structurelle les traces de l'angoisse de déstructuration vécue à la fois au niveau du corps et de l'affectivité primordiale instinctive. Cette réalité représente un trait commun essentiel dans les divers échantillons d'enfants étudiés, quelle que soit la gravité ou la bénignité de l'affection. C'est là une constatation fondamentale; l'angoisse existe constamment, son intensité dépendant bien entendu en partie de la gravité de la maladie et de la richesse des troubles associés. Le problème est toujours celui de *« l'intrication psychosomatique »* de conflit intrapsychique ou interpersonnel réactivant les diverses modalités de l'angoisse plus ou moins associées chez le même enfant. C'est une des raisons de la complexité et de la profondeur des troubles chez ces enfants, vivant souvent à la fois une angoisse de destruction, de dévalorisation et de frustration affective, dans un contexte d'agressivité et d'ambivalence hyperprotectrice. Nous rejoignons ici le phénomène fondamental de résonance idéo-affective et somatique vécue au milieu des menaces de scission de l'unité psychosomatique, dans l'angoisse et l'imminence de la dissociation toujours contenue.

L'angoisse est l'expression d'une détresse en liaison avec une perte, une séparation, un affect ou une insatisfaction pulsionnelle. Elle correspond d'abord à un trouble de la vie instinctivo-affective, mais au double niveau psychologique et ontologique; c'est là à notre avis une notion fondamentale à ne jamais perdre de vue, dans le mesure où elle nous fait mieux comprendre les rapports entre le relationnel et le structurel.

C'est dans cette perspective que nous pouvons considérer la place essentielle et privilégiée de la mère. Son rôle dans la construction du moi est développé par Winnicott distinguant dans ses ouvrages angoisse d'anihilation, de dévoration, de castration, de morcellement, etc... Nous savons comment cet auteur conçoit la construction du «faux self» chez l'enfant, en liaison avec les défaillances de la mère venant briser *«le continuum d'existence»* du petit enfant. Alors que l'agressivité fait partie de l'amour, il peut survenir une absence de la capacité d'aimer contemporaine de l'absence d'agressivité. Ne rejoignons-nous pas là le défaut fondamental de Balint et le sentiment primitif de complétude absolument nécessaire au développement harmonieux de son unité psychosomatique. L'angoisse de l'enfant est liée à l'image d'un corps fragile capable d'être annihilé par l'incorporation d'un «vécu étranger», affection somatique ou agressions psychiques et affectives précoces. Nous rejoignons ici à la fois les difficultés d'identification et les perturbations du narcissisme que nous aurons l'occasion d'aborder plus loin. L'angoisse d'annihilation est bien constituée, selon Winnicott, du sentiment de manque, d'insécurité et de menace contre l'intégrité corporelle, du fait même de l'étroite liaison entre l'affectivo-émotionnel et le corps chez le tout petit. On se plait parfois à privilégier les racines orificielles et locales de l'angoisse, en s'intéressant à la représentation érotisée et à celle d'un «moi-peau» susceptible de perturbations (notion développée par D. Anzieu). Est-il nécessaire de généraliser le rôle d'expériences érotisées dont l'intégration resterait essentielle à l'harmonie psychosomatique? Ne vaut-il pas mieux considérer la nature globale de l'angoisse de néantisation, mettant en question l'identité corporelle, sexuée et ontologique de l'enfant, dans une sidération destructrice intéressant le niveau existentiel de l'enfant? Car dans la fusion primitive entre l'enfant et sa mère, au milieu du *«la cellule mère-nourrisson»* selon l'expression du célèbre pédo-psychiatre anglais, mère et enfant ont de façon structurelle les potentialités nécessaires à leur individuation. La pensée de cet auteur apparaît à ce niveau représentative d'un courant pour lequel au tout début l'enfant n'est pas intégré *«et le bébé n'existe pas»*. Dans une autre perspective, on sait que l'intégration apparaît un processus primitif indispensable à toute vie, dès les prémices; on considère, à partir des bases morphofonctionnelles et affectivo-émotionnelles, que l'être et la structure conditionnent l'existence et la vie relationnelle nécessaires à tout développement psychosomatique.

B. **L'imaginaire de l'enfant asthmatique** est très lié à la réalité de l'angoisse. L'imaginaire de l'enfant psychosomatique est caractérisé par un vécu de désorganisation des fonctions perceptives et affectives. Ces dysharmonies viennent perturber l'intégration des apports émotionnels, pulsionnels, cognitifs, fantasmatiques, affectifs et noétiques. Parmi les diverses instances bouleversées, la fonction noétique est celle qui permet la perception inconsciente puis la prise de conscience des instances ontologiques de l'individu face à lui-même et à son destin. A cet égard nous paraît primordial la projection chez l'enfant de l'angoisse de néantisation et de ses variantes différemment connotées (angoisse d'exclusion, de castration, etc...). Nous avons rencontré et précisé tout au long de notre étude ce type de perturbation de l'imaginaire (cf. p. 156 et 172).

Les difficultés d'abstraction que nous avons relevées sont de nature variable, il est vrai. Elles sont associées aux perturbations de la communication et surtout aux perturbations affectivo-perceptives, où le sens de la temporalité est plus ou moins concerné. Les difficultés à intégrer les perceptions à un ensemble cohérent dans les tests projectifs, le mode et le type d'appréhension au Rorschach montrent une certaine contention des potentialités imaginaires. L'étude des déterminants nous a permis d'objectiver la coartation de l'affectivité avec un contrôle actif de la forme sur la couleur (F.C. prédominant). La nette diminution des réponses kinesthésiques humaines traduit un rétrécissement de la vie imaginative. Les réponses originales sont la plupart du temps empreintes de thèmes dénotant une violente décharge anxieuse, dépouvus du plaisir habituel de la créativité éprouvé chez l'enfant sain. Mais nous avons à préciser que la symbolique des réponses est généralement riche de toutes les perturbations des images corporelles, des processus d'identification et des images parentales. Nous constatons là l'émergence possible de tout un imaginaire réprimé et douloureux, aux frontières des perturbations névrotiques, prépsychotiques ou «border-line» dont la problématique vient constamment interférer avec l'imaginaire plus désorganisé et plus spécifique de l'enfant psychosomatique. L'évolution des caractéristiques intellectuelles de l'enfant asthmatique s'associe à un bouleversement de son imaginaire, nous l'avons vu (cf. p. 137). Les perturbations cognitives en sont le reflet et l'organisation des traits névrotiques en est aussi un aspect, sans que l'on puisse décrire une nette spécificité structurale de ce point de vue. A travers les tests projectifs et le Rorschach, nous saisissons les effervescences de l'affectivité et de l'émotion, sous les dehors d'une répression certaine et d'une certaine pauvreté fantasmatique souvent alléguée. La capacité affectivo-perceptive de ces enfants est profondément vive, tantôt voilée, tantôt bouleversée dans son expression à travers le processus de somatisation coextensif aux perturbations de l'imaginaire.

Face à la frustration, l'enfant asthmatique réagit d'abord dans des projections par une forte décharge extrapunitive; les réactions sont faites d'impulsivité primaire incontrôlée dans un premier temps; il s'y associe toute une dynamique de la culpabilité, et l'agressivité jaillit vers autrui. Celle-ci est parfois même stimulée et de toute façon, la dynamique affective est capable de rester longtemps un appel à l'autre, tandis que l'angoisse vient concerner la liaison psychosomatique en mettant en cause l'existence même de l'enfant.

Les études projectives de la relation affective nous ont permis de mettre en évidence l'importance de la vie imaginaire de cet enfant, la prégnance des désirs et des craintes diffus, des rêves de morts et d'indépendance. Les enfants asthmatiques projettent en effet une dynamique affective très ambivalente; ils sont à la fois plus attachés aux deux parents, en même temps qu'ils supportent moins bien la situation triangulaire et que les problèmes œdipiens sont plus marqués (sans être encore parvenus au conflit œdipien). Au milieu de leur univers de peurs, d'orages, de mort et d'exclusion, ils sont les seuls, rappelons-le, à ne pas souhaiter être avec leurs parents dans leur projection d'un futur possible où l'imaginaire s'intrique au réel.

Les perturbations de l'abstraction, quand elles existent, sont en secteur; elles apparaissent davantage en liaison avec les vicissitudes d'un schéma corporel malmené dès les origines et avec les troubles affectivo-cognitifs précoces, dans une angoisse primitive de néantisation. Nous retrouvons ici l'influence des agressions psychiques et physiologiques, des carences affectives, du décalage sensitif et affectif entre l'enfant et ses parents dans les perturbations de l'unité psychosomatique.

Nous rejoignons ainsi, dans ce domaine, le mouvement entre le désir et la corporéité, constitutif de l'image du moi corporel. Nous l'avons bien saisi à travers nos études cliniques et projectives, l'affectivité peut être davantage définie dans des intentionnalités que dans des états, selon l'expression de Merleau-Ponty. L'image est une conviction globale; et les sentiments sont faits d'intentionnalités dynamiques où s'associent la conscience du corps et la sensation globale, l'impression perceptive et sensitive. Ainsi *« tout le problème de l'imagination dépendra du degré de précision donné aux notions d'intentionnalité affective et motrice. Notre rapport avec l'imaginaire n'est pas un rapport de connaissance, mais un rapport d'existence, il s'agit là d'un mode de conscience émotionnelle »* (Merleau-Ponty) (153).

Ainsi, le mouvement entre le désir et la corporéité vient sous-tendre l'imaginaire, dans la mesure où nous comprenons que l'émotion est fondamentalement une manière d'être et que l'imaginaire a sa source dans l'émotion. Dans l'image spéculaire du corps propre, selon l'expression de Wallon, l'enfant vit d'émotions, de désirs et de narcissisme, source d'imaginaire en tant que rapport d'existence implicite et explicite, conscient et inconscient. Dans l'image spéculaire du corps propre, jaillit alors chez le petit asthmatique l'angoisse quotidienne, les désirs d'amour et d'affection toujours déçus, le vécu de néantisation dans les petits événements de la vie scolaire et familiale, les aspirations vers une indépendance impossible, la culpabilité et l'agressivité, la destruction de ses désirs profonds, la distorsion de son narcissisme blessé dans la réalité de la maladie et dans l'imaginaire des parents. *Quand la conscience libère du présent par l'imaginaire, la fonction métaphorique est capable d'instituer des relations plus ou moins pathogènes, des correspondances entre la fonction respiratoire et la représentation affectivo-perceptive du petit enfant vivant d'imaginaire plus ou moins douloureux.*

C. Le processus primaire d'indifférenciation

L'élément psychopathologique primordial est constitué du processus d'indifférenciation de la structure de la personnalité de l'enfant. Nous l'avons rencontré et développé tout au long de nos études. Nous retenons l'importance d'un déroulement processuel faisant intervenir chez l'enfant une dynamique primaire complexe.

a) L'indifférenciation perceptive apparaît le phénomène primitif, à la fois indifférenciation affective et cognitive. Car le niveau d'existence que nous cherchons à définir et qu'on appelle affectivité correspond *« à un monde de significations vécues profondément et personnellement, à forte charge émotionnelle implicante, déclencheur de comportements réactionnels archaïques et de troubles organiques fonctionnels plus ou moins localisés »* (160). Ce niveau d'existence coexiste, Mucchielli nous le rappelle avec insistance *« avec le niveau organique proprement dit (comportant ses mécanismes spécifiques de fonctionnement, ses réactions en chaîne et ses défenses) et aussi avec le niveau socio-intellectuel, celui du langage comme véhicule des idées et possibilité des échanges, celui des interactions des rôles sociaux, celui de la connaissance rationnelle et des significations purement intellectuelles »* (161).

L'étude du mode d'appréhension au test de Rorschach nous a permis d'approcher certaines de ces réalités. Les enfants asthmatiques ont tendance à confondre dans leur perception la partie pour le tout. Dans une certaine impuissance à dissocier les perceptions, ils ont des difficultés à reconstituer un ensemble cohérent à partir de la perception des formes. Ils intègrent mal leur vision dans un ensemble cohérent. Nous avons vu que les capacités associatives augmentent avec l'âge. Le type d'appréhension de ces enfants évoque une attitude défensive contre une éventuelle perte d'unité (plus qu'une supériorité conceptuelle). Il traduit une recherche anxieuse d'unification du schéma corporel, dans la projection d'un besoin fondamental d'unité émergeant de leur frustration essentielle.

Indépendamment de la gravité de la maladie, nous l'avons vu (cf. p. 120), la recherche de l'unité est sous-tendue, chez ces enfants, de la recherche de l'unité corporelle difficile à réaliser. Nous avons relevé la présence intéressante de réponses confabulées et la déficience des déterminants kinesthésiques. Le dynamisme des pulsions inconscientes, fortes parfois, ne leur permet pas cependant d'accéder à la conscience. Les perturbations du schéma corporel accompagnent la fragilité du processus de personnalisation. Nous rejoignons là les signes évocateurs du processus de dévitalisation mal compensé, les thèmes d'explosion, de morcellement, de division sauvage et tragique. Tout cela évoque très nettement le processus primaire de scission chez l'enfant asthmatique constamment à la recherche de l'unification de son être et de son unité personnelle.

Les études projectives ont bien mis en évidence les dysharmonies perceptives de l'enfant : les difficultés perceptives structurelles fondamentales rejoignent les perturbations de l'organisation spatiale et de la temporalité. La représentation de soi reste toujours déficiente, l'identification précaire. Les perturbations de l'image du corps viennent figer la capacité projective comme les expressions pulsionnelles et affectives. Nous sommes la plupart du temps dans l'univers de la dévitalisation, voire même de la pétrification. Nous avons vu combien l'univers de ces enfants pouvait être structuré d'une culpabilité envahissante associée à une véritable pétrification de la chose vivante, où la vie fait peur, où la mère est à la fois mort et vie, où les structures perceptivo-affectives sont pénétrées de dévitalisation et de morcellement.

L'étude des personnalités de ces enfants nous révèlent, au milieu même de leurs perturbations névrotiques polymorphes et fluctuantes, des caractérisations structurales communes. L'indifférenciation reste le phénomène primaire; et au-delà de cette indifférenciation — dont il est essentiel de saisir les racines et les causes possibles — l'intégration des affects internes et externes est toujours douloureuse et désorganisée. Bien entendu, il y a lieu de distinguer ce phénomène de l'indifférenciation d'avec la mère qui est aussi une composante très fréquente; mais celle-ci serait davantage le reflet et le miroir du processus primaire d'indifférenciation personnelle de l'enfant. Car au-delà des acquisitions fondamentales développées par Winnicott — l'intégration unifiant le vécu corporel, la personnalisation annonçant l'identité et la réalisation structurant l'espace et le temps — c'est l'indifférenciation de la conscience et de l'organisme qui représente le phénomène de base, la racine de l'évolution affective.

b) Du fait même de leur ambiguïté, *les tests projectifs* nous permettent d'aborder les *structures latentes de l'affectivité*, à travers la perception. Mais en approfondissant l'approche, nous voyons ces structures affectives en étroite corrélation avec les structures préperceptives, dans une appréhension très existentielle. L'univers perceptif de l'enfant est constitué du phénomène fondamental de structuration — thématisation permettant de donner un sens à ses jeux, à ses relations affectives, à ses perception et à ses projections, dans les dessins ou autres formes d'expression. *« La perception exprime l'effort permanent de repérage de la structure du vécu »*, écrit Roger Mucchielli et *« l'activité de notre perception structure le champ en fonction de tendances dont la première est la tendance à l'identité comme constante perceptive engendrant la stabilité des formes »* (161). C'est pourquoi à travers les styles de personnalités, il est possible de mettre en évidence des *« stades perceptuels précédant le stade final de la reconnaissance correcte, des niveaux précognitifs non conscients »*; ce sont là des voies d'approche privilégiées des dynamiques de la personnalité. L'expérience affectivo-perceptive primaire inconsciente vient constamment sous-tendre le vécu corporel, psychique et noétique de l'enfant. Elle est la condition primordiale des réactions affectives, de l'expression des besoins, des tendances et des désirs, du plaisir et de la douleur. Et dans la mesure où *« l'activité inconsciente de l'esprit consiste à imposer des formes à un contenu »* (Mucchielli), les attitudes envers la vie et les autres, envers soi-même et les autres, sont étroitement liées aux catégories inconscientes de la perception. Bien entendu, il est d'abord nécessaire pour les admettre de saisir ces catégories inconscientes constituées de la fonction affectivo-cognitive des analyseurs de base structurant chez l'enfant le rapport au monde et la capacité de communication externe et interne, avec le monde et avec soi-même. Les uns et les autres permettent à l'enfant de percevoir le monde et la vie, son souffle personnel, les rythmes de sa vie cardiaque et respiratoire, le souffle et les anxiétés de la mère, le désarroi ou la distance de l'image maternelle, l'angoisse de ses premiers jours, la jalousie et la rivalité du frère ou de la sœur, etc... etc... Là encore l'intrication des perceptions et des représentations affectives et somatiques est constitutive du développement de l'enfant et de son affectivité.

C'est à partir du moment où l'expérience inconsciente infantile est perçue au travers de ses propres angoisses de déstructuration ou d'exclusion que les perturbations de l'unité psychosomatique vont s'accentuer. Ces expériences inconscientes ne seront plus intégrées ni harmonieusement synthétisées dans un univers dépourvu d'assimilation sereine. Dans une pérennisation de l'indifférenciation, l'angoisse concernant et le corps et l'affectivité viendra contribuer à développer le vécu de carence, de morcellement et de néantisation.

C'est à ce niveau qu'il est important, à notre avis, de situer le sens de la résonance affectivo-biologique. Qu'il surgisse chez cet enfant une distorsion de ses équilibres affectivo-perceptifs, des inquiétudes maternelles permanentes centrées sur le vécu respiratoire ou son cortège symbolique, des perceptions émotionnelles respiratoires mal intégrées, et l'angoisse du souffle développera ses agressions désorganisantes: perception diffuse et prolongée d'un trouble psycho-physiologique anodin s'il n'existait pas une fragilité structurelle de base, perception anxieuse d'un souffle maternel inquiétant, promiscuité des réactions dysharmonieuses de la mère et du père, etc... etc... et le phénomène de cristallisation psychosomatique viendra concerner et envahir l'enfant.

Car le souffle, nous l'avons déjà souligné, est véhiculé par tout un ensemble signifiant où l'inconscient est profondément concerné. L'organisme affectif et cognitif est donateur de sens. Ce que l'enfant se représente est doté d'un sens renvoyant à une structure déterminée, comme les significations plus élaborées renvoient à un système susceptible de s'élaborer dans une diversification de sentiments conscients et inconscients.

Le souffle porte le sens de la vie et de la cohérence; il est le vecteur signifiant de la diffusion de la vie et de la pénétration des échanges entre l'être et l'univers extérieur. Toute perception et toute représentation concernant le souffle est capable de venir perturber l'image de soi, l'image spéculaire du corps propre et l'image de sa structuration au niveau des processus inconscients et préconscients de l'enfant. Dans le déroulement de ses significations, il nous introduit aux domaines où *« l'air et les songes »* sont constamment associés.

C'est dans cette perspective qu'il est essentiel de comprendre les interactions entre le milieu et l'existence de l'enfant. Cette orientation nous aide à saisir le rôle si primordial des relations entre la mère et le tout petit. C'est parce que chez l'enfant les désordres psychosomatiques font partie intégrante de son développement qu'il ont un caractère intentionnel, comme le souligne Ajuriaguerra. Et la caractéristique de ces désordres est bien, comme Pinkerton le remarque, de susciter chez l'enfant un négativisme dans l'expression de ses conflits avec ses parents à travers chaque fonction physiologique concernée, la fonction respiratoire en l'occurrence. Chez le petit enfant, nous sommes constamment aux frontières des décalages évolutifs des fonctions. Et s'il y a lieu de bien distinguer les états d'indifférenciation de toutes les formes cliniques décrites sous le nom de dysharmonie évolutive (Ajuriaguerra, Male), la fragilité de l'organisation psychosomatique de base rend possible l'installation simultanée de ces troubles intéressant des niveaux évolutifs différents.

Le développement de chaque enfant est une histoire faite de l'intrication des dynamiques psychophysiologiques, psychologiques et ontologiques. L'intégration de toutes ces composantes reste le phénomène central capable de permettre à l'enfant de se structurer dans un continuum inconscient et conscient au milieu d'une indispensable affectivité et d'un indispensable amour parental.

Alors, à partir de ces données fondamentales, les modes d'expression pourront se diversifier à l'infini tout au long du développement de l'enfant. Les structures affectivo-cognitives, leurs thématiques pulsionnelles comme leurs fondements ontologiques, pourront faire jaillir les multiples modalités d'expression et de créativité : les morts et leurs miroirs, les images et leurs cortèges, les rêves et leurs cristallisations, les symptômes et leurs racines, et puis d'une façon plus élaborée les sentiments et toutes les instances connexes, riches de significations personnelles et relationnelles. C'est à partir de ce niveau que l'on peut rencontrer, si l'on veut leur donner une certaine part dans l'instauration du symptôme psychosomatique, les interprétations des perturbations fantasmatiques et de la fantasmatique et de la réalisation hallucinatoire du désir et de ses avatars. Nous sommes souvent là aux frontières de la problématique psychosomatique où l'expérience narcissique est à la fois privilégiée et perturbée, chez ces enfants psychosomatiques. L'abord du narcissisme, avec ses implications magiques, ses satisfactions fluctuantes, ses rêves d'achèvement et d'immortalité, ses blessures spéculaires et érotiques, nous introduit aux frontières profondes de l'expérience ontologique dans la mesure où il est vecteur d'identification et fascination du désir d'être en soi et d'exister pour soi.

c) Ainsi, *dans le mouvement entre le désir et la corporéité, l'imaginaire surgit de l'émotionnel et de l'intentionnel* (153). L'imaginaire et le réel se rencontrent constamment au milieu de la dynamique psychosomatique de l'enfant asthmatique (comme d'ailleurs chez les autres enfants). La discontinuité dans la relation psché-soma est vécue au niveau des différentes instances de la personnalité de l'enfant. Les troubles de la personnalisation, les expressions symptomatiques de la scission psychosomatique sont en étroite liaison avec le processus primitif d'indifférenciation.

La temporalité est profondément concernée, nous l'avons mis en évidence d'une façon plus précise dans nos considérations concernant la dynamique psychothérapique de ces enfants. Au niveau du jeu, de l'imitation ou du rêve, l'angoisse vient concerner le temps et l'être de l'enfant. Le temps figé est tributaire à la fois de l'indifférenciation et des mécanismes de défense, mais aussi de la discontinuité ou de la fragmentation constitutives même du processus psychosomatique.

Les perturbations de l'image de soi renvoient bien entendu au sentiment de son identité en liaison avec la discontinuité de l'être et de ses difficultés d'unification dans la maladie psychosomatique. Les troubles du vécu corporel rencontrés chez ces enfants tout au long de notre étude nous aident à objectiver le niveau de ces troubles. Les perturbations de l'identification et de la représentation des images parentales nous introduisent à la compréhension des processus relationnels intervenant au niveau des racines des troubles affectivo-somatiques essentiellement constitués d'un vécu de conflit, d'un conflit intrapsychique fondamental. Dans le dynamisme des processus d'intégration, de personnalisation et de réalisation que Winnicott nous aide à privilégier, c'est l'unification du vécu corporel, la recherche de l'identité personnelle, la structuration de l'espace et du temps, et l'objectivation de la réalité qu'il nous faut constamment considérer. Nous savons combien ces dynamiques sont perturbées chez tous les enfants psychosomatiques; nous savons combien la problématique du temps, de l'espace et de la réalité concerne d'une façon complexe et fragile l'évolution de l'enfant et ses troubles divers.

La mentalité enfantine est en effet caractérisée, Wallon l'a souligné, par une sorte d'atemporalité et d'aspatialité. Et, nous le savons aussi, l'enfant vit ses conflits au milieu de cette atemporalité et de cette aspatialité, dans une dynamique des désirs rencontrant constamment et l'imaginaire et la corporéité. C'est le conflit qui est l'instance capitale génératrice de perturbations de la structure de l'enfant. C'est le conflit qui représente en effet l'instance désorganisatrice dont l'essence peut être très variable : conflits entre les désirs mortifères et régressifs et les désirs de survie au milieu de l'angoisse ; conflits entre les images maternelles contradictoires et douloureusement subies ; conflits entre le vécu corporel scindé dans la maladie et les désirs narcissiques nourrissant les voies de l'identification ; conflit entre la réalité affective frustrante ou néantissante et les aspirations de cet enfant dont l'imaginaire vit d'amour et d'appel, etc... etc...

Le conflit renvoie en effet chez l'enfant à l'imaginaire où les êtres ne sont pas toujours à sa portée. La subjectivité de l'enfant est confrontée à une double problématique susceptible d'être souvent très conflictuelle. Dans l'indifférenciation que nous avons développée, l'enfant rencontre une temporalité et une spatialité faite de matérialité douloureuse, vécue au milieu de son angoisse (d'exclusion, de morcellement ou de dévitalisation) et de la somatisation. Mais nous savons aussi que l'expérience enfantine est faite d'êtres qu'il ne peut cerner du regard et qui ne sont pas à sa portée, «d'ultra-choses» dont la présence au sein de l'univers infantile concerne la représentation du monde chez l'enfant. Merleau-Ponty développe bien cette aspect de l'expérience infantile, à partir d'une conception profonde introduite par Wallon. Et il nous fait bien comprendre combien *« la présence de ces « ultra-choses » entraîne ou suppose chez l'enfant celle d'un temps ou d'un espace préobjectifs qui ne sont pas encore dominés et mesurés par sa pensée, qui adhèrent en quelque sorte au sujet qui les vit »* (par exemple, l'enfant croit qu'il a préexisté à ses propres parents, que la maison ou le champ sont un absolu de la grandeur) ; l'enfant est incapable de consentir à n'avoir pas été toujours, et cette croyance, souligne Wallon, est inhérente à la subjectivité (153). *« La mentalité enfantine,* poursuit Merleau-Ponty, *serait donc caractérisée par son a-temporalité et son a-spatialité, les deux étant des aspects de sa subjectivité ».* Cet auteur insiste beaucoup sur cette notion dont il tire un certain nombre de conséquences concernant la compréhension de l'enfant et les relations entre adultes et enfants : la différenciation entre enfant et adulte vient d'un monde perçu comportant peu d'ultra-choses à un monde enfantin qui en comporte un grand nombre, et la véritable communication entre enfant et adulte passe par l'exploration exacte des phénomènes enfantins et des phénomènes adultes, en dehors de tout rationalisme dogmatique susceptible de figer les concepts.

Mais il est intéressant d'approcher et de comprendre sous cet éclairage l'essence même des conflits infantiles vécus chez l'enfant psychosomatique. Dans les multiples formes de conflit coextensif à l'être infantile, l'enfant expérimente le sentiment de sa matérialité interrogée et menacée dans la maladie psychosomatique à travers ses aspirations à l'a-spatialité et ses perceptions de l'a-temporalité. C'est là un éclairage qui nous paraît très important pour mieux saisir les profondeurs des conflits intrapsychiques des enfants asthmatiques; ceux-ci vivent à travers leurs frustrations affectives et relationnelles l'expérience ontologique de leur matérialité vécue sur un mode conscient et inconscient (avec le sentiment angoissant de leur fragilité existentielle où le narcissisme est concentré et le temps personnel fracturé).

L'organisation de mécanismes de défenses apparaît bien entendu indispensable au milieu de ces perturbations si profondes et si polymorphes. Nous les avons rencontrés dans toutes nos approches cliniques et projectives. Ils sont très souvent privilégiés en Clinique Psychosomatique dans la mesure même où ils sont évidents et intenses. Nous les avons rencontrés à travers les études de l'intelligence et de ses diverses composantes factorielles (cf. p. 130 et seq.). Ils sont particulièrement bien mis en évidence dans le test de Rorschach où nous en constatons de multiples formes; nous avons relevé la prévalence des réponses formelles, avec un type de résonance intime coartatif et une restriction de l'organisation de l'espace et de la communication. Il existe en effet de nombreux signes traduisant la force et l'intensité des mécanismes de défense. Mais à travers l'intrication de la somatisation et des mécanismes de défense, il n'existe pas à proprement parler de refoulement. L'affectivité et la capacité affectivo-perceptive sont insérées dans un réseau de répression masquant les expressions mais n'éliminant pas les potentialités des pulsions et les translations de l'imaginaire.

L'évolution des processus est intéressante à suivre de ce point de vue et nous avons aussi constaté les modifications de ces mécanismes de défense en fonction des âges. Nous en avons aussi relevé quelques aspects au cours des dynamiques psychothérapiques susceptibles d'influencer autant les réactions défensives que les perturbations primaires. Les symptômes névrotiques associés sont très polymorphes et ils représentent certainement un grand intérêt en traduisant la possibilité d'atteinte de la personnalité à des niveaux différents de son évolution. L'intervention d'un surinvestissement énergétique est une constante dans la pathologie psychosomatique. Les tests projectifs nous ont permis de le mettre en évidence d'une façon nette et précise (cf. p. 155) et nous avons aussi parfois constaté le retentissement de ce mécanisme sur les structures affectivo-cognitives et notamment les aspects évolutifs de l'intelligence de ces enfants. Le surinvestissement énergétique apparaît être en liaison avec les manifestations de l'indifférenciation primitive et de ses troubles, grâce à de nombreux chaînons intermédiaires et en particulier le phénomène de répression affective. Il se situe donc au carrefour de l'indifférenciation primitive et de l'émergence des troubles somatiques, qu'il soit d'ordre biologique, immunologique ou clinique.

Ces mécanismes de défense sont souvent considérés en tant que symptômes psychosomatiques et certaines conceptions en ont privilégié la place dans la compréhension de la maladie psychosomatique. Certains sont spécifiques mais beaucoup d'autres ne représentent que la traduction générale de perturbations plus profondes. Certains sont beaucoup moins spécifiques et sont le signe des potentialités évolutives de personnalité, où s'associent les diverses significations permanentes de l'angoisse. La maladie psychosomatique présente chez l'enfant un certain nombre de spécificités. Le niveau précoce de l'atteinte des structures affectivo-perceptives de l'enfant représente l'élément essentiel déterminant beaucoup d'autres processus psychopathologiques et psychosomatiques. L'angoisse de l'enfant se vit selon les modalités toujours très complexes et somme toute spécifiques. Les perturbations de l'imaginaire sont caractéristiques, car outre leurs modalités habituelles, elles concernent le mouvement entre le désir et la corporéité où l'image spéculaire de soi est toujours présente dans ses perturbations mêmes. Les conflits sont intériorisés et vécus dans une désorganisation de la thématique structurelle et des réactions affectivo-perceptives. Au milieu des désorganisations structurelles et des processus d'indifférenciation, au milieu des conflits intrapsychiques et des perturbations affectivo-cognitives, la déficience de l'intégration constitue la racine même des phénomènes psychosomatiques. Il s'entretient ainsi, par des causes très variables — d'ordre relationnel, affectif, cognitif, pulsionnel ou existentiel — une indifférenciation pathogène; toutes les expressions psychopathologiques et psychophysiologiques peuvent surgir à partir des souffrances conscientes et des métamorphoses inconscientes des structures affectivo-somatiques donatrices de sens, au milieu de l'expérience conflictuelle et ontologique de la dépersonnalisation de l'enfant.

VIII. Conclusions

Les multiples champs de l'existence nous convient chaque jour à l'approfondissement des apparences; et l'expérience de la rencontre est une constante invitation à toujours mieux appréhender les racines de l'être.

A travers les divers espaces parcourus ces dernières années — champ de la relation et domaine médical, champ psychopathologique et domaine de l'éducation, milieu psychothérapique et plaines de la prévention, domaine du psychosomatique et de l'anthropologique — nous nous sommes interrogés sur les modalités de l'essentiel des personnes. Tout au long de notre pratique et de l'élargissement de ses perspectives, nous nous sommes constamment intéressés à mieux comprendre les éléments structurels de la personnalité. C'est à ce titre qu'au milieu de beaucoup d'autres disciplines, mais d'une façon bien spécifique, la clinique psychosomatique de l'enfant sollicite constamment les questions fondamentales. Nous nous sommes ainsi attachés à cerner toujours davantage les multiples aspects de la relation entre le corps et l'esprit, à travers la pathologie de l'enfant et l'approche de l'enfant malade, en centrant notre regard sur l'enfant asthmatique.

Tout au long de notre cheminement pragmatique et conceptuel, nous avons rencontré de nombreuses interprétations de phénomènes appréhendés fort différemment selon les conceptions anthropologiques. Et c'est au milieu même de cette diversité que nous avons voulu réfléchir.

Nous n'avons fait qu'évoquer d'une façon panoramique les reflets des nombreux problèmes de l'asthme infantile d'un point de vue biologique et somatique. Si leur complexité participe de la problématique psychosomatique, elle amène aussi à une réflexion spécifique d'ordre biologique dont nous avons seulement situé la place dans ce travail.

Nous avons considéré les données sociologiques et psychosociologiques à travers un certain nombres d'études. Et nous avons retenu dans notre expérience une population de deux cent cinquante enfants et leurs familles, afin de mieux saisir les aspects relationnels susceptibles de nous faire comprendre les analyses psychologiques approfondies.

C'est en effet dans une perspective très diversifiée que nous avons abordé l'étude structurelle de l'enfant malade, de l'enfant asthmatique et des personnalités. Nous avons tout d'abord étudié le développement structurel de l'enfant asthmatique à l'aide de test d'intelligence et de l'approche projective au test de Rorschach, tel qu'il peut nous le permettre dans la richesse de ses données. Nous nous sommes intéressés à connoter un certain nombre d'éléments comparatifs possibles à travers l'étude de tests projectifs de populations d'enfants présentant des situations affectives, relationnelles et structurelles différentes. Nous avons ainsi prolongé ces études projectives comparées, en cherchant à approcher la force de la personnalité de ces enfants à travers leurs réactions à la frustration (test de Rosenzweig) ainsi que la nature de leurs relations affectives, en comparant certaines données projectives (test des fables de L. Düss). Nous avons cherché à mieux cerner la notion de structure et de structuration à travers les connotations possibles dans les projections (test de Rorschach), à partir de populations d'enfants de situations psychopathologiques différentes (enfants cas sociaux, enfants névrotiques et enfants psychosomatiques).

Mais la dimension évolutive est toujours essentielle; et nous avons abordé les différentes phases du développement de l'enfant asthmatique sous divers aspects. L'évolution des expressions psychopathologiques associées nous introduit chez l'enfant asthmatique, à partir d'une population donnée, aux problèmes théoriques fondamentaux des structures et de leur signification. La dynamique psychothérapique nous aide aussi à réfléchir sur cette dimension évolutive, dans la mesure même où les caractéristiques très intriquées des processus psychothérapiques jettent une certaine lumière sur les aspects structuraux. Mais nous savons aussi combien chaque histoire individuelle apporte d'éclairage au milieu de la souffrance et des clair-obscurs de ces enfants.

Les relations entre les données cliniques, psychopathologiques et conceptuelles sont toujours fondamentales à considérer. Nous les avons rencontrées à plusieurs reprises et nous en avons souvent développé les aspects, à partir d'une réflexion sur les concepts cliniques et les théories. Nous avons constamment cherché à situer leurs richesses et leurs limites dans une appréhension de leurs dimensions souvent complémentaires. Mais si les rapports entre les théories et les pratiques sont toujours difficiles à saisir en Sciences Humaines, ces problématiques restent aussi difficiles à appréhender en clinique psychosomatique. Dans ce domaine, les concepts de schéma corporel, d'image du corps, et plus profondément de structure de l'être, nous aident à saisir les modalités du vécu corporel et de ses perturbations.

Les conceptions sont nombreuses, nous l'avons vu, à proposer des axes de compréhension selon des perspectives diverses, sélectives ou unicistes. Nous nous sommes efforcés de considérer un certain nombre d'aspects fondamentaux au regard de l'expérience et de la réflexion.

Dans le développement des processus psychosomatiques, l'indifférenciation apparaît un élément essentiel. L'indifférenciation entre l'expression somatique et l'élaboration imaginaire constitue le processus de base interrogeant constamment les relations entre le corps et le psychisme, ouvrant ainsi les voies de chemins difficiles, toujours à approfondir, au milieu des questions et voire même des inconnues. Il existe au sein même de la personnalité de ces enfants malades une incapacité à dialectiser les expériences psychobiologiques de base; le somatique apparaît alors le lieu d'expression des conflits psychiques, qu'ils soient intrinsèques ou extrinsèques. Les rapports intégrateurs entre la fragilité organique et le développement psychique sont bouleversés. La dynamique essentielle est faite d'une perturbation de l'intégration des expressions conscientes, des désirs, et du mouvement de l'inconscient. Et c'est dans ce contexte bouleversé que la résonance affectivo-biologique entre la fonction biologique — la respiration — et les pulsations d'une affectivité douloureuse vient constituer les chemins de l'organisation psychosomatique. C'est dans la pérennisation de l'indifférenciation structurelle que l'angoisse affectivo-somatique vient entretenir le vécu plus ou moins inconscient de carence, de morcellement et de néantisation. Les perturbations affectivo-perceptives de base nous amènent aux frontières de l'unité psychosomatique, dans un univers où l'être et l'existence, dans la dynamique de leur croissance, vont se structurer dans la souffrance et l'angoisse.

Nous avons vu qu'à partir de l'étude de ces perspectives structurales la compréhension de la problématique psychosomatique ne saurait se réduire à une conception univoque. La clinique psychosomatique ne saurait appartenir à une école, comme d'ailleurs la compréhension de l'inconscient et des profondeurs de l'homme ; les ambiguïtés de nombreux courants sélectifs illustrent bien cette exigence.

L'approche des maladies psychosomatiques rejoint d'ailleurs le problème corps-esprit, joyau permanent de la réflexion de l'homme sur l'homme ; et la compréhension des relations entre le corps et l'esprit, comme celle de la Clinique psychosomatique passe par des perspectives capables d'intégrer les divers langages des courants actuels. Les perspectives intégratrices que nous avons développées à partir d'une analyse uniciste de la réalité clinique fondamentale qu'est la structure, nous permettent d'être pleinement attentifs à ce que vivent le corps, le psychisme et l'esprit des personnes — hommes, femmes et enfants — au plan conscient et inconscient.

Mais cette approche clinique et conceptuelle nous interrogent sur de nombreux points fondamentaux : la problématique du dualisme et de l'unicisme en clinique psychosomatique et psychopathologique, les relations entre le corps et l'imaginaire, les rapports entre le relationnel et le structurel sont perçus de façon différente selon les postions anthropologiques. Les perspectives des conceptions sélectives et unicistes nous invitent à toujours davantage approfondir les fondements anthropologiques de l'approche clinique. Les nombreuses tentatives d'explicitation du fait psychosomatique témoignent bien des difficultés d'appréhension de cette réalité, dans ses acceptions cliniques et conceptuelles. Mais au milieu de ces difficultés, dans le domaine de l'expérience et de la réflexion psychosomatique, les données structurales nous aident à comprendre les fondements des phénomènes. Et au sein des nombreuses interrogations, les perspectives épistémologiques et les approches anthropologiques contribuent constamment à projeter leur lumière sur le champ de la psychosomatique, comme les expériences affectivo-perceptives primitives et les processus du développement contribuent constamment à l'unité et à la croissance de l'être.

IX. Bibliographie

1. AJURIAGUERRA (J. de), HARRISON A., LEZINE I., Quelques aspects de la réactivité émotionnelle dans la première année. *Psychiat. Enfant.*, 1967, *10*, 293-380.
2. AJURIAGUERRA (J. de), Manuel de psychiatrie de l'enfant. Masson édit., Paris, 1973.
3. AJURIAGUERRA (J. de), L'inné et l'acquis dans le développement de l'enfant. *Psychiat. Enfant.*, 1973, *XVI*, I, 269-292.
4. AJURIAGUERRA (J. de), GARRONNE G., Mécanisme d'organisation et facteurs des désorganisations psychologiques dans l'évolution de l'enfant. *Méd. et Hyg.*, 1963, *21*, 413-416, 462-464.
5. ALIE C., Approche phénoménologique du vécu corporel en psychiatrie. These Médecine, Bordeaux, 1968, n° 197.
6. ALBY J.M., WOLFROMM R., Allergie respiratoire. *Encycl. Méd. Chir.*, Paris, Psychiatrie, 1966, *II*, 37440 A 10.
7. ALEXANDER F., Principes de Psychanalyse, Payot édit., 1952.
8. ALEXANDER F., La médecine psychosomatique. Payot édit., Paris, 1962.
9. ALLPORT G.W., FEIFEL H., MASLOW A., MAY R., ROGERS C., Psychologie existentielle. Epi édit., Paris, 1971.
10. ALLPORT G.W., Structure et développement de la personnalité. Delachaux et Niestlé, Neuchatel, 1970.
11. ANGELERGUES R., «L'image du corps». *Evol. Psychiat.*, T. XXXVI, I, 195-206.
12. ANTHONY F.J., KOUPERNIK C., L'enfant dans la famille. Masson édit., Paris, 1970.
13. AUBIN B., DUGAT, ROCHE, Dépistage précoce et traitement préventif de l'inadaptation scolaire. *Rev. Neuropsychiat. Infant.*, 1971, *19*, 16, 323-335.
14. AUBRY J., Médecine psychosomatique chez l'enfant du premier âge à l'hôpital: In la Médecine Psychosomatique, *Expansion Scientifique Française*, Paris, 1965, 181-208.
15. BASSINE Ph., ROJNOV V. et ROJNOVA M., Ce que nous pensons de la Psychanalyse. *Evol. Psychiat.*, T. *XXXVIII*, III, 1973.

16. BASSINE Ph., Le problème de l'inconscient. Mir, Moscou, 1973.
17. BAUDUIN A., GUEBELLE F., Mode d'expression chez l'enfant asthmatique. *Rev. Neuropsychiatr. Infant.*, juin-juillet 1969, 6-7, 361-371.
18. BENOIT J.C., BERTA M., L'activation psychothérapique. Dessart édit., Bruxelles, 1973.
19. BERGOUIGNAN M., De quelques significations de l'angoisse en Psychiatrie. Colloque, Bordeaux, 1971, n° 15.
20. BERGOUIGNAN M., Les dystonies neuro-végétatives. *Bord. Méd.*, 1970, *3*, 589 et seq.
21. BERGSON H., Matière et mémoire. P.U.F., 72ᵉ édit., Paris, 1965.
22. BINSWANGER L., Discours, parcours et Freud. Gallimard édit., Paris, 1970.
23. BLANC M., Des idées et des mots en psychiatrie contemporaine. *Ann. Méd. Psychol.*, novembre 1967.
24. BLANC M., La psychothérapie dans l'asthme (discussion du rapport). *Bord. Méd.*, 1969, *2*, 72-75.
25. BLANC M., GEISSMANN P., CHANSEAU J.C., Le déséquilibré: hypothèse pathogénique. *Rev. Prat.*, 1972, *22*, 3507-3515.
26. BOGAERT Van L., Sur la pathologie de l'image de soi. *Ann. Méd. Psychol*, 1934, 92.
27. BONAPARTE M., Psyché dans la nature ou des limites de la psychogenèse: In Psychanalyse et Biologie, P.U.F., 1952.
28. BOSS M., Introduction à la Médecine Psychosomatique. P.U.F. édit., Paris, 1959.
29. BOSTOCK J., Asthma: a synthesis involving primitive speech, organism and insecurity. *Journ. of. Ment. Sc.*, 1956, *102*, 559-575.
30. BOUCAUD (M. de), Les psychothérapies conjugales. *Ann. Méd. Psychol.*, T. II, n° 1, juillet 1972, Masson édit., Paris.
31. BOUCAUD (M. de), DARQUEY J., DUFAURE P., GACHIE J.P., VALENCON J., Vécu corporel et langage du corps dans certaines structures psychopathologiques. Congrès de Psychiatrie et Neurologie de Langue Française, LXXIᵉ session, 1-7 juillet 1973.
32. BOUCAUD (M. de), DUFAURE P., GACHIE J.P., LODEON J., PERGUILHEM A., Clinique psychosomatique et processus de conversion chez l'enfant. Congrès de Psychiatrie et Neurologie de Langue Française, LXXIIᵉ session, Auxerre, 9-14 septembre 1974.
33. BOUCAUD (M. de), FREOUR P., Plaidoyer pour une conception globale de l'asthme. *Méd. et Hyg.*, 1975, 33, n° 1156, 1090-1092.
34. BOUCAUD (M. de), L'asthmatique et sa famille. *Méd. et Hyg.*, 1975, *33*, n° 1156, 1094 et seq.
35. BOUCAUD (M. de), Dépersonnalisation et déréalisation: cliniques aux frontières des concepts. Congrès de Psychiatrie et Neurologie de Langue Française, LXXVᵉ session, Limoges, 27 juin-2 juillet 1977.
36. BOUCAUD (M. de), L'enfant asthmatique: sa relation familiale. Colloque de Saint-Maximin. *Psychol. Medic.*, 1980, 12-5.
37. BOURGUIGNON A., Le rêve et le corps. Contribution à la théorie psychosomatique. *Rev. Méd. Psychosom.*, 1967, *T. IX*, 3.
38. BRISSET Ch., GACHKEL, Avant-propos. *Evol. Psych.*, 1953, *III*, 791-953.
39. BRISSET Ch., Hystérie et pathologie psychosomatique. *Rev. Prat.*, 1964, *II*, n° II, 1459-1470.
40. BUYTENDYK F.J.J., Attitudes et mouvements. Etude fonctionnelle du mouvement humain. Desclée de Brouwer édit., Paris, 1957.
41. CAIN J., Le symptôme psychosomatique. Privat édit., 1971.
42. CAIN J., Hystérie et psychosomatique. *Psychol. Méd.*, 1957, 7, 1125-1132.
43. CANGUILHEM G., Le normal et le pathologique. P.U.F. édit., Paris, 1966.

44. CARMICHAEL L., Manuel de psychologie de l'enfant. Bibliothèque Scientifique Internationale, 1952.
45. CATTEAUX A., L'école et la notion d'inadaptation. *Communautés éducatives*, 1977, Maury-Millau, n°' 23-24, 3463.
46. CHAMBRE P., L'enfant de sept ans et son corps. Thèse Psychologie, Bordeaux, 1970.
47. CHARPIN J. et BOUTIN C., La maladie asthmatique. *Rev. Prat.*, 1969, *T. XIX*, n° 8.
48. CHARPIN J., L'allergie. Masson, Paris, 1980.
49. CHATEAU J., L'enfant et ses conquêtes. J. Vrin édit., 1969.
50. CHATEAU J., La psychologie de l'enfant en langue française, Privat édit., 1979.
51. CHAUCHARD P., La médecine psychosomatique. P.U.F., édit., Paris, 1971.
52. CHILAND C., L'enfant de six ans et son avenir. P.U.F. édit., Paris, 1971.
53. CHILAND C., Psychométrie et clinique. *Bull. Psychol.*, Université Paris, 1968, *T. XXI*, n° 270.
54. CHILAND C., Langage oral et langage écrit. *Bull. Psychol.*, Université Paris, 1966, *19*, n°' 8, 12, 489-497.
55. CHILAND C., COPPEL L., COUMES F., DIATKINE R., GABEL M., Renseignements épidémiologiques fournis par l'étude longitudinale d'un groupe d'enfants des écoles du 13ᵉ arrondissement de Paris. *Bull. de l'INSERM*, 1966, *21*, 455-466.
56. CHIRPAZ F., Le corps. P.U.F. édit., sup., 1969.
57. CONGRES INTERNATIONAL, Le Mont-Dore, mai 1975. Asthme, allergie respiratoire et environnement socio-écologique (Société Française d'Allergie):
    a) FREOUR P., Epidémiologie et aspects médico-sociaux de la maladie asthmatique.
    b) GERVAIS P., Ecologie et maladies allergiques.
    c) GORCEIX A., ARBALOSSE R., FROHWISTH Ch., Réflexions sur les facteurs psychosociologiques de l'asthme bronchique.
    d) GRILLIAT J.P., MONERET D.A., VAUTRIN H., VINIAKER M., SOULIERE, Environnement socio-écologique de l'asthme. Etude effectuée dans la région lorraine.
    e) HALPERN B., L'adaptation en immunologie.
    f) MONNEAU J.P., GUEGUEN R., HUSER F., BOURA M., Aspects épidémiologiques des manifestations allergiques chez l'enfant: facteurs familiaux, socio-écologiques et individuels.
    g) RUDNIK, HATUSZLAS J., PISIERRIEZ K., Fonction respiratoire des enfants en rapport avec les réponses au questionnaire rempli par les parents sur les symptômes et les conditions sociales et domestiques.
    h) VIALATTE J., PAUPE J., PLANES M., MOUR BELAMINE, Incidence des facteurs socio-économiques sur l'asthme allergique de l'enfant.
58. CRAMER B., Vicissitudes de l'investissement du corps: symptômes de conversion en période pubertaire. *Psychiat. Enfant.*, 1977, *I*, 11-127.
59. DARQUEY J., GACHIE J.P., Point de vue du malade sur la thérapeutique psychosomatique de la maladie asthmatique. *Méd. et Hyg.*, 1975, *33*, 1107-1110.
60. DEJOURS C., MARTY P., HERZBERG-POLONIECKA, Les questions théoriques en psychosomatique. *E.M.C. Psychiatrie*, 1980, 37400 C 10.
61. DELAY J., Etudes de psychologie médicale. P.U.F. édit., 1953.
62. DEMANGEAT M., L'organe et sa signification. *Psychol. Med.*, 1974, *T. VI*, 6, 1093-1108.
63. DIATKINE R., La notion de régression. *Evol. Psychiat.*, 1957, *3*, 405-425.
64. DIATKINE R., Du normal et du pathologique dans l'évolution mentale de l'enfant. *Psychiat. Enfant.*, 1967, *10*, 2, 42.
65. DINARD C., CHARPIN J., A propos des psychothérapies de l'enfant asthmatique: In Maladies Allergiques, Flammarion édit., Paris, 1963.
66. DOLTO F., Personnologie et image du corps. P.U.F. édit., Paris.

67. DONGIER J., Névroses et troubles psychosomatiques. Dessart édit., 1966.
68. DORON R., Sens clinique et psychologie clinique, vues prospectives. *Bull. Psycho.*, Université Paris, 1968, *XXI*, 270, 15-19.
69. DRAPEAU P, DUCHARME C., Asthme, allergie, développement psychologique chez le jeune enfant. *Psychol. Med.*, 1980, *12*, 5, 1023-1038.
70. DUNBAR F., Psychosomatic diagnosis. New York, 1943.
71. DUNBAR F., Mind and body psychosomatic medicine. New York, 1947.
72. ELLENBERGER H.F., A la découverte de l'inconscient. Simep édit., Villeurbanne, 1974.
73. EY H., Etudes psychiatriques. Desclée de Brouwer, Paris, 1954.
74. EY H., La conscience. P.U.F. édit., Paris, 1968.
75. EY H., Introduction à l'ouvrage de Valabrega «les théories psychosomatiques». P.U.F. édit., 1954.
76. EY H., *Encycl. Med. Chir. Psychiatrie*, Paris.
77. EY H., Des idées de Jackson à un modèle organo-dynamique en psychiatrie. Privat édit., Toulouse, 1975.
78. FAVEZ-BOUTONNIER J., L'angoisse. P.U.F. édit., 1963.
79. FEDIDA P., Perception et compréhension cliniques en psychologie. *Bull. Psychol.*, Université Paris, *T. XXI*, n° 270, 15-19.
80. FRANKL V., La psychothérapie et son image de l'homme. Resma édit., Paris, 1970.
81. FREOUR P., Les facteurs étiologiques et la pathogénie de l'asthme. Evolution des idées. *Rev. Prat.*, 1969, *T. XIX*, n° 8.
82. FREOUR P., Présentation du numéro consacré à l'asthme bronchique. *Bord. Méd.*, 1969, *2*, 1112.
83. FREOUR P., Conférence d'ouverture du Séminaire d'Ustaritz: approche et compréhension psychosomatique de l'asthme. *Psychol. Med.*, 1975, 7, 1, 1311-1312.
84. FREOUR P., Une approche globale de la médecine. *Méd. et Hyg.*, 1975, *33*, 1089-1090.
85. FREOUR P., Epidémiologie et aspects médico-sociaux de la maladie asthmatique. *Bord. Méd.*, février 1975, n° 3.
86. FREOUR P., BOUCAUD (M. de)., Allergie et psychisme: In Traité d'Allergologie, J. Charpin, Paris, 1980. Flammarion.
87. FREUD A., Le normal et le pathologique chez l'enfant. Gallimard édit., 1965.
88. FREUD A., Le moi et les mécanismes de défense. P.U.F. édit., 1975.
89. FREUD S., Inhibition, symptôme et angoisse. P.U.F. édit., Paris, 1968.
90. FREUD S., Essais de psychanalyse. Payot édit., Paris, 1951.
91. GACHIE J.P., Le test de Rorschach de l'asthmatique adulte. Thèse Médecine, Bordeaux, 1976, n° 499.
92. GACHIE J.P., BOUCAUD (M. de), DUFAURE P., FREOUR P., Troubles relationnels et dynamique hospitalière. *Bord. Méd.*, 1974, 7, 1611-1621.
93. GACHIE J.P., DARQUEY J., PUEL B., SENECHAL H., TISNE J., Point de vue du praticien sur la médecine globale dans le traitement de la maladie asthmatique. *Méd. et Hyg.*, 1975, *33*, 1105-1106.
94. GANTHERET F., Le corps en psychologie clinique. *Bull. Psychol.*, 1968, *XXI*, 270, 15-19.
95. GAUTHIER P., DRAPEAU et al., L'asthme chez le très jeune enfant (14 à 30 mois). Caractéristiques allergiques et psychologiques. *Psychiat. Enfant.*, 1976, *XIX*, I.
96. GERVAIS P., De la dépendance à l'autonomie dans la maladie asthmatique. Données préalables. *Psychol. Med.*, juin 1978, *T. 10*, n° 6.
97. GESELL A. et ILG F.L., L'enfant de cinq à dix ans. P.U.F. édit., 1967.
98. GOLDSTEIN K., La structure de l'organisme. Gallimard édit., Paris, 1951.

99. GRILLIAT J.P., L'angoisse et la recherche du refuge. *Psychol. Med.*, juin 1978, T. 10, n° 6.
100. GRINKER R.R., ROBBINS F.P., Cliniques psychosomatiques. Recueil de cas. P.U.F. édit., Paris, 1959.
101. GRODDECK G., La maladie, l'art et le symbole. Gallimard édit., Paris, 1969.
102. GRODDECK G., Au fond de l'homme Celà. Trad. Française Gallimard édit., Paris, 1963.
103. GUITTON J., L'existence temporelle. Aubier édit., Paris, 1949.
104. HAYNAL A., L'asthmatique: esquisse pour une compréhension psychologique. *Rev. Med. Psychosol.*, 1975, 17, 55-56.
105. HELD R., Etude psychologique et psychiatrique des asthmatiques. *Rev. Prat.*, 11 mars 1969, *19*, n° 8., II, 20-33.
106. HELD R., De la psychanalyse à la médecine psychosomatique. Payot édit., Paris, 1968.
107. HIRT M., GLODBERG R., BERNSTEIN J.L., Interactions of personnality variables and allergic predispositions in asthma. *Psychosomatics, 1968, 9*, 340-343.
108. HUBERT R., La croissance mentale. Paris éd., 1949.
109. JANET P., La médecine psychologique. Flammarion édit., Paris, 1923.
110. JANET P., Les médications psychologiques. F. Alcan édit., Paris, 1925, 1928.
111. JASPERS K., De la psychothérapie. P.U.F. édit., Paris, 1956.
112. JASPERS K., Psychopathologie générale. Alcan édit., Paris, 1922.
113. JUNG C.G., Psychologie et éducation. Buchet Castel édit., Paris, 1963.
114. JUNG C.G., L'homme à la découverte de son âme. Payot édit., Paris, 1962.
115. JUNG C.G., Dialectique du moi et de l'inconscient, idées. Gallimard édit., 1964.
116. KAMMERER T.H., Analyse du modèle organo-dynamique de H. Ey. *Evol. Psychiat.*, 1977, *T. XLII, III, I.*
117. KAYSER Ch., Physiologie, système nerveux. Flammarion Med. Sciences, Paris, 1976.
118. KLEIN M., La psychanalyse des enfants. P.U.F. édit., 1969.
119. KOUPERNIK C., DAILLY R., Développement neuro-psychique du nourrisson. P.U.F. édit., Paris, 1968.
120. KOUPERNIK C., Psychosomatique en pédiatrie: In la médecine psychosomatique. *Expansion Scientifique Française*, Paris, 1965.
121. KOURILSKY R., Les mécanismes psychologiques dans l'asthme. *Bord. Med.*, 1969, *2*, 29-38.
122. KRAFT B., HOWELL D. and BLUMENTHAL D.L., A psychotherapist integration into allergic pratice. *Ann. Allergy*, mars-avril. 1957, *15*, 2, 168-171.
123. KREISLER L., FAIN M., SOULE M., L'enfant et son corps. P.U.F. édit., 1974.
124. KREISLER L., FAIN M., SOULE M., La clinique psychosomatique de l'enfant. Asthme du nourrisson. *Psychiat. Enfant*, 1973, *16*, 5, 122.
125. LABAR P., GROUFER F. et BOBON J., Modifications du vécu corporel exprimées dans le dessin spontané d'un enfant de trois ans et demi. *Rev. Neuropsychiatr. Infant.*, juillet 1969, *6, 7*, 351-360.
126. LABAR P., Images de peurs infantiles. *Rev. Neuropsychiat. Infant.*, juillet 1969, *6, 7*, 381-392.
127. LABARDT, La relation maladie psychosomatique / maladie physique. *Rev. Méd. Psychosom.*, 1975, T. *17*, 4.
128. LABORIT H., Sur le mécanisme de déclenchement et la signification biocomportementale de la réaction hypothalamo-hypophysosurrénalienne à l'environnement. *Ann. Méd. Psychol.*, 1976, *T. I*, n° 5.
129. LACROZE R., Maine de Biran édit., Paris, 1970.
130. LADER M.H., The effect of anxiety on response tot treatment. Aust. N.Z., *Psychol.*, 1969, *3*, 288-292.

131. LAGACHE D., L'unité de la psychologie. P.U.F. édit., 1949.
132. LECLAIRE S., Psychanalyser. Seuil édit., Paris, 1968.
133. LHERMITTE J., Les mécanismes du cerveau. Gallimard édit., 1938.
134. LHERMITTE J., L'image du corps. *L'Encéphale*, Paris, 1937.
135. LEIGH D., MARLEY E., A psychiatric assessment of adult asthmatics: a statistical study. *J. Psychosom. Res.*, 1956, *1*, 118-142.
136. LEBOVICI S., SOULE M., La connaissance de l'enfant par la psychanalyse. P.U.F. édit., Paris, 1970.
137. LEON A., Psychologie clinique et orientation scolaire et professionnelle. *Bull. Psychol.*, 1968, *XXI*, 270, 15-19.
138. LEVINE J., Les désadaptations scolaires. 1959, *4*, 261-267.
139. LORAS O., L'asthme, angoisse du souffle. Librairie du Rhône édit., Lyon, 1961.
140. LOWEN A., La dépression nerveuse et le corps. Tchou édit., Paris, 1975.
141. LUBEN-PLOZZA, Le malade psychosomatique et le médecin praticien. Privat édit., Paris, 1975.
142. LUMINET D., Les psychothérapies dans l'asthme bronchique. *Rev. Méd. Psychosom.*, 1962, *4*, 4, 391.
143. MAINE DE BIRAN, De l'existence. Textes inédits, Gouhier édit., Paris, 1966.
144. MALE P., DOUMIC A., GIRARD A. et al., Psychothérapie du premier âge. P.U.F. édit., 1975.
145. MARCHAIS P., Pour une psychiatrie scientifique. Essais de formalisation et modèle opératoire. *Ann. Méd. Psychol.*, 1977, T. *1*, n° 3, 373-412.
146. MARGOLIN S.G., La signification du terme psychogenèse dans les symptômes organiques. *Evol. Psychiat.*, 1953, III.
147. MARTY P., La relation d'objet allergique. *Rev. Franç. Psychanal.*, 1958, *22*, 30-35.
148. MARTY P., M'UZAN M. de., La pensée opératoire. *Rev. Franc. Psychanal.*, 1963, *27*, 345-356.
149. MARTY P., M'UZAN M. de, DAVID C., L'investigation psychosomatique. P.U.F. édit., Paris, 1963.
150. MARTY P., Les mouvements individuels de vie et de mort. Essai d'économie psychosomatique. Payot édit., Paris, 1976.
151. MERLEAU-PONTY M., Phénoménologie de la perception, idées. Gallimard édit., Paris, 1945.
152. MERLEAU-PONTY M., La structure du comportement. P.U.F. édit., Paris, 1963.
153. MERLEAU-PONTY M., Cours à la Sorbonne: *In Bull. Psychologie Clinique*, 1961.
154. MINKOWSKI E., Le temps vécu. Delachaux et Niestlé édit., 1968.
155. MINKOWSKI E., A propos de la médecine psychosomatique. Corps et organisme, le psychisme et l'anthropologique. *Evol. Psychiat.*, 1953, III.
156. MITTELMAN B., Briefer psychotherapy in psychosomatic disorders of children and adolescents. *New Child.*, 1950, *8*, 291-300.
157. MITSCHERLICH A., Contribution à la théorie psychanalytique des maladies psychosomatiques. *Evol. Psychiat.*, 1953, III.
158. MONTASSUT, Rapport au Congrès de Psychiatrie et Neurologie de Langue Française, Masson, Paris, 1953.
159. MORON P., Le phénomène de conversion somatique chez l'enfant. Congrès de Psychiatrie et Neurologie de Langue Française, Auxerre, 9-14 septembre 1974, Masson édit.
160. MUCCHIELLI R., Philosophie de la médecine psychosomatique. Aubier édit., Paris, 1961.
161. MUCCHIELLI R., Introduction à la psychologie structurale. Dessart édit., Bruxelles, 1968.
162. MUCCHIELLI R., La personnalité de l'enfant. E.S.F. édit., 1962.

163. MUCCHIELLI R., Analyse existentielle et psychothérapie phénoméno-structurale. Dessart édit., 1972.
164. NACHT S., HELD R., Maladies psychosomatiques. *Rev. Méd. Psychosom.*, 1960, *2*, 39-64.
165. NASI P. et C., Etude des modes de pensée du stade préopératoire à travers le langage. *Enfance*, juin 1970.
166. NEUHAUSS E.C., A personnality study of asthmatique and cardiac children. *Psychosom. Méd.*, 1958, *20*, 181-186.
167. ORLIC K.L., L'éducation gestuelle. Méthode de rééducation psychomotrice. E.S.F. édit., 1967.
168. OSSON D., Dessin et Rorschach chez l'enfant. Appport de l'analyse structurale. *Ann. Medic. Psychol.*, mars 1966, *T. I*, n° 3.
169. OSTERRIETH P., Introduction à la psychologie de l'enfant. P.U.F. édit., Paris, 1967.
170. OSTERRIETH P., PIAGET J., SAUSSURE (R. de), TANNER J.M., WALLON H., ZAZZO R., Le problème des stades en psychologie de l'enfant. Symposium de l'Association de Psychologie Scientifique de Langue Française 1956, P.U.F. édit., Paris, 1958.
171. PANKOW G., L'homme et sa psychose. Aubier édit., Paris, 1969.
172. PANKOW G., Image du corps et médecine psychosomatique. *Evol. Psychiat.*, 1973, *38*, 201-203.
173. PARCHEMINEY G., La problématique du psychosomatisme. *Rev. Franç. Psychanal.*, 1948, *2*, 233-249.
174. PIAGET J., La construction du réel chez l'enfant. Delachaux et Niestlé édit., Paris, 1967.
175. PIAGET J., La naissance de l'intelligence chez l'enfant. Delachaux édit., Paris, 1967.
176. PIAGET J., La formation du symbole chez l'enfant. Delachaux édit., Paris, 1967.
177. PIAGET J., Le langage et la pensée chez l'enfant. Delachaux édit., Paris, 1967.
178. PIAGET J., Le jugement et le raisonnement chez l'enfant. Delachaux édit., Paris, 1967.
179. PIAGET J. et al., Intelligence et adaptation biologique: In Les processus d'adaptation. Symposium de l'Association de Psychologie Scientifique de Langue Française, P.U.F. édit., Paris, 1967.
180. PIERKOT R.H., VAN ROY J., Asthma and agression. *J. Psychosom. Res.*, 1969, *13*, 333-337.
181. PLISSON-BONNEAU M., Asthme et grossesse. *Rev. Méd. Psychosom.*, 1975, *17*, 37-40.
182. QUARTI R., RENAUD J., Essai de classification physiopathologique des maladies psychosomatiques. *Evol. Psychiat.*, 1953, III.
183. RACAMIER P.C., La fonction respiratoire. *Enc. Méd. Chir. Psychiatrie*, Paris, 1955, *2*, 37440 A 10.
184. RAIMBAULT E., La psychothérapie dans l'asthme. *Bord. Méd.*, 1969, *2*, 55-58.
185. REES L., Physical and emotionnal factors in bronchial asthma. *J. Psychosom. Res.*, 1956, *1*, 98-114.
186. REVUE DE MEDECINE PSYCHOSOMATIQUE, (Le tout petit). (L'enfant malade et ses systèmes relationnels). Privat édit., 1978, *T. 20*, n° 3 et 4, *T. 21*, n° 1.
187. RICŒUR P., Le conflit des interprétations. Essais d'herméneutique. Seuil édit., Paris, 1969.
188. ROTH G., Thomas d'Aquin et René Descartes. Leur rivalité anthropologique en psychiatrie. *Evol. Psychiat.*, 1966, *T. XXXI, III*, 537-544.
189. ROUGER F., La phénoménologie, in «la Philosophie». L. Darrel édit., Lille, 1969.
190. RUSSEL B., Histoire de la philosophie occidentale. N.R.F. édit., Paris, 1953.

191. SANS N., Contribution à l'étude de la psychologie de l'asthmatique. *Inform. Psychol. Belg.*, 1967, 7, 19-25.
192. SAPIR M., Approche psychosomatique. *Encycl. Méd. Chir. Psychiatrie*, Paris 1975, 37401 E 10.
193. SARTRE J.P., L'imagination. P.U.F. édit., Paris, 1965.
194. SARTRE J.P., L'imaginaire. Gallimard édit., Paris, 1940.
195. SCHILDER P., L'image du corps. Gallimard édit., 1968.
196. SCHNEIDER J., La psychologie médicale. P.U.F. édit.
197. SCHOTT B., DUMAS R., *Encycl. Méd. Chir. Neurol.*, 17036 B 10.
198. SEGUIN A., Introduction à la médecine psychosomatique. L'Arche édit., 1950.
199. SICHEL J.P., L'enfant psychosomatique. *Encycl. Med. Ch. Psychiatrie*, Paris, 1974, IC 37404 A 10.
200. SIVADON P., Traité de psychologie médicale. P.U.F. édit., Paris, 1973.
201. SIVADON P., GANTHERET F., La rééducation corporelle des fonctions mentales. E.S.F. édit., Paris, 1965.
202. SPERLING M., Asthma in children, an evoluation of concept and therapies. *J. Amer. Avad. Child. Psychiat.*, 1968, 7, 44-58.
203. SPIEGEL-GRINKER, Men under stress, New York, 1945.
204. SPITZ R.A., De la naissance à la parole. P.U.F. édit., Paris, 1968.
205. STAMBAK M., Tonus et psychomotricité dans la première enfance. Delachaux et Niestlé édit., Paris, 1962.
206. STAMBAK M. et al., La dyslexie en question. A. Colin édit., Paris, 1972.
207. STAMBAK M., VIAL M., Problèmes posés par la déviance à l'école maternelle. *Psychiat. Enfant*, 1974, XVIII, I.
208. STOETZEL J., La psychologie sociale. Flammarion édit., Paris, 1963.
209. SULLIVAN H.S.S., Conceptions of modern psychiatry white foundation Washington, 1947.
210. SULLIVAN H.S.S., The interpersonal theory of psychiatry. Norton, New York, 1953.
211. SYMPOSIUM de l'Association de Psychologie Scientifique de Langue Française. Les attitudes. Paris, 1961.
212. TRILLAT E., SABOURIN-SIVADON, Le corps en psychiatrie. Rapport de psychiatrie. Congrès de Psychiatrie et de Neurologie de Langue Française, LXXIe session, Masson édit., Paris, 1973.
213. TZANCK R., Réflexions sur la médecine psychosomatique. Edit. «Les Temps Modernes», Juillard édit., Paris, 1964.
214. UEXKULL VON TH., La médecine psychosomatique, idées. N.R.F. édit., Paris, 1963.
215. VALABREGA J.P., Les théories psychosomatiques. P.U.F. édit., Paris, 1954.
216. VILLARS G., L'organisation du désordre. A. Colin édit., Paris, 1973.
217. VOORHORST-SMEENK M., How do children feel about hearing asthma. *The Journ. of Asthma. Research.* July 1977, *vol. 14*, n° 4.
218. VOORHORST-SMEENK F. and VOORHORST R., Guidance of juvenile asthma patients. *Allerg. et Immunopathologia*, 1976, *vol. IV*, n° 5, 351.
219. WALLON H., L'évolution psychologique de l'enfant. A. Colin édit., 9e édit., 1965.
220. WALLON H., Les étapes de la personnalité chez l'enfant. *Enfance*, 1963, 1-2.
221. WALLON H., Importance du mouvement dans le développement psychologique de l'enfant. *Enfance*, mars-avril 1956, n° 2.
222. WALLON H., Les origines du caractère chez l'enfant. P.U.F. édit., 1954.
223. WALLON H., Comment se développe chez l'enfant la notion du corps propre. *Journ. de Psychol.*, nov.-déc. 1931, *Enfance*, numéro spécial, 1963, *1-2*, 121-150.
224. WALLON H., Kinesthésie et image visuelle du corps propre chez l'enfant. *Enfance*, numéro spécial, 1963, *1-2*, 151-158.

225. WALLON H., De l'acte à la pensée. Flammarion édit., 1942.
226. WILKEN-JENSEN K., WAAL N., FAMP B., BULOV K., Psychosomatic investigations of asthmatic children. *Acta. Pediat. Scand.*, 1951, *40*, 52-53.
227. WINNICOTT D.W., De la pédiatrie à la psychanalyse. Payot édit., Paris, 1969.
228. WINNICOTT D.W., L'enfant et sa famille. Payot édit., Paris, 1957.
229. WINNICOTT D.W., Processus de maturation chez l'enfant. Payot édit., Paris, 1974.
230. WINTREBERT H., DESOBEAU F., Rééducation à base somatique. *Neuropsychiatrie Infant.*, déc. 1968, n° 12, 911-916.
231. WITTKOWER E.D., WARNES, Psychosomatic medicine. Its clinical applications. Harper et Row Dub. New York, San Francisco, Londres, 1977.
232. WITTWER J., Piaget. La psychologie de l'enfant en langue française. Privat édit., Paris, 1979.
233. WOLFROMM R., HERMAN D., Asthmes allergiques et leur traitement. *Rev. Prat.*, 1969, *T. XIX*, n° 8.
234. ZAZZO B., L'image de soi chez l'enfant de dix à douze ans. *Rev. Neuropsychiat. Infant.*, août 1969, n° 8, 77-88.
235. ZAZZO B. et coll., Croissance de l'enfant, genèse de l'homme. P.U.F. édit., Paris, 1969.
236. ZLOTOWICZ M., Origines et perspectives de quelques recherches sur l'anxiété. *Enfance*, mai-août 1970.
237. ZILBERSZAC F., Recherche d'une meilleure compréhension des problèmes psychologiques posés par l'enfant asthmatique. *Psychiat. Enfant.*, 1972, *15*, 149-200.

Table des matières

PREFACE 7

I. INTRODUCTION 11
   1. Méthodologie 14
   2. Hypothèses 15

II. L'EVOLUTION DES CONCEPTIONS PSYCHOSOMATIQUES 17
   1. Considérations historiques 19
   2. Considérations cliniques 25

III. LES GRANDS COURANTS PSYCHOSOMATIQUES : leur niveau d'interprétation 29
   1. Les niveaux d'organisation psychosomatique 30
      A. Les conceptions de la maladie psychosomatique selon les courants culturels 30

         L'Ecole nord-américaine 30
         L'Ecole allemande 31
         L'Ecole russe 31
         Les courants français 32

      B. Les conceptions de la maladie psychosomatique selon les mécanismes . 33
         1. La conversion 33
            - les conceptions anglo-saxonnes 34
            - les conceptions françaises 36
         2. La régression 39
         3. La maladaptation 41

4. La théorie cortico-viscérale 43
　　　　　a) L'organisation des processus adaptés 44
　　　　　b) Les perturbations des mécanismes 44
　　C. Les conceptions de la maladie psychosomatique selon le sens du symptôme 47
　　　　1. Le sens est possible 48
　　　　2. Les sens n'est pas possible 49

2. Les processus d'organisation psychosomatique 51
　　A. Les conceptions sélectives 51
　　　　1. La conception fonctionnelle 52
　　　　2. La conception dyadique 54
　　　　3. La conception relationnelle 60
　　B. Les conceptions unicistes 68
　　　　1. La conception existentielle 70
　　　　2. La conception intégratrice 75
　　　　　a) La formation du moi 76
　　　　　b) Le devenir conscient 76
　　　　3. La conception structurale 77
　　　　　a) La structure de l'inconscient 78
　　　　　b) Les schèmes affectifs 78

IV. LA CLINIQUE PSYCHOSOMATIQUE DE L'ASTHME 85

1. L'aspect biologique 87
　　A. L'étude clinique 87
　　B. L'évolution des idées sur les facteurs étiologiques 89
　　　　- Epidémiologie 89
　　　　- Etudes expérimentales 90
　　　　　biologie 90
　　　　　immunologie et allergologie 90
　　　　　génétique 91
　　　　　infection 92
　　　　- Les recherches psychosomatiques 92

2. L'aspect sociologique 93

3. L'aspect psychosociologique 95
　　A. Les dimensions générales 96
　　　　1. Inhibition de l'expression 96
　　　　2. Perturbations des relations parentales 96
　　　　3. Perturbations de l'autonomie 97
　　B. Les données psychosociologiques: études de notre population ... 102
　　　　1. Situation familiale 104
　　　　2. Milieux socio-professionnels 105
　　　　3. Niveau intellectuel des enfants 109
　　　　4. Place dans la fratrie 114
　　C. L'étude clinique des personnalités 116
　　　　1. Les types cliniques de l'enfant asthmatique 117

    2. Les types cliniques du père 119
    3. Les types cliniques de la mère 120
  D. La dynamique des relations familiales entre parents et enfants ... 123
    1. La dynamique du couple parental 123
    2. Le discours familial 124
    3. La dynamique affective entre parents et enfants 125

V. ETUDE DE LA STRUCTURE DE LA PERSONNALITE DE L'ENFANT ASTHMATIQUE 129

  1. Le développement structurel 130
    A. Enfants asthmatiques d'atteinte sévère : étude structurelle 130
      1. Données psychosociologiques 130
      2. Données des tests d'intelligence 135
        - analyse des items verbaux 138
        - analyse des items de performance 139
      3. Données du test de Rorschach 142
    B. Enfants asthmatiques d'atteinte modérée : étude structurelle 149
      1. Données psychosociologiques 149
      2. Données des tests d'intelligence 150
      3. Données des tests de Rorschach 152
    C. Conclusions 155
      1. Traits communs aux deux catégories d'enfants 155
      2. Caractéristiques distinctes 157

  2. La frustration chez l'enfant : étude comparée 159
    A. Le test de Rosenzweig 160
    B. Les enfants asthmatiques 160
    C. Les enfants en échec scolaire 162
    D. Etude comparée des deux populations 164
      - les similitudes 164
      - les différences 165

  3. La relation affective : étude projective comparée 167
    A. Le test de Louisa Düss 168
    B. Les populations d'enfants 169
    C. Les résultats comparés 170
      - le niveau de la maturation affective 170
      - la qualité relationnelle 171
      - la nature de l'imaginaire 172
    D. Commentaires 173

  4. Troubles de la structuration et données projectives 175
    A. Chez l'enfant « cas social » 177
    B. Chez l'enfant névrotique 178
    C. Commentaires 179

VI. L'EVOLUTION STRUCTURALE ET LE DEVELOPPEMENT DE L'ENFANT 183

  1. L'évolution des expressions psychopathologique selon les âges 183

1. De deux à six ans 186
2. De sept à dix ans 189
3. De onze à quatorze ans 190
4. De quinze à dix-huit ans 192
5. Commentaires 194

2. Réflexions sur la dynamique psychothérapique 195
   A. La signification des relations parentales 196
   B. L'élaboration imaginaire 196
   C. L'intégration des conflits 197
   D. L'histoire de Laurent : l'enfant au clair-obscur 199

VII. CONSIDERATIONS THEORIQUES ET COMMENTAIRES 207

1. Commentaires 207
   A. Le schéma corporel 207
   B. L'image du corps 212
   C. La structure de l'être 215
      1. Les bases morphofonctionnelles du développement 216
      2. Les modalités du développement de l'enfant 216
      3. Les processus structuraux 217

2. Propositions et synthèses 220
   A. L'angoisse de l'enfant 221
   B. L'imaginaire de l'enfant 225
   C. Le processus primaire d'indifférenciation 227

VIII. CONCLUSIONS 237

IX. BIBLIOGRAPHIE 241

PSYCHOLOGIE ET SCIENCES HUMAINES
collection publiée sous la direction de MARC RICHELLE

1 Dr Paul Chauchard
  LA MAITRISE DE SOI, 9ᵉ éd.
5 François Duyckaerts
  LA FORMATION DU LIEN SEXUEL, 9ᵉ éd.
7 Paul-A. Osterrieth
  FAIRE DES ADULTES, 16ᵉ éd.
9 Daniel Widlöcher
  L'INTERPRETATION DES DESSINS D'ENFANTS, 9ᵉ éd.
11 Berthe Reymond-Rivier
  LE DEVELOPPEMENT SOCIAL DE L'ENFANT ET DE L'ADOLESCENT, 9ᵉ éd.
12 Maurice Dongier
  NEVROSES ET TROUBLES PSYCHOSOMATIQUES, 7ᵉ éd.
15 Roger Mucchielli
  INTRODUCTION A LA PSYCHOLOGIE STRUCTURALE, 3ᵉ éd.
16 Claude Köhler
  JEUNES DEFICIENTS MENTAUX, 4ᵉ éd.
21 Dr P. Geissmann et Dr R. Durand
  LES METHODES DE RELAXATION, 4ᵉ éd.
22 H. T. Klinkhamer-Steketée
  PSYCHOTHERAPIE PAR LE JEU, 3ᵉ éd.
23 Louis Corman
  L'EXAMEN PSYCHOLOGIQUE D'UN ENFANT, 3ᵉ éd.
24 Marc Richelle
  POURQUOI LES PSYCHOLOGUES?, 6ᵉ éd.
25 Lucien Israel
  LE MEDECIN FACE AU MALADE, 5ᵉ éd.
26 Francine Robaye-Geelen
  L'ENFANT AU CERVEAU BLESSE, 2ᵉ éd.
27 B.F. Skinner
  LA REVOLUTION SCIENTIFIQUE DE L'ENSEIGNEMENT, 3ᵉ éd.
28 Colette Durieu
  LA REEDUCATION DES APHASIQUES
29 J.C. Ruwet
  ETHOLOGIE: BIOLOGIE DU COMPORTEMENT, 3ᵉ éd.
30 Eugénie De Keyser
  ART ET MESURE DE L'ESPACE
32 Ernest Natalis
  CARREFOURS PSYCHOPEDAGOGIQUES
33 E. Hartmann
  BIOLOGIE DU REVE
34 Georges Bastin
  DICTIONNAIRE DE LA PSYCHOLOGIE SEXUELLE
35 Louis Corman
  PSYCHO-PATHOLOGIE DE LA RIVALITE FRATERNELLE
36 Dr G. Varenne
  L'ABUS DES DROGUES
37 Christian Debuyst, Julienne Joos
  L'ENFANT ET L'ADOLESCENT VOLEURS
38 B.-F. Skinner
  L'ANALYSE EXPERIMENTALE DU COMPORTEMENT, 2ᵉ éd.
39 D.J. West
  HOMOSEXUALITE
40 R. Droz et M. Rahmy
  LIRE PIAGET, 3ᵉ éd.
41 José M.R. Delgado
  LE CONDITIONNEMENT DU CERVEAU ET LA LIBERTE DE L'ESPRIT
42 Denis Szabo, Denis Gagné, Alice Parizeau
  L'ADOLESCENT ET LA SOCIETE, 2ᵉ éd.
43 Pierre Oléron
  LANGAGE ET DEVELOPPEMENT MENTAL, 2ᵉ éd.
44 Roger Mucchielli
  ANALYSE EXISTENTIELLE ET PSYCHOTHERAPIE PHENOMENO-STRUCTURALE
45 Gertrud L. Wyatt
  LA RELATION MERE-ENFANT ET L'ACQUISITION DU LANGAGE, 2ᵉ éd.
46 Dr Etienne De Greeff
  AMOUR ET CRIMES D'AMOUR
47 Louis Corman
  L'EDUCATION ECLAIREE PAR LA PSYCHANALYSE
48 Jean-Claude Benoit et Mario Berta
  L'ACTIVATION PSYCHOTHERAPIQUE
49 T. Ayllon et N. Azrin
  TRAITEMENT COMPORTEMENTAL EN INSTITUTION PSYCHIATRIQUE
50 G. Rucquoy
  LA CONSULTATION CONJUGALE
51 R. Titone
  LE BILINGUISME PRECOCE
52 G. Kellens
  BANQUEROUTE ET BANQUEROUTIERS
53 François Duyckaerts
  CONSCIENCE ET PRISE DE CONSCIENCE
54 Jacques Launay, Jacques Levine et Gilbert Maurey
  LE REVE EVEILLE-DIRIGE ET L'INCONSCIENT
55 Alain Lieury
  LA MEMOIRE

56 Louis Corman
NARCISSISME ET FRUSTRATION D'AMOUR
57 E. Hartmann
LES FONCTIONS DU SOMMEIL
58 Jean-Marie Paisse
L'UNIVERS SYMBOLIQUE DE L'ENFANT ARRIERE MENTAL
59 Jacques Van Rillaer
L'AGRESSIVITE HUMAINE
60 Georges Mounin
LINGUISTIQUE ET TRADUCTION
61 Jérôme Kagan
COMPRENDRE L'ENFANT
62 Michael S. Gazzaniga
LE CERVEAU DEDOUBLE
63 Paul Cazayus
L'APHASIE
64 X. Seron, J.L. Lambert, M. Van der Linden
LA MODIFICATION DU COMPORTEMENT
65 W. Huber
INTRODUCTION A LA PSYCHOLOGIE DE LA PERSONNALITE, 2ᵉ éd.
66 Emile Meurice
PSYCHIATRIE ET VIE SOCIALE
67 J. Château, H. Gratiot-Alphandéry, R. Doron et P. Cazayus
LES GRANDES PSYCHOLOGIES MODERNES
68 P. Sifnéos
PSYCHOTHERAPIE BREVE ET CRISE EMOTIONNELLE
69 Marc Richelle
B.F. SKINNER OU LE PERIL BEHAVIORISTE
70 J.P. Bronckart
THEORIES DU LANGAGE
71 Anika Lemaire
JACQUES LACAN, 2ᵉ éd. revue et augmentée
72 J.L. Lambert
INTRODUCTION A L'ARRIERATION MENTALE
73 T.G.R. Bower
DEVELOPPEMENT PSYCHOLOGIQUE DE LA PREMIERE ENFANCE
74 J. Rondal
LANGAGE ET EDUCATION
75 Sheila Kitzinger
PREPARER A L'ACCOUCHEMENT
76 Ovide Fontaine
INTRODUCTION AUX THERAPIES COMPORTEMENTALES
77 Jacques-Philippe Leyens
PSYCHOLOGIE SOCIALE, 2ᵉ éd.
78 Jean Rondal
VOTRE ENFANT APPREND A PARLER
79 Michel Legrand
LE TEST DE SZONDI
80 H.J. Eysenck
LA NEVROSE ET VOUS
81 Albert Demaret
ETHOLOGIE ET PSYCHIATRIE
82 Jean-Luc Lambert et Jean A. Rondal
LE MONGOLISME
83 Albert Bandura
L'APPRENTISSAGE SOCIAL
84 Xavier Seron
APHASIE ET NEUROPSYCHOLOGIE
85 Roger Rondeau
LES GROUPES EN CRISE?
86 J. Danset-Léger
L'ENFANT ET LES IMAGES DE LA LITTERATURE ENFANTINE
87 Herbert S. Terrace
NIM, UN CHIMPANZE QUI A APPRIS LE LANGAGE GESTUEL
88 Roger Gilbert
BON POUR ENSEIGNER?
89 Wing, Cooper et Sartorius
GUIDE POUR UN EXAMEN PSYCHIATRIQUE
90 Jean Costermans
PSYCHOLOGIE DU LANGAGE
91 Françoise Macar
LE TEMPS, PERSPECTIVES PSYCHOPHYSIOLOGIQUES
92 Jacques Van Rillaer
LES ILLUSIONS DE LA PSYCHANALYSE, 2ᵉ éd.
93 Alain Lieury
LES PROCEDES MNEMOTECHNIQUES
94 Georges Thinès
PHENOMENOLOGIE ET SCIENCE DU COMPORTEMENT
95 Rudolph Schaffer
COMPORTEMENT MATERNEL
96 Daniel Stern
MERE ET ENFANT, LES PREMIERES RELATIONS
97 R. Kempe & C. Kempe
L'ENFACE TORTUREE
98 Jean-Luc Lambert
ENSEIGNEMENT SPECIAL ET HANDICAP MENTAL
99 Jean Morval
INTRODUCTION A LA PSYCHOLOGIE DE L'ENVIRONNEMENT

100 Pierre Oleron et al.
SAVOIRS ET SAVOIR-FAIRE PSYCHOLOGIQUES CHEZ L'ENFANT
101 Bernard I. Murstein
STYLES DE VIE INTIME
102 Rondal/Lambert/Chipman
PSYCHOLINGUISTIQUE ET HANDICAP MENTAL
103 Brédart/Rondal
L'ANALYSE DU LANGAGE CHEZ L'ENFANT
104 David Malan
PSYCHODYNAMIQUE & PSYCHOTHERAPIE INDIVIDUELLE
105 Philippe Muller
WAGNER PAR SES REVES
106 John Eccles
LE MYSTERE HUMAIN
107 Xavier Seron
REEDUQUER LE CERVEAU
108 Moreau/Richelle
L'ACQUISITION DU LANGAGE
109 Georges Nizard
ANALYSE TRANSACTIONNELLE ET SOIN INFIRMIER
110 Howard Gardner
GRIBOUILLAGES ET DESSINS D'ENFANTS, LEUR SIGNIFICATION
111 Wilson/Otto
LA FEMME MODERNE ET L'ALCOOL
112 Edwards
DESSINER GRACE AU CERVEAU DROIT
113 Rondal
L'INTERACTION ADULTE-ENFANT
114 Blancheteau
L'APPRENTISSAGE CHEZ L'ANIMAL
115 Boutin
FORMATION ET DEVELOPPEMENTS
116 Húsen
L'ECOLE EN QUESTION
117 Ferrero/Besse
L'ENFANT ET SES COMPLEXES
118 R. Bruyer
LE VISAGE ET L'EXPRESSION FACIALE
119 J.P. Leyens
SOMMES-NOUS TOUS DES PSYCHOLOGUES?
120 J. Château
L'INTELLIGENCE OU LES INTELLIGENCES?
121 M. Claes
L'EXPERIENCE ADOLESCENTE
122 J. Hayes et P. Nutman
COMPRENDRE LES CHOMEURS
123 S. Sturdivant
LES FEMMES ET LA PSYCHOTHERAPIE
124 A. Pomerleau et G. Malcuit
L'ENFANT ET SON ENVIRONNEMENT
125 A. Van Hout et X. Seron
L'APHASIE DE L'ENFANT
126 A. Vergote
RELIGION, FOI, INCROYANCE

Hors collection

Paisse
PSYCHOPEDAGOGIE DE LA LUCIDITE
Paisse
ESSENCE DU PLATONISME
Collectif
SYSTEME AMDP
Boulangé/Lambert
LES AUTRES, L'EXPRESSION ARTISTIQUE CHEZ LES HANDICAPES MENTAUX

Manuels et Traités

2 Thinès
PSYCHOLOGIE DES ANIMAUX
3 Paulus
LA FONCTION SYMBOLIQUE ET LE LANGAGE
4 Richelle
L'ACQUISITION DU LANGAGE
5 Paulus
REFLEXES-EMOTIONS-INSTINCTS
Droz-Richelle
MANUEL DE PSYCHOLOGIE
Hurtig-Rondal
MANUEL DE PSYCHOLOGIE DE L'ENFANT (Tome 1)
Hurtig-Rondal
MANUEL DE PSYCHOLOGIE DE L'ENFANT (Tome 2)
Hurtig-Rondal
MANUEL DE PSYCHOLOGIE DE L'ENFANT (Tome 3)
Rondal-Seron
LES TROUBLES DU LANGAGE (DIAGNOSTIC ET REEDUCATION)